Das Königreich Bayern

Das Königreich Bayern

OBERBAYERN NIEDERBAYERN OBERPFALZ
SCHWABEN OBERFRANKEN MITTELFRANKEN
UNTERFRANKEN

FAKSIMILE-AUSGABE
DER 180 STAHLSTICHE NACH DER AUSGABE
VON GEORG FRANZ MÜNCHEN
1843 1846 1854

SÜDDEUTSCHER VERLAG MÜNCHEN

Das Königreich Bayern

IN SEINEN
ALTERTÜMLICHEN GESCHICHTLICHEN ARTISTISCHEN
UND MALERISCHEN SCHÖNHEITEN
IN 180 STAHLSTICHEN

NEU HERAUSGEGEBEN
VON
HANS BLEIBRUNNER

SÜDDEUTSCHER VERLAG MÜNCHEN

Das Titelblatt für das Gesamtwerk wurde schon dem ersten Heft beigegeben; es trägt die Jahreszahl 1840. So erstreckte sich die Lieferung der 20 Hefte des ersten Bandes über die drei Jahre von 1840 bis 1843. Auf diesem Titelblatt ist der Name des Urhebers dieses Nationalwerks angedeutet: M. v. Ch . . . rg: Maximilian Benno Peter von Chlingensperg.

Das
Königreich Bayern

in seinen

alterthümlichen, geschichtlichen, artistischen und malerischen Schönheiten,

enthaltend

in einer Reihe von Stahlstichen

die

interessantesten Gegenden,

Städte, Kirchen, Klöster, Burgen, Bäder

und sonstige Baudenkmale

mit

begleitendem Texte.

Von

M. v. Ch . . . r g.

Wie's Phantasie nur wünscht, so fügen Gebäude und Bäume
Hier sich zum reizenden Bild, zaubern zur Wahrheit den Traum.
König Ludwig.

München.
Druck und Verlag von Georg Franz.
1840.

ISBN 3 7991 5636 4

Schrift: Linotype-Garamond-Antiqua
Repros: Colortechnik GmbH, München
Druck: Isar-Post Druck- und Verlagsgesellschaft mbH, Landshut
Bindearbeit: R. Oldenbourg, München

Inhaltsübersicht

Einleitung

Jedes der abgelaufenen vier Jahrhunderte hat eine große bayerische Landesbeschreibung hervorgebracht.

Die Reihe dieser hochbedeutenden Werke beginnt im 16. Jahrhundert mit den 24 baierischen Landtafeln und der Beschreibung des Herzogtums von Philipp Apian und den 102 Fresken bayerischer Städte, Märkte und Burgen, mit denen Hans Donauer um 1590 das Antiquarium der Münchner Residenz ausgestattet hat.

Sie setzt sich im 17. Jahrhundert fort mit der »Topographia Bavariae« von Matthäus Merian (Frankfurt 1644) und dem »Kurbayerischen Atlas« von Anton Wilhelm Ertl (Nürnberg 1687).

Im 18. Jahrhundert sind die vier Bände der großen Beschreibung des Kurfürstentums Bayern von Michael Wening erschienen: das Rentamt München 1701, Burghausen 1721, Landshut 1723 und Straubing 1726.

Die letzte große, mit Bildern reich ausgestattete Beschreibung Bayerns aus alter Zeit ist um die Mitte des 19. Jahrhunderts entstanden. Sie heißt:

»Das Königreich Bayern in seinen alterthümlichen, geschichtlichen, artistischen und malerischen Schönheiten, enthaltend in einer Reihe von Stahlstichen die interessantesten Gegenden, Städte, Kirchen, Klöster, Burgen, Bäder und sonstige Baudenkmale mit begleitendem Texte.«

Dieses Werk ist zwischen 1840 und 1854 in Form von 60 Einzelheften erschienen, die dann zu drei Bänden zusammenzubinden waren. Der erste Band, 1. bis 20. Heft, lag 1843 fertig vor, der zweite, 21. bis 40. Heft, 1846 und der dritte, 41. bis 60. Heft, 1854. Der Druckvermerk lautet jeweils »München, Georg Franz«. Als Motto ist den drei Titelseiten ein Zweizeiler König Ludwigs I. beigefügt:

»Wie's Phantasie nur wünscht, so fügen Gebäude und Bäume / Hier sich zum reizenden Bild, zaubern zur Wahrheit den Traum.«

Der Zweck des Buches wird in dem Vorwort zum ersten Band dargelegt:

Vorwort

Reich ist unser Vaterland an herrlichen Naturgemälden von den üppigen Donau-Ufern bis zu den gesegneten Gefilden des sagenreichen Rheins, an blühenden, von Flüssen und Seen umwogten Städten, an Denkmälern thatenreicher Vorzeit, Vesten und Burgen auf Felsenhöhen, an ehrwürdigen Klöstern und pittoresken, von Hochbergen umlagerten Gegenden, an heilungsvollen Bädern, und an großartigen Schöpfungen der neuesten Zeit, die aus dem erhabenen Kunstsinn König Ludwigs hervorgegangen.

Die interessantesten Bilder aus dieser großen Gallerie allen Freunden des Vaterlandes, der Natur und der Kunst in einer Reihe von Stahlstichen mit Beschreibungen nach historisch-statistischen Quellen zu überliefern — dieses ist die Aufgabe unseres Unternehmens, welches Unterhaltung und Belehrung für alle Stände und jedes Alter bezweckt.

München im Mai 1840.

Der Verfasser.

Auch die Vorworte der beiden folgenden Bände sagen wesentliches über die Absichten des Herausgebers und über den Fortgang des Werkes aus.

Das Vorwort zum zweiten Band lautet so:

An die verehrlichen Herren Subscribenten

Der Verleger glaubt, bei Ablieferung des 39—40ten Heftes, womit der IIte Band schließt, einige Worte an die verehrlichen Abnehmer richten zu dürfen, richten zu müssen, und fühlt sich gedrungen, zunächst recht aufrichtig zu danken, für die freundliche Aufnahme und für das dauernde Vertrauen, womit dieß Werk beehrt wurde. Diese Theilnahme gestattete die Fortsetzung des so mühseligen und kostspieli-

gen Unternehmens und befeuerte ihn, weder Kosten noch Mühe zu sparen, um die möglichste Vollkommenheit sowohl der Bilder, als des Textes zu erstreben. Gelang es nicht immer, jenen Grad der Vollendung zu erreichen, der seinen Wünschen und den aufgewendeten Kosten entsprach, so ist dieß wahrlich nicht seine Schuld und muß er deshalb im Bewußtsein, daß er alles gethan, was in seinen Kräften stand, an die Nachsicht der Herren Abnehmer appelliren.
An diesen Dank reihet er aber die höfliche Bitte: dem »Malerischen Bayern« noch ferner gleichen Antheil zu bewahren, und zu dessen weiteren Verbreitung empfehlend mitwirken zu wollen.
Es ist von vielen Seiten über das langsame Erscheinen der Hefte geklagt worden. Allerdings kamen so manche Verzögerungen vor, welche der Verleger am meisten zu bedauern hat. Sie entstanden aber größtentheils aus dem Bestreben, Geringes oder gar Schlechtes nicht zu bringen. Gar manche Zeichnung mußte verworfen, manches Manuscript zurückgelegt oder überarbeitet, manche Platte nachgegangen werden!
Nicht minder sprach sich öfters ein gewisser Grad von Ungeduld aus über die Ausdehnung des Werkes. — Bayern ist groß; ist schön; besitzt so viele historisch-merkwürdige Punkte, welche in den vorliegenden 2 Bänden durch die darin gelieferten 120 Bilder und Beschreibungen unmöglich erschöpft werden konnten. Wäre es nicht unpassend und unbillig, wenn mit dem IIten Band die Reihe derselben geschlossen würde? — ja wäre es nicht sogar undankbar von Seite des Verlegers, gegen eine so große Zahl der Abnehmer, welche die Fortsetzung wünschen, wenn er das, was noch weiter vorhanden, ungezeichnet, unbeschrieben lassen wollte?
Ebenso kamen dem Verleger manche Bemerkungen zu Ohren, daß bisher so viele Ansichten aus Städten und von Gebäuden, und so wenig Pittoreskes geliefert worden sey.
Zwar kann sich der Verleger keineswegs verhehlen, daß in den beiden nun erschienenen Bänden das monumentale Element gegen das landschaftliche überwiegend hervorgetreten und dadurch in gewisser Beziehung eine Einseitigkeit hervorgegangen ist, die jedoch in mancherlei Gründen ihre Rechtfertigung findet.
Allein das Buch soll seine Bestimmung ganz erfüllen, es soll nicht allein die geschichtlichen und artistischen, sondern auch die landschaftlichen Schönheiten Bayerns enthalten, und es gereicht nun dem Verleger zu besonderer Freude, versichern zu können, daß in dem 3ten Band die landschaftliche Seite besonders bedacht werden wird, wozu die herrliche südbayerische Gebirgswelt, der bisher fast noch ganz unbekannte bayerische Wald u. s. w. reichen Stoff darbieten. Der Verleger ist überzeugt, dadurch dem Buch ein neues und erhöhtes Interesse zu geben und den Freunden einer schönen und erhabenen Natur eine werthvolle Gabe zu bieten.
Obschon der Preis eines Doppel-Heftes von 6 Stahlstichen und 3 Bogen Text gewiß billig genannt werden kann, so ließ sich doch auch manche Beschwerde darüber hören »das dieß Werk so theuer käme«. Wohl entziffern die bisher erschienenen Hefte eine hübsche Summe: allein sie vertheilet sich auf so viele Jahre, und sie wurde in so kleinen Raten erlegt, daß diese Ausgabe wohl schwerlich lästig geworden seyn kann. Und, sey es erlaubt, zu fragen — »haben die Empfänger dafür nicht succesive ein Buch in die Hand bekommen, was bleibenderen Werth hat? ein Buch, welches unterhält, belehrt und patriotische Gesinnungen hebt?«
Die Tendenz des vorliegenden Werkes ist einzig dahin gerichtet, das edle Gefühl der Vaterlandsliebe zu wecken, zu heben, und die vielen Schönheiten Bayerns bekannt zu machen; deßhalb gibt sich der Verleger der Hoffnung hin: daß seine Mitbürger dieses Nationalunternehmen ferner und auf das Nachdrücklichste unterstützen werden.

Und hier das Vorwort zum dritten Band:

An die verehrlichen Herren Subscribenten

Wenn der Herausgeber sich erlaubt, dem vorliegenden dritten Bande einige Worte an die verehrlichen Titl. Subscri-

benten vorausgehen zu lassen, so muß er zunächst zurückkommen auf das, was er im Vorwort des zweiten Bandes versprochen, namentlich darauf, daß der Fortsetzung ungeschwächte Sorgfalt für die Ausführung der Bilder, sowie der Texte gewidmet bleibe: dann daß die pittoresken Gegenstände darin mehr vertreten sein sollen. Er hofft, daß der vorliegende 3te Band Zeugniß vom Bestreben zur Erfüllung dieser Versprechungen ablegen werde.
Eine lange Intervalle verstrich seit dem Erscheinen des zweiten Bandes (1846), eine viel längere als vorausgesehen ward, als dem Herausgeber, den Titl. Subscribenten lieb sein konnte.
Aber was liegen in derselben für gewichtige Zeitereignisse? Welche Stürme brausten an vielen der in den nun vorliegenden drei Bänden geschilderten Städte, Burgen, Gebäuden vorüber? — welche Spuren ihres Erscheinens, welche Folgen ließen sie zurück? —
Dieser bewegten, folgenschweren Zeitperiode muß es vorzüglich zugeschrieben werden, daß der dritte Band zur Completirung fast die doppelte Zeit gebrauchte, als sie der zweite in Anspruch nahm, und viele der verehrlichen Abnehmer müssen das langsame Vorschreiten damit entschuldigen. — Möge die nächste Zeit ruhiger und für dergleichen Unternehmungen geeigneter sein!
In den nunmehr vorliegenden drei Bänden sind in 60 Heften und in 180 Stahlstichen ebensoviele interessante Punkte Bayerns abgebildet und beschrieben, eine schöne Zahl — aber dennoch eine sehr kleine im Vergleich mit dem großen Reichtum unseres schönen Vaterlandes. — Sollte das, was hierin noch nicht abgebildet, noch nicht geschildert, übergangen, ausgeschlossen werden?
Der Herausgeber fürchtet sich eines großen und begründeten Vorwurfs blos zu stellen, wenn er die Idee, das mühselige und kostspielige Unternehmen mit dem dritten Bande zu beschließen, aufkommen ließe — und wenn gleich die Aussichten in die nächste Zukunft weit trüber sind, als sie am Schluße des zweiten Bandes waren, wenn gleich die Zahl der Titl. Subscribenten durch Hintritt — durch Tod, durch veränderte Lebensverhältnisse bedeutend gelichtet: so glaubt er dennoch der Zahl Jener, welche bisher treu aushielten, schuldig zu sein, den betretenen Weg fortzugehen, und das, was dem Vaterlandsfreunde bis jetzt noch nicht vorgeführt ist, nach und nach in treuen Bildern, in kurzen, historisch richtigen Beschreibungen in den folgenden Heften vorzuführen.
Mögen diese dem Unternehmen die wohlwollende Gesinnung erhalten, und dasselbe auf das Nachdrücklichste auch im Kreise ihrer Freunde unterstützen.
München, Dezember 1853.

***

Jeder der drei Bände dieser letzten klassischen Beschreibung des damaligen Königreichs Bayern ist mit 60 Stahlstichen ausgestattet, deren Qualität uns heute, nach dem Verlust dieser graphischen Technik, als bewunderungswürdig erscheint. Jedem Stich ist ein ausführlicher Begleittext beigegeben, dies in der Regel unter Anführung der Namen bzw. der Pseudonyme der verschiedenen Verfasser. Der Name des Herausgebers erscheint nur auf der Titelseite des Gesamtwerks, die in den ersten Band vor dessen Titelseite eingebunden ist: »Herausgegeben von M. v. Ch . . . rg« — Maximilian Benno Peter von Chlingensperg war der Urheber dieses bayerischen Nationalwerkes. Er wurde am 11. März 1793 in Regenpeilstein bei Roding geboren, schlug die Offizierslaufbahn ein und machte die Feldzüge gegen Rußland und Frankreich mit. Verwundet und krank trat er 1819 zur Militär-Administration über. Von starken geistigen und künstlerischen Interessen gedrängt, betätigte er sich nunmehr als Schriftsteller. In der Familienchronik, die von Walther Wilhelm von Chlingensperg, dem einzigen noch lebenden Zweig der Familie, aufbewahrt wird, ist folgendes über ihn vermerkt:
». . . Dieser sowohl als Mensch als auch als Schriftsteller ausgezeichnete Mann starb den 11. August 1841 im 48. Lebensjahre an Lungen-Nebel. Noch in der letzten Periode seines Lebens arbeitete er an dem großen Werke: ›Das

Königreich Bayern in seinen malerischen, artistischen und historischen Merkwürdigkeiten‹, herausgegeben von der Franz'schen Buchhandlung in München, mit großem Fleiße, von welchem Werke, das mit dem dritten Band abgeschlossen werden sollte, er aber leider nur die ersten zehn Hefte, inclus. 12 Hefte zu einem Band, vollenden konnte ...«

Maximilian Benno Peter von Chlingensperg war Ritter des griechischen Erlöserordens und Inhaber der Militärgedenkmünzen von 1812 und 1815. Er war verheiratet mit Sophie Fritsch aus Erlangen und hatte vier Kinder, zwei Söhne und zwei Töchter. Die Söhne sind 1854 und 1858 unverheiratet gestorben; mit ihnen ist die Linie erloschen.

Konnte Maximilian von Chlingensperg nicht einmal mehr die Vollendung des ersten Bandes seines großen Werkes erleben, so hat er doch den Rahmen des Gesamtwerkes so weit vorgezeichnet, daß es von der Franz'schen Buchhandlung in München bis auf drei Bände fortgeführt werden konnte. Im Vorwort zum dritten Band kündigte der Verleger an, ihm weitere Hefte folgen zu lassen. Doch diesen Gedanken ließ er im Laufe der Zeit zugunsten einer anderen Planung fallen. Etwa zwanzig Jahre nach dem dritten Band erschien im nämlichen Verlag der »G. Franz'schen Buch- und Kunsthandlung (J. Roth)« in München ein ähnliches, zweibändiges Werk mit dem Titel »Das Königreich Bayern — seine Denkwürdigkeiten und Schönheiten, mit Beiträgen von R. Gadermann, B. Grueber, Fr. Lampert, Hrch. Noè, C. v. Spruner und mit Bildern von namhaften Künstlern herausgegeben von Herman von Schmid«.

In der dreibändigen Erstausgabe sind die Stahlstiche und die Begleittexte ohne geographische Gliederung in der Reihenfolge der Bearbeitung der einzelnen Beiträge aneinandergereiht. Das zweibändige Nachfolgewerk hingegen war systematisch angelegt. Der erste Band bezog sich auf Altbayern: auf Ober- und Niederbayern und die Oberpfalz, der zweite Band auf Franken und Schwaben. In diesen zwei Bänden wurden 119 der Stahlstiche der dreibändigen Vorgängerin nochmals unverändert abgedruckt, 108 Stahlstiche kamen neu hinzu. Die Texte wurden neu bearbeitet. Das Erscheinungsjahr ist aus keinem der zwei Bände ersichtlich, doch der Umstand, daß die geschichtliche Einführung mit der Regierungszeit König Ludwigs II. aufhört, läßt erkennen, daß die zwei Bände um das Jahr 1875, jedenfalls vor 1886, erschienen sind. Auf die Zeit um 1875 weist auch die Art der drucktechnischen Gestaltung der zwei merkwürdigen Bände hin. Sie zählen zu den letzten Büchern, die mit originalen Stahlstichen illustriert worden sind.

Die Stiche, die in das zweibändige Nachfolgewerk neu aufgenommen wurden, berücksichtigten für den oberbayerischen Teil vor allem die neuen Monumentalbauten, die in München seither neu aufgeführt worden waren. Ein erheblicher Teil der neuen Stiche entfiel auf den Regierungsbezirk Schwaben, der in der dreibändigen Erstausgabe nur mit zehn Stichen vertreten war. Ein Teil dieser neuen Stiche läßt freilich erkennen, daß sie der allerletzten Phase entstammen, in der diese graphische Technik gepflegt wurde. Sie erreichen zum Teil nicht mehr die sehr hohe Qualität, die den Stichen der biedermeierlichen Erstausgabe durchwegs eigen ist. Diese neuen Stiche weichen auch in ihren Formaten zum Teil von den früheren ab, so daß die Illustration des zweibändigen Werkes von 1875 die Geschlossenheit der graphischen Durchgestaltung nicht mehr erreicht, welche die Erstausgabe besitzt.

Wenn schon in der dreibändigen Erstausgabe die Stadt München stark überwiegt, so drückt sich darin die besondere Förderung aus, die König Ludwig I. dieser Stadt angedeihen ließ. Seiner »großartigen Schöpfungen der neuesten Zeit« und seines Kunstsinnes wird denn auch im Vorwort zum ersten Band besonders gedacht. In dem zweibändigen Nachfolgewerk tritt diese Vorrangstellung der Landeshauptstadt noch ausgeprägter in den Vordergrund. Das empfindet man heute um so schmerzlicher, als unsere Zeit der Kunstepoche König Ludwigs distanzierter gegenübersteht und sich der Fülle bayerisch-fränkischer Kulturtradition im ganzen Land bewußt ist.

Schon die große Zahl der Stiche verbietet es, in diesem Buch mehr als jene der dreibändigen Erstausgabe wiederzugeben,

vor allem aber der Umstand, daß nur sie in ihrer einheitlichen graphischen Durchgestaltung als der letzte große Bilderzyklus gelten können, mit denen die großen bayerischen Landesbeschreibungen ausgestattet wurden. Seine Texte sind natürlich längst überholt. Einige erscheinen zwar immer noch aufschlußreich, vor allem jene, die sich auf Stiche beziehen, die wesentliche technische Neuerungen zum Gegenstand nehmen. Deshalb sollen den Erläuterungen zu den Stichen, die lediglich eine knappe Orientierungshilfe über die geschichtliche Entwicklung der Objekte oder über ihre Bedeutung sein wollen, auch einige Auszüge aus den originalen Texten beigegeben werden, die uns heute noch als aussagekräftig erscheinen. Nicht die Texte, sondern die schönen Stiche sind es, die unser Interesse an dieser biedermeierlichen Landesbeschreibung noch heute in Anspruch nehmen. Viele dieser Stahlstiche sind als kostbare Einzelblätter bekannt und verbreitet, doch eine zusammenfassende Wiedergabe dieser bedeutenden Folge graphischer Blätter fehlt schon über ein Jahrhundert lang auf dem Büchermarkt. Erst die hochentwickelte Offset-Technik ermöglicht es, die sehr fein gearbeiteten Stahlstiche in einer Weise abzubilden, die den Originalen gleichkommt.
Die originalgetreue Wiedergabe der 180 Stahlstiche dieses Werkes ist der Gegenstand dieses Buches. Sie vermitteln ein reizvolles Bild von den Sehenswürdigkeiten des heutigen Bayern am Ende der Biedermeierzeit.

Verzeichnis der Stiche

Oberbayern

Niederbayern

Oberpfalz

Schwaben

Oberfranken

Mittelfranken

Unterfranken

Die 180 Stahlstiche

Gez. v. Würthle. Gest. v. J. Riegel

ADELHOLZEN.

1

gez. u. gest. v. J. Poppel.

ALT-OETTING.

München. G. Franz.

Gez. u. gest. v. J. Poppel.

ANDECHS

Gez. v. Lebsché. Gest. v. J. Riegel.

AIBLING.

4

Gez u. gest v. J. Poppel

BERCHTESGADEN.

München. G. Franz

Gez. & gest. v. Poppel.

BURGHAUSEN.

Georg Franz in Munchen.

Druck v. Serz & Korn in Nbg.

6

Gez. u. gest. v. J. Poppel.

ETTAL.

7

Gez. v. W. Scheuchzer

Gest. v. J. Riegel

FRAUENCHIEMSEE.

Gez. v. W. Scheuchzer. Gest. v. J. Riegel.

HERRENCHIEMSEE.

Gez. v. Kirchner, gest. v. J. Poppel.

FALKENSTEIN.

Zeichnung & Stahlstich v. I. Poppel.

FÜRSTENFELD.

Gez. v. W. Scheuchzer. Gest. v. J. Poppel.

DER WEBER AN DER WAND BEI OBERAUDORF.

Gez. v. W. Scheuchzer. Gest. v. J. Poppel.

DAS KAISERGEBÜRGE VOM WEBER AN DER WAND AUS.

J. Poppel

BAD KREUTH.

München, G. Franz

Gez. u. gest. v. J. Poppel.

München, G. Franz.

LANDSBERG.

Ferd. Jodl del: Louis Hoffmeister sc:

DIE METROPOLITAN-U. STADT-PFARRKIRCHE

ZU UNSER LIEBEN FRAU IN MÜNCHEN.

MIT KGL. BAYER'SCHEN U. HZGL. SACHSEN-MEININGEN'SCHEN PRIVILEGIEN.

München, Georg Franz.

Druck von Carl Mayer. Nbg.

16

J. Poppel

NYMPHENBURG.

München, G. Franz

Gez. u. gest. v. Riegel.

RATHHAUS ZU MÜNCHEN.

Gez. v. G. Seeberger. Gest. v. J. Riegel.

DER GROSSE SAAL IM RATHHAUS ZU MÜNCHEN.

Gez. u. gest. v. J. Poppel.

HOFKIRCHE ZUM HEIL. MICHAEL ZU MÜNCHEN.

München, G. Franz.

Gez. v. L. Lange. Gest. v. J. Poppel.

HOFKIRCHE ZUM HEIL. MICHAEL ZU MÜNCHEN.

Stahlstich v. Poppel.

ALLERHEILIGEN HOFKIRCHE ZU MÜNCHEN.

Gez. v. Seeberger.

Gest. v. J. Poppel München

THRONSAAL IM K. FESTSAALBAU ZU MÜNCHEN.

Zeichnung & Stahlstich v. I. Poppel.

DAS K. HOF-U. NATIONALTHEATER ZU MÜNCHEN.

Gez. v. Seeberger. Gest. v. J. Poppel. München.

DIE FELDHERRNHALLE UND DIE THEATINERKIRCHE
ZU MÜNCHEN.

Gez. v. Seeberger. Gest. v. J. Poppel.

VESTIBULE DES UNIVERSITÄTS-GEBÄUDES
IN MÜNCHEN.

26

Gez. v. Seeberger. Gest. v. J. Poppel. München.

UNIVERSITÄT ZU MÜNCHEN.

Gez. u. gest. v. J. Poppel.

BASILIKA ST BONIFACII IN MÜNCHEN.

München G. Franz.

Louis Hofmeister.

BASILIKA S. BONIFACIUS ZU MÜNCHEN.

MIT HERZOGLICH SACHSEN-MEININGEN'SCHEN PRIVILEGIUM.

Gez. u. gest. v. J. Riegel

RUHMESHALLE BEI MÜNCHEN.

Erfunden u. modellirt v. Ludw. v. Schwanthaler. Gest. d. Carl Mayer's Kunst-Anstalt in Nürnberg.

BAVARIA

RIESENSTANDBILD VOR DER RUHMESHALLE ZU MÜNCHEN.

Zeichnung u. Stahlstich v. J. Poppel.

DIE NEUE PFARRKIRCHE DER VORSTADT AU
ZU MÜNCHEN.

München, G. Franz.

Gez. v. Lebsché. Gest. v. J. Riegel

WITTELSBACHER PALLAST ZU MÜNCHEN.

Gez. v. E. Gottgetreu. Entworfen u. ausgeführt v. F. Bürklein. Gest. von J. Rieger.

BAHNHOF IN MÜNCHEN.

Gez. v. Rud. Gottgetreu — Entworfen u. ausgeführt v. F. Bürklein. — Gest. v. J. Riegel.

EISENBAHNHALLE IN MÜNCHEN.

gez. u. gest. v. J. Poppel.

UMGEBUNGEN MÜNCHENS I.

München, G. Franz.

gez. u. gest. v. J. Poppel.

UMGEBUNGEN MÜNCHENS II.

München, G. Franz.

Gez. v. Würthle. Gest. v. J. Riegel

PARTNACH-U. LOISACHTHAL.

Gez. v. E. Gerhardt. Gest. v. J. M. Kolb

KIRCHE ZU PIPPING
BEI MÜNCHEN

Gez u. gest. v. J. Poppel.

REICHENHALL.

MARZOLL BEI REICHENHALL.

RUINE KARLSTEIN
BEI REICHENHALL.

41

Würthle del.

Poppel sc.

STAUBBRÜCKE U. WASSERFALL BEI JETTENBERG,
BEI REICHENHALL.

Gez. v. Würfhle.

Gest. v. J. Poppel.

SCHLIERSEE.

Gez. v. W. Gail. Gest. v. J. Poppel.

WEINBERG-CAPELLE ZU SCHLIERSEE.

44

Gez. u. gest. v. J. Poppel.

SCHONGAU.

München, Georg Franz.

Rohbock.

Schwaneck.

So stehe denn hier in Gotteshand
Der Thurm am felsigen Uferrand
Gebauet nicht um eitle Ehr;
Zu Trutz nicht oder Waffenwehr:
Nur früher Jugend schöner Traum
Soll steigen empor im trauten Raum
Der Blick in die Berge, die Luft so klar.
Vom Fluße das Rauschen wunderbar.
Der Freunde Wort und Sag' und Sang
Erfrische das Herz im Lebensdrang.

46

Gez. v. C. Lebschée.

Gest. v. Joh. Poppel. München. 1844.

STARNBERG.

Erinnerung an Starnberg.
Fürſtenried.
Leutſtetten.
Petersbrunn.
Gauting.
Percha.
Aufkirchen.
Pöking.
Mühlthal.
Starnberg.
Mühle in Starnberg.
Sieben Quellen.
Ruppaner.
Wolfrathshauſen.
Kirche in Starnberg.
Sieben Quellen.
Neue Poſt.
Tutzinger Hof.

Kempfenhausen
Tutzing
Socking
Leoni
Garatshausen
Allmannshausen
Erinnerung am Starnberg
Himbsel-Haus
Berg
Prinz Karl Palais
Possenhofen
Insel Wörth
Bernried
Ammerland
Seeshaupt
Schloss in Starnberg
St. Heinrich
Ambach

Gez. v. Würfhle. Gest. v. J. Riegel.

TEGERNSEE.

TEGERNSEE.

EGERN.

Gem. v. Scheuchzer. Gest. v. Poppel.

WASSERBURG AM INN.

Gez. u. gest. v. J. Poppel.

DER MARKTPLATZ IN WASSERBURG.

München, G. Franz.

Ruine Waldeck.

Copie einer alten Skizze der Burg.

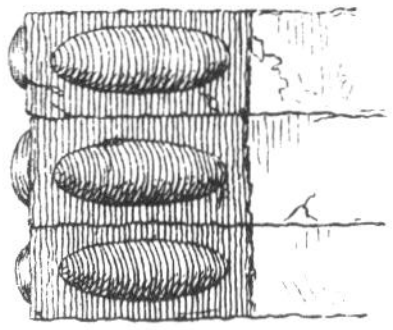

Grundrifs.

Mafsstab:
1 bay. Fufs = 1000 Theile.

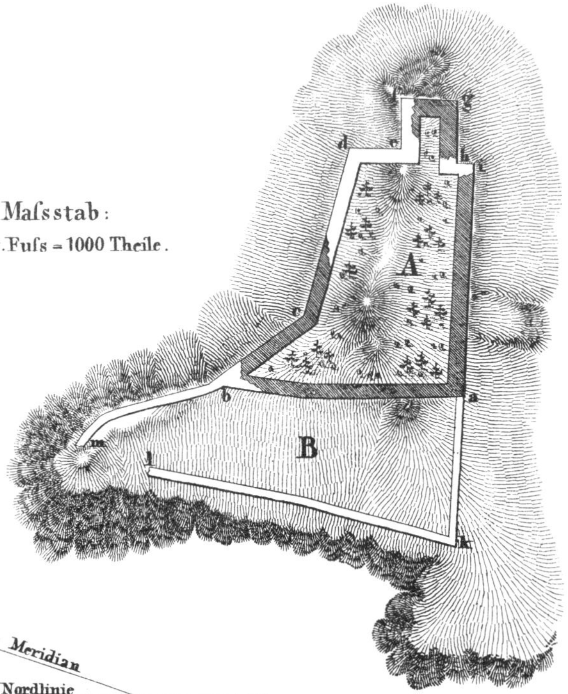

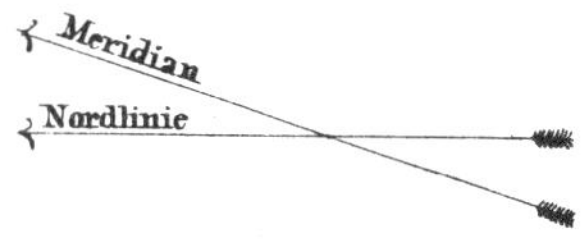

München, G. Franz.

Gez. u. gest. von Würthle.

RUINE WERDENFELS.

Gez. u. gest. v. J. Poppel.

DEGGENDORF.

München, G. Franz.

Gez. v. Seeberger

Gest. v. J. Poppel. München.

DIE ENGELBURG

IM BAYRISCHEN WALD.

Gez. v. Seeberger. Gest. v. J. Poppel.

FÜRSTENSTEIN.

FÜRSTENECK
BEI HUTTUR

FREUDENSEE
BEI HAUZENBERG IM BAIERISCHEN WALD

Gez. u. gest. v. Poppel.

München G. Franz.

HALS BEI PASSAU

Gez. v. Würthle. Gest. v. J. Poppel. München

HOHENWARTH.

Gest. v. J. Poppel.

BAD KELLBERG BEI PASSAU.

Gez. v. Würthle.

Gest. v. J. Poppel. München.

KÖTZTING.

Gez. v. F. Würthle.

Gest. v. M. Kurz.

SCHLOSS TRAUSSNITZ
BEI LANDSHUT.

Gez. v. Würthle. Gest. v. J. Riegel.

TRAUSSNITZ BEI LANDSHUT
SCHLOSSHOF.

Gez. v. F. Würthle. Gest. v. J. Poppel

THEATER UND BERNLOCHERS GASTHAUS
IN LANDSHUT.

PIFLAS.

SCHÖNBRUNN.

BALZ'S KELLER.

DRAXLMAIER'S KELLER.

UMGEBUNGEN VON LANDSHUT.

BENEDICTINER-ABTEI METTEN BEI DEGGENDORF.
V. WESTEN.

Gez. v. Seeberger. Gest. v. J. Poppel.

ORTENBURG.

Gez. u. gest. v. Joh. Poppel, München.

TOTAL-ANSICHT VON PASSAU,
V. NORD-OST.

Ludwig Lange gez. Darmstadt bei G.G. Lange. München bei G. Franz Stahls. v. J. Poppel

DIE FESTUNG OBER UND NIEDERHAUS UND EIN THEIL DER ILZSTADT

Gez. v. Scheuchzer, gest. v. J. Poppel.

DOM U. DIE BISCHÖFLICHE RESIDENZ IN PASSAU.

München, G. Franz.

Gez. v. Seeberger. Gest. v. J. Poppel. München.

DOMPLATZ ZU PASSAU.

Conr. Wießner gez. J. Poppel gest.

EHEMALIGE SYNAGOGE ZU PASSAU.

Gez. v. Seeberger. Gest. v. J. Poppel München

ALTE SYNAGOGE ZU PASSAU.

Gez. v. Seeberger. Gest. v. J. Poppel.

PULVERTHURM ZU PASSAU.

Gez. v. Ed. Gerhardt. Gest. v. J. Poppel.

STRAUBING.

Gez. v. Ed. Gerhardt. Gest. v. J. Poppel.

MARKTPLATZ IN STRAUBING.

Gez v. Jagendeule.

Gefängniss der Agn. Bernauerin.

Gez v. Gerhardt.

Gest v. J. Poppel.

Agn. Bernauerin-Capelle.

STRAUBING.

SOSSAU.

Gez. v. Jagendeubel — Gest. v. J. Poppel

REIBERSDORF.

UMGEBUNGEN STRAUBINGS I.

BOGEN.

Gez. v. Jagendeubel. Gest. v. J. Poppel.

OBERALTEICH.

UMGEBUNGEN STRAUBINGS II.

Gez. u. gest. v. Poppel.

BEILENGRIES.

München, G. Franz.

Gez. v. Würthle.

Gest. v. J. Poppel. München.

BODENWÖHR.

Gez. v. Aug. Brandmayer. Gest. v. Joh. Poppel.

DONAUSTAUF.

Gez. v. Dyck. Gest. v. Joh. Poppel.

SCHLOSS PRUNN.

REGENSBURG.

VOM CALVARIENBERG.

Gez. v. E. Gerhardt, gest. v. J. Poppel.

DOM ZU REGENSBURG.

87

Ed. Gerhardt gez. Joh. Poppel gest.

DOM ZU REGENSBURG.

(INNENANSICHT.)

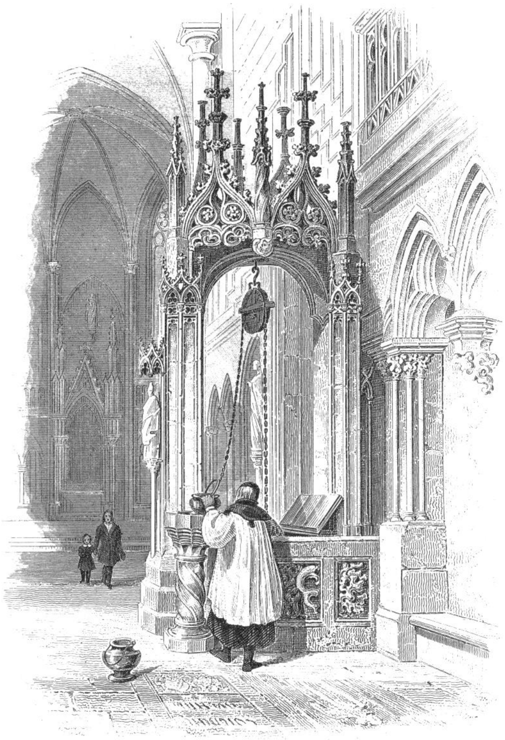

Gez. v. E. Gerhardt. Gest. v. J. Poppel.

Bronnen *Altar*

IM DOM ZU REGENSBURG.

Gez. v. E. Gerhardt. Gest. v. M. Kolb.

BAPTISTERIUM,

AM DOM ZU REGENSBURG

90

Gez. v. Ed. Gerhardt. Gest. v. J. Poppel.

DOLLINGER-SAAL IN REGENSBURG.

Gez. v. Kransperger

Stahlst. v. Emil Höfer

DER HAIDPLATZ IN REGENSBURG

Gez. v. Ed. Gerhardt, gest. v. Joh. Poppel.

Karthause

Dreifaltigkeits-Kapelle auf dem Calvarienberg

BEI REGENSBURG.

WINZER.
BEI REGENSBURG.

Gez. v. Ed. Gerhardt. Gest. v. Joh. Poppel.

PRÜFLING.
BEI REGENSBURG.

Gez. v. Würfhle.

Gest. v. J. Poppel. München.

REICHENBACH.

Gez. v. Würthle. Gest. v. J. Poppel.

RUNDING.

Gez. v. Würthle. Gest. v. J. Poppel

STEFFLING

IM BAYER. WALDE

Gez. v. Würthle. Gest. v. J. Poppel München

WALDERBACH.

Gez. und gest. von Joh. Poppel

WALHALLA.

Gez. v. Ed. Gerhardt. Gest. v. Poppel

DOM IN AUGSBURG.

100

Gez. v. Ed. Gerhardt

Gest. v. J. Poppel.

ULRICHS-KIRCHE IN AUGSBURG.

Gez. v. G. Seeberger. Gest. v. Joh. Poppel.

DER RATHHAUSSAAL ZU AUGSBURG.

KLINKER THOR.

VOGELTHOR.

JACOBSTHOR.

STEFFINGERTHOR.

WERTHACHBRÜCKEN-THOR.

HALLTHOR.

GÖGGINGER THOR.

SCHWIBBOGENTHOR.

ROTHES THOR.

AUGSBURGS THORE.

Gez. u. gest. v. J. Poppel.

SPICKEL.

FRIEDBERGER BRÜCKE.

ABLASS.

WIRTHSCHAFT ZUR SONNE.

EISENBAHNHOF U. HOTEL LUTZ.

WIRTHSCHAFT V. RÖSCH.

WIRTHSCHAFT V. GOTFELT.

GESUNDBRUNNEN

SIEBENBRUNN

AUGSBURGS UMGEBUNGEN I. BLATT.

WÖLLENBURG U. LEITERSHOFEN.

KRIEGSHABER.

OTTMARSHAUSEN U. HAMEL.

SCHMUTTERHÆUSCHEN.

GÖGGINGEN.

KOBEL.

STADTBERGEN.

OBERHAUSEN.

HAINHOFEN.

AUGSBURGS UMGEBUNGEN II. BLATT:

Gez. u. gest. v. J. Poppel.

Gez. v Ed. Gerhardt.

Gest. v. J. Poppel.

FRIEDBERG.

Gez. v. Scheuchzer, gest. v. J. Poppel.

FÜSSEN.

Gez. v. F. Gerhardt. Gest. v. J. M. Kolb.

HARBURG.

Gez. v. C. A. Lebschée — Gest. v. J. Poppel.

MINDELBURG UND MINDELHEIM.

Gez. v.

Gest. v. Joh. Poppel

AUFSEESS.

Gez. v. Ed. Gerhardt. Gest. v. Joh. Poppel.

DOM ZU BAMBERG.

111

Gez. v. Ed. Gerhardt. Gest. v. J. Poppel.

KLOSTER MICHELSBERG UND DAS HOSPITAL ZU BAMBERG

Gez. v. E. Gerhardt. Gest. v. J. Poppel.

OBERE PFARRKIRCHE IN BAMBERG.

113

Gez. v. A. Klein. Gest. v. J. Poppel.

ST. JACOBSKIRCHE IN BAMBERG.

114

Gez. v. C. Theodori.	Stahlstich v. Joh. Poppel.

SCHLOSS ALTENBURG BEI BAMBERG.

115

Gez. v. Ed. Gerhardt. Gest. v. Joh. Poppel.

RATHHAUS ZU BAMBERG.

116

Ludwig Lange gez. | Darmstadt bei G. G. Lange. München bei G. Franz | Stahlst. v. J. Poppel

DIE LUDWIGSBRÜCKE IN BAMBERG

FISCHERHOF.

GAUSTADT.

THERESIENHAIN.

SEEHOF.

WILDENSORG.

UMGEBUNGEN BAMBERGS.

Gest. v. J. Poppel.

C. Theodori pinx. J. Poppel sculps.

SCHLOSS BANZ.

Gez. u. gest. v. J. Poppel.

BAIREUTH

München, Georg Franz.

Gez. u. gest. v. J. Poppel.

SONNENTEMPEL IN DER EREMITAGE BEI BAYREUTH.

München, G. Franz

Gez. v. C. Theodori

Stahlstich v. Joh. Poppel

SCHLOSS GIECH UND WALLFAHRTSKAPELLE GÜGEL.

Zchng u. Stahlstich v. Poppel.

GÖSSWEINSTEIN.

Gez. v. Lebsché

Gest. v. J. M. Kolb.

HÖCHSTÄDT A. D. AISCH.

Gez. v. E. Gerhardt. Gest. v. Kolb.

LICHTENFELS.

Gez. v. C. A. Lebsché.

Gest. v. Riegel.

LISSBERG

ZWEITER BURGHOF.

Gez u gest v J Poppel

MUGGENDORF.

Gez. v. C. A. Lebsché. Gest. v. J. Poppel

POMMERSFELDEN.

Gez. v. C. A. Lebschée Gest. v. J. Poppel

POMMERSFELDEN.

Gez. u. gest. v. J. Poppel.

POTTENSTEIN.

München, G. Franz.

QUACKENSCHLOSS.

RIESENBURG.

C. A. Lebsche del.

J. Poppel sc.

BURG RABENSTEIN.

Gez. v. Lebsché. Gest. v. J. Riegel.

SCHESSLITZ.

Gez. v. Lebsché.

Gest. v. J. Riegel.

SCHLÜSSELAU AN DER EBRACH.

134

Gez. u. gest. v. Poppel.

STREITBERG.

Gez. v. C. v. Theodori.

Gest. v. Joh. Poppel.

VIERZEHNHEILIGEN U. BANZ.

Gez. v. C. A. Lebsche. Gest. v. J. Poppel.

BURG ZWERNITZ IN OBERFRANKEN.

Johannes-Kirche

Katholische Kirche

Gez. u. gest. v. Joh. Poppel.

ZU ANSBACH.

138

gez. v. Heinr. Adam. gest. v. J. Poppe.

EICHSTAEDT

München, G. Franz

Gez. v. Lebschè. Gest. v. Poppel.

ELLINGEN.

Zchng. u. Stahlstich v. Poppel.

ERLANGEN.

München, G. Franz.

Gest. v. J. Poppel.

SCHLOSS IN ERLANGEN.

KANAL-MONUMENT
BEI ERLANGEN.

Gez. v. C. A. Lebsche

Gest. v. Kolb.

TUNNEL BEI ERLANGEN.

FOSSA CAROLINA.

Gez. v. Lebsché. Gest. v. Poppel.

MARMORSTEINBRUCH.

SOLENHOFEN.

GNADENBERG

BEI ALTDORF.

PÜLLENREUTH

BEI NÜRNBERG.

146

Gez. u. gest. v. J. Poppel.

HOHENSTEIN

DIE BURG VON DER WESTSEITE.

ST. JOHANNIS.

DER ZWEITE BURGHOF.

DER FÜNFECKIGE THURM.

DER HEIDENTHURM.

OBERES BURGTHOR VON AUSSEN.

DIE BURG ZU NÜRNBERG.

OBERES BURGTHOR VOM HOFE AUS.

DIE LANDAUER KAPELLE ZU NÜRNBERG.

DIE UNTERE BURGKAPELLE ZU NÜRNBERG.

Gez. v. Wilder.

Gest. v. J. Poppel.

Stahlst. v. Carl Rauch

Darmstadt, bei G. G. Lange. München bei G. Franz

DER MARKTPLATZ IN NÜRNBERG.

MIT DEM SCHONEN BRUNNEN UND DER FRAUEN-KIRCHE.

Gez. v. Gerhard., gest. v. J. Poppel.

St SEBALDSKIRCHE ZU NÜRNBERG.

München, G. Franz.

Gez. v. Wilder. Gest. v. J. Poppel.

THERESIENPLATZ ZU NÜRNBERG.

Gez. v. Wilder.

Gest. v. J. Poppel. München. 1844.

DIE EUCHARIUSKAPELLE ZU St. AEGIDIEN
IN NÜRNBERG.

Stahlstich v. J. Poppel.

RATHHAUS-SAAL ZU NÜRNBERG.

Gez. v. Wilder. Gest. v. J. Poppel.

DER FRIEDHOF ST. JOHANNIS ZU NÜRNBERG.

HOF IM KRAFTISCHEN HAUS ZU NÜRNBERG.

HOF IM TUCHERISCHEN HAUS ZU NÜRNBERG.

Gez. v. Winder. Gest. v. Poppel.

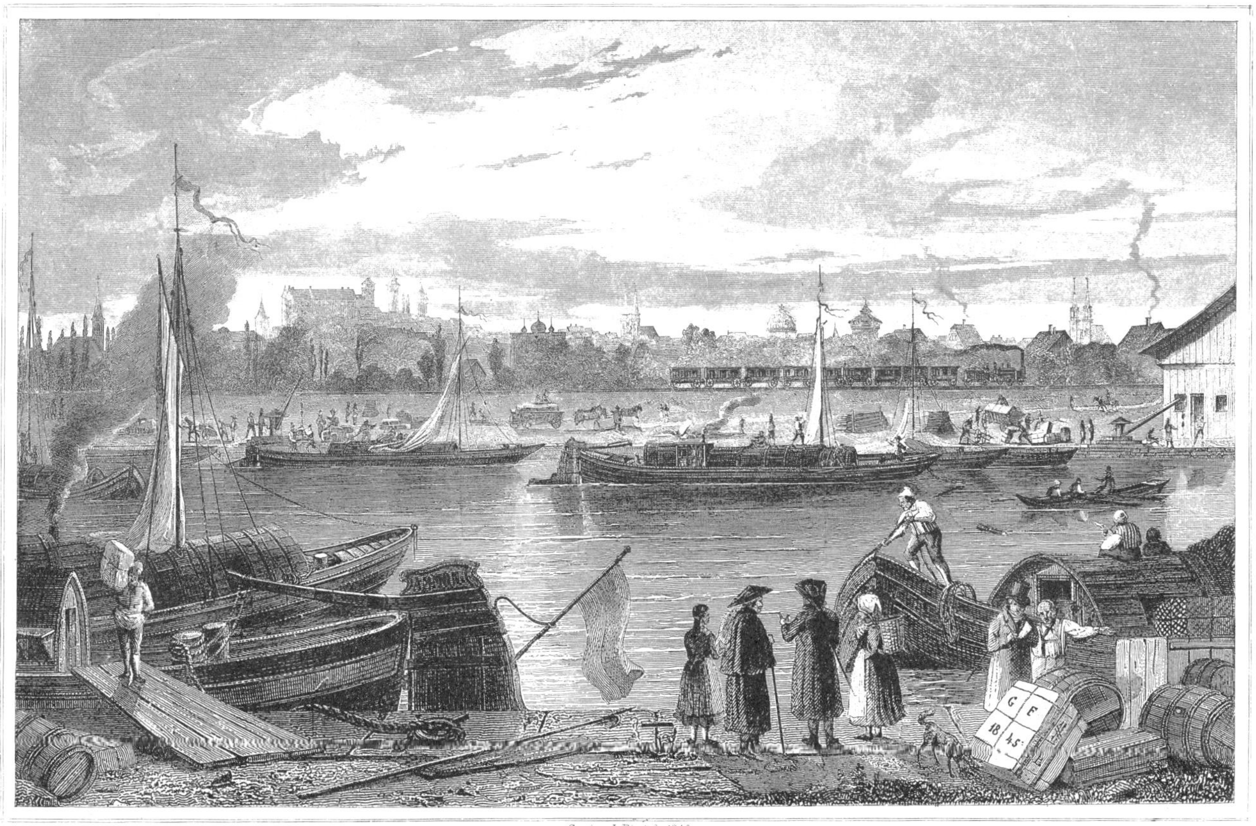

Gest. v. J. Riegel. 1845.

KANALHAFEN BEI NÜRNBERG.

DER GROSSE KRAHNEN
AM KANALHAFEN ZU NÜRNBERG

DOOSER BRÜCK-KANAL.

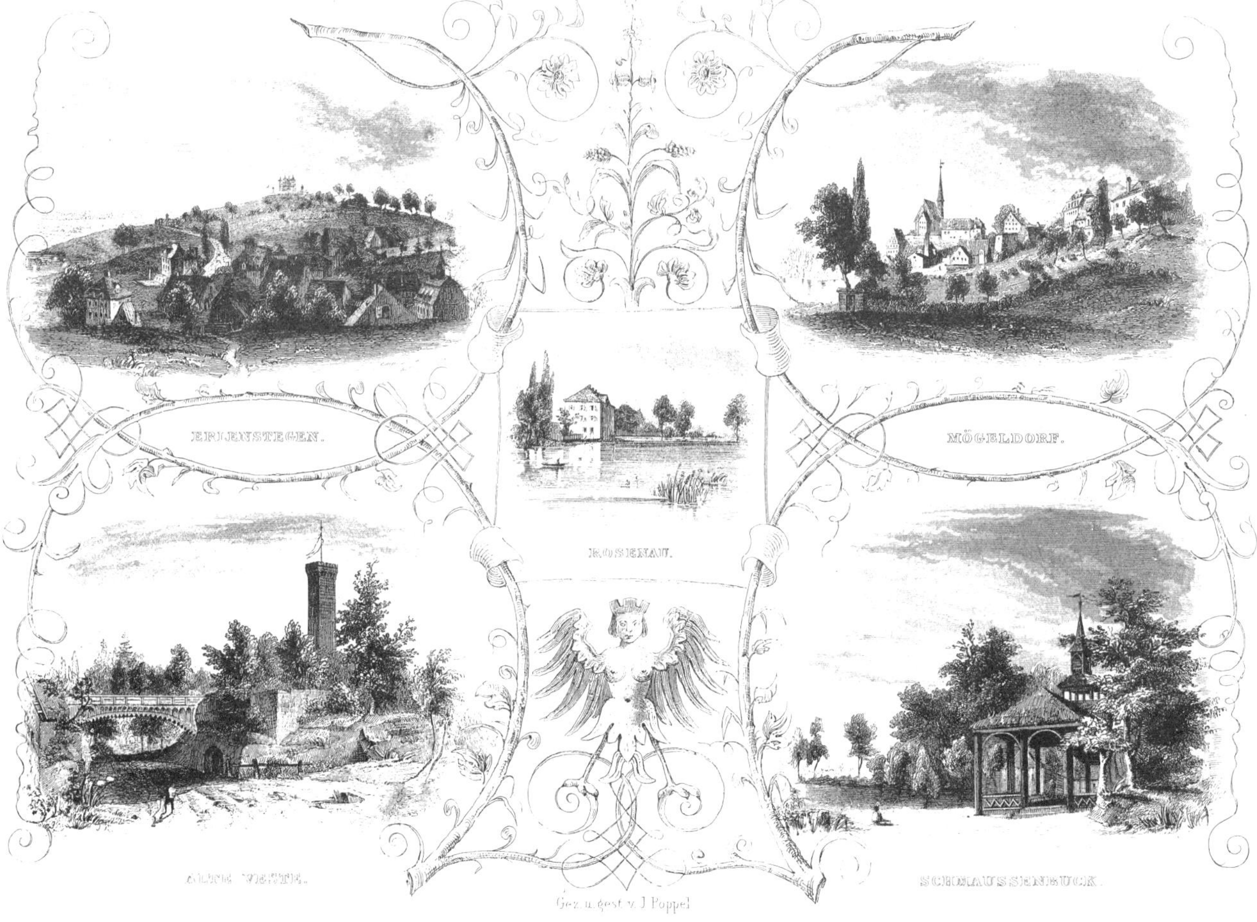

UMGEBUNGEN VON NÜRNBERG.

I.

Gez. u. gest. v. J. Poppel.

UMGEBUNGEN VON NÜRNBERG.

Gez. v. Lebschi. Gest. v. J. Poppel

PAPPENHEIM.

Gez. v. Lebschée. Gest. v. Joh. Poppel.

SCHLOSS ZU PAPPENHEIM.

Gez. v. Lebschê. Gest. v. J. Poppel.

STADT-PFARRKIRCHE U. GRÄFLICHES SCHLOSS
IN DER HERRN-STRASSE ZU PAPPENHEIM.

Gez. v. Lebschée. Gest. v. J. Poppel.

SCHILLINGSFÜRST.

Gez. v. Ainmiller. Gest. v. J. Poppel.

DER DOM ZU ASCHAFFENBURG.

München, G. Franz.

Gez v Ainmüller, gest v J. Poppel

KISSINGEN.

Gez. u. gest. v. J. Poppel

EISENER PAVILLON ZU KISSINGEN.

Gez. v. Ainmüller. Gest. v. J. Poppel.

DER EISERNE PAVILLON IN KISSINGEN.

Gez. u. gest. v. J. Poppel.

BURGRUINE BOTENLAUBEN BEI KISSINGEN.

Gez. v. Ed. Gerhardt. Gest. v. J. Poppel

KITZINGEN.

Gez. v. Ed. Gerhardt. Gest. v. Joh. Poppel.

MAINBERG.

Ludwig Lange gez: *Darmstadt bei G.G. Lange. München bei G. Franz* Stahlst v. Carl Rauch

WÜRZBURG VOM STEINBERGE AUS.

FESTUNG UND BRÜCKE ZU WÜRZBURG.

Gez. u. gest. v. J. Poppel zu München.

DIE BURKHARDTSKIRCHE ZU WÜRZBURG.

Gez. u. gest. v. J. Poppel. München, 1844.

FRAUENKAPELLE ZU WÜRZBURG.

Gez. u. gest. v. Joh. Poppel. München

RATHHAUS ZU WÜRZBURG.

Gez. u. gest. v. J. Poppel.

JULIUS-HOSPITAL ZU WÜRZBURG.

Gez. u. gest. v. J. Poppel. 1844.

KÜRSCHNERS-HOF ZU WÜRZBURG.

KRAHNEN,

KRAHNENTHOR

ZU WÜRZBURG.

Gez. u. gest. v. Joh. Poppel. München.

Erläuterungen zu den Stahlstichen

Die Zitierungen aus dem Originalwerk
sind kursiv gedruckt

1 Adelholzen Die Anfänge des Wildbades Adelholzen verlieren sich im Dunkel der Geschichte. Einen ersten Aufschwung erlebte es zu Anfang des 17. Jahrhunderts, nachdem es sein damaliger Eigentümer Otto Heinrich Lindl, Kastner und Zollner zu Traunstein, großzügig ausbauen ließ. Die noch bestehende Kapelle Sankt Primus geht auf diesen Ausbau zurück.

Nach diesem O. H. Lindl, der 1629 auch die Erhebung Adelholzens zu einem Edelsitze von Churfürst Max I. erwirkt hatte, erscheinen dessen Sohn Ferdinand Donat (um 1633) und dessen Enkel Georg Sigmund (i. J. 1665) als Besitzer. Ersterer war mit der Stelle seines Vaters, Letzterer mit der eines fürstlich salzburgischen Hofraths und Truchsesses bekleidet. Nach Sigmunds Ableben, wodurch der Lindlsche Mannsstamm erlosch, ist das Gut Adelholzen auf dessen Schwester, Mar. Josepha, und als diese (um 1693) im Lorettokloster zu Salzburg den Schleier nahm, an besagtes Kloster, sodann aber durch Kauf (um 1695) an Joh. Kaspar v. Zucalli, fürstlich salzburgischen Hofbaumeister, übergegangen. Joh. Christoph, Kaspars Sohn, erbte dasselbe 1716. Sein Streben, dem inzwischen abermals herabgekommenen Bade durch bessere Einrichtung wieder aufzuhelfen, lohnte ein so guter Erfolg, daß sich 1726 an der Spitze zahlreicher und angesehener Gäste die Churfürstinn, nachherige Kaiserinn, Maria Amalia befand, welche ihre, nicht getäuschte Hoffnung, endlich den ersehnten Thronerben zu bekommen, an die Wirkung dieses Bades geknüpft hatte. Als weitere Besitzer findet man: 1750 die nicht näher bezeichneten Christoph-Zucallischen Erben, 1777 Mart. Claud. Dufour, gewesenen Hauptmann, 1785 Stan. v. Gabler, quitt. Hauptmann, Dufours Eidam, um 1794 die Gablersche Wittwe Maximiliana, 1796 Pet. Sailer Jur. Lic., der das Gut gekauft, 1827 Frz. Paul Sailer Oekonom, dem es sein ebengenannter Vater übergeben hatte, 1840 die Paul Sailersche Verlassenschaftsmasse und endlich 1843 Georg Mayr, früherer Inhaber des Bades Brunnthal bei München. In gerichtlicher Versteigerung erstand derselbe Adelholzen, nachdem die Badanstalt durch Paul Sailers Vernachlässigung noch einmal tief gesunken war und das Gut selbst sein Hofmarksrecht längst verloren hatte.

Hr. Mayr fand statt des früheren, von Otto Heinr. Lindl errichteten Schlößchens, das die sogenannten Honoratioren der Badgäste aufnahm und 1840 in Feuer aufging, nur eine leere Brandstätte, während die übrigen zwei, jetzt noch bestehenden Localitäten, dem Bedarfe gegenüber gar nicht in Anschlag gebracht werden konnten. Darum war sein erstes Geschäft die Erbauung des jetzigen Curhauses, eines größtentheils mit Eisenschlacke in gebirgsländlichem Style aufgeführten, nichts destoweniger aber großartigen Gebäudes. Dasselbe steht an einem, der Aussicht weit günstigerem Platze und enthält ein halbes Hundert bequem eingerichtete Zimmer, wozu noch ein Billardsaal, und namentlich ein Conversationssaal von einer Schönheit kommt, wie manch anderes Bad ihn nicht aufzuweisen hat. Daß auch für den Hauptzweck, die Bäder, in diesem Baue reichlich vorgesorgt sei, hätte ich unter solchen Umständen, also kaum noch zu erörtern. Eine unterirdische Wasserleitung, an der Quelle beginnend, mündet mit ihrem Rohre in die Kessel des Erdgeschosses und dieses zählt 14 sonnige Badzimmer, deren jedes seine eigene Wasserleitung mit Hähnen besitzt. An einem Communbade, nebst einer Vorrichtung zum sogenannten Regenbade fehlt es dort ebenfalls nicht, gleichwie dem Badgaste auch Gelegenheit bereitet ist, seinen nöthigen Spaziergang bei schlechtem Wetter zu Hause zu machen. Denn im ersten und zweiten Stocke, (oder, weil das Curhaus auf steilem südlichen Abhange steht, im Erdgeschosse und ersten Stocke gegen Norden), zieht sich ein gewölbter, heller Corridor von 8' Breite und 200' Länge hin.

Und so erblicken wir denn, nachdem auch ihrer wirthschaftlichen Einrichtung alles Lob gebührt, die Curanstalt Adelholzen in einem Zustande, der ihre seit Mayrs Betrieb schon bedeutend zugenommene Frequenz immer noch mehr steigern dürfte.

Diese Hoffnung ging, wenn auch in bescheidener Weise, in Erfüllung. Heute besteht in Adelholzen ein Krankenhaus mit 120 Betten zur Behandlung von Herz-, Kreislauf- und Stoffwechselkranken; das Wasser der uralten Primusquelle wird in Bade- und Trinkkuren verabreicht und als Tafelwasser versandt.

Das auf dem Stich dargestellte Kurhaus hat sich im Kern erhalten. In seiner Umgebung sind in den letzten Jahrzehnten einige weitere Gebäude entstanden.

2 Altötting In Urkunden Kaiser Ludwigs des Frommen von 832 und 837 erscheint »Otinga« als Königspfalz. Die Pfalzkapelle, der Altarraum der heutigen »Heiligen Kapelle«, auch »innere Gnadenkapelle« genannt, stand schon an die hundert Jahre lang, als sie 877 erstmals erwähnt wird. Sie ist ein karolingischer Zentralbau aus der zweiten Hälfte des 8. Jahrhunderts und zählt damit zu den ältesten Kirchenbauten, die sich in Deutschland erhalten haben. Ihr Marienpatrozinium ist für karolingische Königskirchen typisch.

876/77 gründete König Karlmann in diesem Pfalzort der ostfränkischen Karolinger ein Kloster und fand in dessen Kirche seine letzte Ruhestätte. Ludwig das Kind, der letzte ostfränkische Karolinger, 893 als Sohn Kaiser Arnulfs von Kärnten in Altötting geboren, übertrug die Pfalzkapelle 907 dem Hochstift Passau; 1025 kam Altötting zum Hochstift Salzburg. Nach ihrer Belehnung mit dem Herzogtum Bayern im Jahr 1180 fiel Altötting an die Wittelsbacher. Der zweite Wittelsbacherherzog, Ludwig der Kelheimer (1183 bis 1231), gründete nahe der dörflichen Siedlung Ötting die Stadt Neuötting. In Altötting gründete Ludwig der Kelheimer anstelle des alten karolingischen

Klosters ein Chorherrenstift. 1228 begann der Bau der spätromanischen Basilika, von der die Untergeschosse der zwei Türme und einige andere Teile erhalten blieben.
Nachdem sich seit dem Ende des 15. Jahrhunderts zur Schwarzen Muttergottes in der Heiligen Kapelle eine große Wallfahrt entwickelt hatte, wurde die Stiftskirche von 1499 an erneuert und ihr Turmpaar mit den charakteristischen Spitzhelmen versehen. 1591 erhielt Altötting ein Jesuitenkolleg. Seine der heiligen Magdalena geweihte Kirche mit dem gedrungenen Kuppelturm — auf dem Stich rechts neben der Stiftskirche — wurde 1697 anstelle einer älteren Kirche erbaut. 1874 übernahmen die Kapuziner das ehemalige Jesuitenkolleg und die Magdalenenkirche. Vor ihr ist auf dem Stich die Tillykapelle dargestellt: General Johann Tserclaes Graf von Tilly hatte 1630 die im 14. Jahrhundert erbaute Kapelle St. Peter als Familiengruft gewählt. Die Gnadenkapelle selbst ist auf dem Stich nicht dargestellt, sie liegt hinter der Stiftskirche. Links neben der Stiftskirche sind die Gebäude der Kapellenstiftungs-Administration und der Pfarrhof, sowie der Chorherrenstock dargestellt. Die im Hintergrund schwach angedeutete Kirche ist die Pfarrkirche der nahen Stadt Neuötting. Das hohe Gebäude nahe dem linken Bildrand mit dem schmalen Seitenturm ist das Kolberg-Schlößchen, jetzt Josefsburg genannt. Es wurde erbaut von Wolfgang Kolberger, dem Kanzler Herzog Georgs des Reichen, der die Hofmark Kolberg 1491 gekauft hatte. Seit 1852 gehört es den Englischen Fräulein.

3 Andechs Die Grafen von Andechs zählten zu den bedeutendsten Dynastengeschlechtern des Mittelalters. Ihre Stammburg lag seit 1080 in Dießen, seit 1132 in Andechs über dem Ammersee. Sie hatten von ihren Kreuzfahrten zahlreiche Heiltümer mitgebracht. Zu drei heiligen Hostien, die 1182 auf die Burg gekommen waren, entwickelte sich noch im 12. Jahrhundert eine Wallfahrt. Benediktiner von Ebersberg und Seeon betreuten sie.
Das Erlöschen des Geschlechts der Grafen von Andechs und Meranien im Jahr 1248 bot den Wittelsbachern eine willkommene Möglichkeit, ihren Machtbereich abzurunden. Sie zogen ihre Güter ein und ließen die Burg Andechs zerstören. 1388 wurden die seitdem verschollenen drei Hostien wieder aufgefunden und die Wallfahrt erblühte aufs neue. Um 1420 begann der Bau der im Kern noch bestehenden gotischen Klosterkirche, 1458 wurde sie geweiht. Zwanzig Jahre früher hatte Herzog Ernst von München zur Pflege der Wallfahrt ein Kanonikerstift gegründet; sein Sohn Herzog Albrecht III. wandelte es in ein Benediktinerkloster um. Nach einem Brand begann 1670 die Wiederherstellung der Kirche durch Dominikus Schinnagl und Enrico Zuccalli; sie erhielt ein neues Gewölbe und wurde neu dekoriert. Der Neubau der Konventgebäude begann 1671, der Turm wurde 1674/75 gebaut.
1803 wurde auch das Kloster Andechs aufgehoben. Die Klostergebäude erwarb 1846 König Ludwig I. und übergab sie 1850 der Benediktinerabtei Sankt Bonifaz in München, der das Kloster Andechs seither als Priorat untersteht.

4 Bad Aibling An der alten Römerstraße Salzburg—Augsburg befand sich auf dem »Hofberg« vielleicht schon ein Herzogshof der Agilolfinger. Kaiser Ludwig der Deutsche war in den Jahren 804 und 855 hier. 927 ist die Hofkapelle als Eigenkirche der Fürstbischöfe von Salzburg bezeugt. 1248 fielen Grafschaft und Vogtei Aibling an die Wittelsbacher. Unter ihnen wurde es Sitz eines Landgerichts. 1487 wurde dem Ort die Marktfreiheit verliehen. Der Berg als Sitz des alten Königshofs ist bis heute das Behördenviertel der Stadt geblieben; das Amtsgerichtsgebäude steht an der Stelle der ehemaligen Burg. Über der alten Hofkapelle erhebt sich heute die im Kern spätgotische, 1755/56 nach Johann Michael Fischers Entwurf umgestaltete Pfarrkirche Sankt Maria. An der Nordseite des Hofberges liegt das kleine Schloß Prantseck, ein einfacher Bau aus dem Jahr 1564 mit zwei Erkern. Im Markt zu Füßen des Berges steht die Kirche Sankt Sebastian, 1765 erbaut.
1803 verlor Aibling das uralte hier bestandene Pfleggericht. Der Bezirk wurde theils dem Landgerichte Rosenheim, theils Miesbach einverleibt. Aibling selbst kam unter Rosenheim. Das Rentamt für Rosenheim und Aibling blieb hier. Das ehemalige Pfleggericht Aibling hatte aus 7 sogenannten Aemtern bestanden.
Am 6. Dezember 1832 nahmen Ihre Majestät die Königin Therese von Ihrem Sohne, dem neuen Könige Griechenlands, hier Abschied. Zum immerwährenden Andenken erhob sich an dem Platze dieser schmerzlichen Trennung der königlichen Mutter von dem geliebten Sohne, ein hehres, im altdeutsch kirchlichen Style erbautes Monument. (Gegründet 15. Oktober 1833, enthüllt am 1. Juni 1835.)
1838 erhielt Aibling wieder das Landgericht und damit wieder gleichsam neues Leben, da es bisher so ziemlich verschollen gewesen war.
Ebenso trug auch die 1844 hier errichtete Soolen- und Moorschlammbadanstalt des Herrn Landgerichtsarztes Dr. Beck zur Wiederbelebung Aiblings bei, und die bereits in den ersten Jahren stattgefundenen glänzenden Kuren werden nicht verfehlen, der Anstalt sowohl, als dem Markte selbst noch immer größeren Aufschwung zu verleihen.

5 Berchtesgaden Um 1108 gründete Graf Berengar von Sulzbach in dem ihm gehörenden Berchtesgadener Land das Augustiner-Chorherrenstift Sankt Peter und Johannes. Die Ortschaft Berchtesgaden entwickelte sich in engster Abhängigkeit vom Stift. Seine Kirche beherrscht bis heute das Ortsbild. Vom spätromanischen Bau blieben neben dem berühmten Kreuzgang die unteren Teile der Langhausmauern und der zwei Westtürme erhalten. Von ihnen war nur der nördliche auf dem Stich dargestellte Turm ausgebaut; die heutigen Türme mit ihren spitzen Helmen stammen von 1865/66. Der heutige Altarraum entstand um 1300, das Hallen-Langhaus um 1500.
Schon 1156 bestätigte Kaiser Friedrich I. dem Stift die Forsthoheit und die Schürffreiheit auf Salz und Metall. Vor allem der einträgliche Salzbergbau verschaffte dem Stift im Laufe der Zeit weitgehende Selbständigkeit; seine Pröpste stiegen bis zur Würde von Reichsfürsten auf. Vom Ende des 14. Jahrhunderts an lag die Propstei unausgesetzt im Spannungsfeld der Machtansprüche der Bischöfe von Salzburg und der Wittelsbacher. 1809 kam Berchtesgaden an Bayern; das Propsteigebäude wurde königliches Schloß.
Vor der Aufhebung des Stifts war die unmittelbar neben der Stiftskirche gelegene Andreaskirche die Pfarrkirche des Ortes.
Die Kirche links neben dem Markt ist die Frauenkirche am Anger, die nunmehrige Franziskanerkirche.

6 Burghausen Eine abgeschnittene Flußschlinge zwischen Salzach und Wöhrsee bot sich zur Errichtung einer Wehranlage an. 1025 war der befestigte Königshof Burghausen Witwengut der Kunigunde von Luxemburg, der Gattin Kaiser Heinrichs II. Seit dem Ende des 11. Jahrhunderts war die Burg im Besitz der Grafen von Burghausen. Nach deren Aussterben kam sie im 12. Jahrhundert an die bayerischen Herzöge. Die heute bestehende Burganlage ist im wesentlichen im 13. und im 15. Jahrhundert entstanden. Herzog Heinrich der Ältere, nach der Teilung Bayerns vom Jahr 1255 erster Herzog des neu gebildeten Landesteils Niederbayern, erbaute Palas, Kapelle, Dürnitz und Kemenate; unter Herzog Georg dem Reichen, mit dem die niederbayerische Linie der Wittelsbacher 1503 ausgestorben ist, wurde sie großzügig umgestaltet und vergrößert, so daß sie heute mit einer Längenausdehnung von etwa 1100 Metern zu den größten Burganlagen Europas zählt.
Burghausen liegt zwischen zwei Bergen am diesseitigen Ufer der Salzach, die mit ihrem frischen Luftzuge dieses Thal zu einem gesunden Aufenthalte macht; das mit Salz- und anderen Schiffen stets bewegte Strombett verleiht dem Orte Regsamkeit. Gegen Südwest erweitert sich dem eine Viertelstunde entlegenen, einst berühmten Kloster Raitenhaslach zu, ein sehr fruchtbares, von mehreren Kupfer- und Eisenhämmern, einer Papier- und Pulvermühle belebtes Thal.
Während bedeutende Waldungen auf eine Stunde nördlich bis zum Inn ziehen, ist das Hügelland zwischen der Salzach und der Alz bayerischer Seits, so wie nach der Ostseite hin mit Getreide jeder Art bedeckt.
Jenseits der Salzach, über welche eine hölzerne Brücke führt, ist das österreichische Gebiet. Hat man hier den Berg bestiegen, so belohnt eine überraschende Aussicht, denn es eröffnet sich dem Auge die ganze Gebirgskette, von Traunstein am Gemundersee angefangen, über Ischl, Steyermark, Salzburg und Tyrol. Ueberhaupt gewährt die Umgebung von Burghausen auf den beiden Ufern der Salzach die angenehmsten und überraschendsten Abwechslungen.

7 Ettal 1330 gründete Kaiser Ludwig der Bayer im bayerischen Alpenland unweit von Oberammergau das Kloster und Ritterstift Ettal. 1370 wurden Kirche und Kloster geweiht. Mittelpunkt der Kirche ist ein Gnadenbild der heiligen Maria. Das Ritterstift löste sich bald nach dem Tod des Kaisers auf, doch das Benediktinerkloster Ettal blieb bestehen. Der Gründungsbau, eine monumentale Rotunde, wurde 1476 bis 1492 gewölbt. Abt Placidus Seiz (1709 bis 1736) gründete zur Erziehung charakterlich starker und religiöser Männer des Adels die einst berühmte Ritterakademie und begann 1710 nach den Plänen des Münchner Hofbaumeisters Enrico Zuccalli mit dem Umbau von Kirche und Kloster. Nach einem Brand von 1744 wurde die Kirche unter der Leitung des Wessobrunner Baumeisters Franz Schmuzer wieder aufgebaut, auch jetzt unter Achtung der erhalten gebliebenen gotischen Mauern und unter Respektierung der Pläne Zuccallis. Auch die Klostergebäude wurden im 18. Jahrhundert neu erbaut. 1803 wurde das Kloster aufgehoben und ein Teil der Gebäude abgebrochen. 1900 schenkte Freiherr von Kramer-Klett die erhaltenen Teile des Klosters den Benediktinern. Sie gründeten 1905 ein Gymnasium mit Internat. Seit 1907 ist Ettal wieder Benediktinerabtei.
Die ursprüngliche Kirche in Ettal ist der große deutsche Zentralbau hochgotischen Stils. Die Meister der Barockzeit haben sich dieser einzigartigen Bauidee so einfühlend untergeordnet, daß sie bis heute klar zutage liegt. Der kleine Glockenturm rechts von der Kuppel stammt aus dem Jahr 1563; er hat die Barockisierung überdauert. Der linke (nördliche) Fassadenturm wurde 1853/54 vollendet, die Fassade selbst 1894 bis 1901 und der rechte (südliche) Turm 1906/07. Auf dem Stich ist deshalb nur sein Unterbau sichtbar.

8 Frauenchiemsee Der bayerische Herzog Thassilo III. gründete um 770 auf der Chiemseeinsel Frauenwörth ein Männer- und ein Frauenkloster des Benediktinerordens. Um die Mitte des 9. Jahrhunderts leitete das Frauenkloster die selige Irmengard († 866), eine Tochter König Ludwigs des Deutschen. 907 vernichteten die Ungarn beide Chiemseeklöster. Während die benediktinische Tradition des Männerklosters damit erloschen ist, wurde Frauenchiemsee um die Mitte des 10. Jahrhunderts wieder als Frauenkloster besiedelt. Durch Schenkungen wurde es rings um den Chiemsee und in Tirol sehr begütert.

Der Baubestand des Klosters ist sehr alt. Die Klosterkirche ist eine frühromanische dreischiffige Basilika mit Chorumgang; die Barockzeit veränderte im wesentlichen nur die Altäre, die Kanzel und die Brüstung der Musikempore. Der mächtige freistehende Glockenturm stammt aus der Zeit um 1000; 1395 erhielt er sein Obergeschoß und 1626 die charakteristische Kuppel. Die Konventgebäude wurden 1730 umgebaut. 1803 wurde das Kloster aufgehoben und die Pfarrkirche Sankt Martin, die vielleicht älteste Kirche der Insel, abgebrochen. Da sich für das Kloster keine Käufer fanden, durften die Nonnen in ihm wohnen bleiben. König Ludwig I. stellte das Kloster 1838 wieder her; seit 1901 wird es wieder von einer Äbtissin geleitet. Heute führt das Kloster eine höhere Schule für Mädchen.

Jeder, der die voranstehende Abbildung betrachtet, wird sich von der Schönheit dieser Insel lebhaft überzeugen. Hat sich ja doch hier eine Herberge von Malern gebildet, welche sicher die schönsten Gegenden zu finden wissen. Jeder, der die Insel selbst besucht, wird sich von der Wahrheit des Gesagten überzeugen. Doch muß ich den, welcher die Klosterkirchen besucht, warnen, den dortigen Grabsteinen einen zu großen historischen Werth beizulegen, da die Aebtissin Magdalena Auer (1467—1494), deren zwanzig auf einmal aus rothem Miesenbacher Marmor anfertigen ließ, dagegen ist das uralte Portal an der Kirche nicht zu übersehen, das wohl so viele Jahre zählt, als seit des Klosters Stiftung verflossen, es ist mit seinen plumpen Säulen, die auf furchtbaren Löwenköpfen stehen, und seinen Bogen, dessen schnörkelhaft ausgeschnittene Verzierungen, deren unsymetrische Aermlichkeit auf ein sehr hohes Alter deuten, einer größeren Aufmerksamkeit würdig, als ihm bisher zu Theil geworden.

9 Herrenchiemsee An der Südseite der heutigen Herreninsel im Chiemsee liegt ein vorgeschichtlicher Ringwall. 1130 wurde von Salzburg aus auf der Herreninsel ein Augustiner-Chorherren-Stift gegründet. Dieses Stift trat die Nachfolge des alten Benediktinerklosters an, das seit dem 8. Jahrhundert auf der Insel Frauenchiemsee neben dem Nonnenkloster bestanden hatte, aber während der Ungarneinfälle zugrunde gegangen war. Seit dem 12. Jahrhundert war der jeweilige Propst zugleich Archidiakon dieses salzburgischen Diözesansprengels um den Chiemsee. 1218 wurde Chiemsee von Erzbischof Eberhard von Salzburg zum Bistum, die Stiftskirche zur Domkirche erhoben. Neben dem Propst des Stifts gab es nun auch einen Bischof auf der Insel Herrenchiemsee, doch die Bischöfe von Herrenchiemsee wohnten zumeist in Salzburg, da sie Vertreter des dortigen Erzbischofs waren.

Um die Mitte des 15. Jahrhunderts ließ das Stift auf der Insel eine neue Pfarrkirche bauen, die 1469 eingeweiht und im 17. Jahrhundert umgestaltet wurde und heute noch steht. In der ersten Hälfte des 17. Jahrhunderts war auch das noch bestehende Klostergebäude, das sogenannte »Alte Schloß« mit dem schönen »Kaisersaal« (Dekoration um 1700) und der zweischiffigen Halle der Bibliothek (Dekoration um 1735), neu erbaut worden. Die romanische, im späten 15. Jahrhundert gotisierte Stiftskirche ließ man 1684 durch den Graubündener Meister Lorenzo Sciasca völlig neu bauen. Nachdem 1803 auch das Domstift Chiemsee aufgehoben und die Gebäude verkauft worden waren, wurde 1818 die große Stifts- und Bischofskirche bis auf das Mittelschiff des Langhauses abgebrochen.

Von 1878 an ließ König Ludwig II. auf der Insel sein großes Schloß »Herrenchiemsee« errichten.

10 Falkenstein Die Burgruine Falkenstein liegt im Inntal südlich der Stadt Rosenheim. Die Burg war im Mittelalter Sitz der alten Chiemgaugrafen aus dem Geschlecht der Aribonen und schützte die wichtige Inntalstraße. Die alte, sogenannte »Rachelburg«, von der nur spärliche Grundmauern erhalten sind, lag höher am Berg. Als Nachfolger der Aribonen treten zu Beginn des 11. Jahrhunderts als Besitzer der Burg Falkenstein die Grafen von Neuburg auf, die sich dann nach dem Falkenstein nannten. Sie gründeten 1135 oberhalb der alten Burg das Kloster Sankt Peter, das jedoch schon 1296 zerstört und aufgegeben, später aber Freisinger Propstei und Wallfahrtsstätte wurde (»Petersberg auf dem kleinen Madron«). Nachdem 1296 auch die alte Burg zerstört und die Grafschaft von den oberbayerischen Herzögen eingezogen worden war, bauten die Burgpfleger aus dem Geschlecht der Haßlang die neue Burg. Ihr letzter Besitzer war Max V. von Preysing, der sie 1768 gekauft hatte, aber nicht mehr bewohnte. 1784 und 1789 wurde die Burg durch Brand zerstört. Heute sind neben dem Bergfried der unteren Burg, der aus der Zeit um 1300 stammt, nur noch Teile der Umfassungsmauer und zwei Türme sowie der etwas unterhalb gelegene ummauerte Turnierplatz erhalten. 1934/35 wurden diese Reste gesichert.

11 FÜRSTENFELD Seit der ersten Teilung Bayerns von 1255 regierte Ludwig der Strenge von München aus das neugeschaffene Teilherzogtum Oberbayern. 1258 gründete er als Sühne für den Mord an seiner jungen Gemahlin Maria von Brabant das Zisterzienserkloster Fürstenfeld. Die mittelalterliche Anlage wurde um 1700 abgebrochen. 1701 begann unter der Leitung des Münchner Hofbaumeisters Giovanni Antonio Viscardi der Bau der heutigen Kirche. Vier Jahre später kam die Arbeit wegen des Spanischen Erbfolgekrieges zum Erliegen. Johann Georg Ettenhofer führte dann den Bau von 1718 an nach Viscardis Plänen fort; doch die Arbeiten an der kolossalen Kirche zogen sich über Jahrzehnte hin. Erst 1741 wurde sie geweiht, 1754 wurde der Turm vollendet. Die Kirche zählt zu den größten Barockkirchen des Landes. 1803 wurde das Kloster aufgehoben. Heute ist in den von 1692 bis 1704 von Viscardi erbauten Klostergebäuden eine Polizeischule untergebracht.

12 WEBER AN DER WAND UND KAISERGEBIRGE *Wer in ganz Oberbayern kennt nicht, wenigstens vom Hörensagen, den Weber an der Wand, den so sehr gerühmten, daß schon überspannte Erwartungen von seiner Vorzüglichkeit rege gemacht wurden? — Höchstens für auswärtige Leser dieser kleinen Monographie sei also bemerkt, daß man unter jenem Namen eigentlich keine Person, sondern einen Ort verstehe, einen Ort, der zur Gemeinde des, eine halbe Viertelstunde davon entfernten Pfarrdorfes Oberaudorf, Landgerichts Rosenheim, gehört, und, weil er aus einem einzigen Wohnhause besteht, den sogenannten Einöden beigezählet wird.*

Von dem Weber, der dieses Haus bewohnt, und von der Felswand, einer östlichen Fortsetzung des nahen Luegsteins, an die sich dasselbe anlehnt, hat der Ort seine geographische Benennung. Man gelangt dahin auf einem von Obstbäumen beschatteten, lieblichen Pfade, welcher sich, von der anstoßenden Rosenheim-Kufsteiner Landstraße aus, längs dem Fuße gedachter Wand, sanft in die Höhe zieht.

Hier stand vor Zeiten eine der Gemeinde Oberaudorf gehörige Klause, und ein Frater Hieronymus war der letzte Eremit, den sie beherbergte. Wenn demselben, so erzählt man sich, die Lebensmittel ausgegangen waren, so durfte er mit seiner Glocke nur ein Zeichen geben, um der Nachbarschaft milde Hand zu seiner Unterstützung geöffnet zu sehen. Im Jahre 1794 ertönte jedoch solches Zeichen zum letzten Male, und aus anderer Veranlassung; denn die Herbeigeeilten fanden ihren Schützling sterbend an Altersschwäche. Ein Jägersmann bezog nun die verödete Klause. Später wurde sie zur Dorfschule benützt, und endlich im Jahre 1809 an ihren gegenwärtigen Besitzer, den Weber Georg Seywald, verkauft. Dieser nahm hierauf die nöthigen Bauveränderungen daran vor, nach deren Vollendung, im Jahre 1817, der ganze Besitz die in der ersten Beilage abgebildete heutige Ansicht gewann.

Wenn unser, nur Bayerns malerischen Schönheiten gewidmetes Werk in beiliegendem zweiten Stahlstiche ein Bild liefert, dessen Hauptgegenstand, das Kaisergebirg, dem Auslande angehört, so handelt es sich dabei lediglich um eine Aussicht, welche, da sie dem so eben beschriebenen Weber an der Wand eigen, immer noch die eines bayerischen Ortes ist.

Das Wunderschöne der fraglichen Aussicht befriedigend darzustellen, kann nur Aufgabe des erwähnten Bildes seyn, weßwegen sich denn auch der begleitende Text auf das Historisch-topographische der einzelnen Punkte dieser Aussicht beschränken wird.

Die riesenhaften Felsbergmassen, welche des Bildes ganzen Hintergrund einnehmen, sind das schon genannte Kaisergebirg. Dasselbe wird eingetheilt in den vordern, oder kleinen, und in den hinteren, oder großen Kaiser. Der letztere, oder wie Manche wollen, nur ein Theil desselben, hat auch den Namen: wilder Kaiser. Des ganzen Gebirges höchster Punkt ist die Tressauerspitze mit 7246 Pariser Fuß Höhe über dem Spiegel des Mittelmeeres.

Am diesseitigen Gebirgsfuße zieht sich immer noch das, schon bei Innsbruck beginnende Unterinnthal hin, von dem wir übrigens nur die zum Pfarrdorfe Ebs gehörige Wallfahrtskirche St. Nikola, und den Inn, hier Grenzstrom zwischen Bayern und Oesterreich, erblicken können. Diesseits des Inns, also auf bayerischem Gebiete, haben wir im Vorgrunde unseres Bildes einige Hügelspitzen beim Weber an der Wand, im Mittelgrunde rechts eine weit ausgedehnte Mooswiesfläche, (deren Trockenlegung für Cultur und Sanität erwünscht wäre), und im Mittelgrunde links einen hohen fantastisch gestalteten Felsen, Namens: Burgberg, bei dem, als einer historisch merkwürdigen Stelle, meine Beschreibung etwas verweilen muß.

Der an Oberaudorfs Südostseite grenzende Burgberg, welcher einem, ihn umgebenden kleinen Dörfchen seinen Namen mittheilt, liegt dem Weber an der Wand seitwärts gegenüber, und ist von dem vorgeschobenen Fuße des Berges dieser Wand, nur durch die Rosenheim-Kufsteiner Landstraße getrennt, die hier zu einem Engpaße wird, auch ein festes mit Ueberbau versehenes Thor hat. Ein einsames Kreuz steht auf diesem Berge, den Platz bezeichnend, an welchem sich vor Zeiten die Auerburg erhob. Doch geben auch noch einige Mauertrümmer davon Kunde, so wie das eben erwähnte, obschon weit tiefer stehende, Thor selbst, in so fern es als ein Außenwerk der Burg betrachtet werden kann, und die Wohnung ihres Eisenmeisters war.

14 Kreuth Die Geschichte des Bades Kreuth führt in das späte Mittelalter zurück. Von der nahen Benediktinerabtei Tegernsee wurde im 16. Jahrhundert ein neues Badehaus errichtet. 1696 erbaute der Abt von Tegernsee die Badekapelle, die zu Ehren des heiligen Kreuzes geweiht wurde und mitsamt der später angebauten Priesterwohnung noch heute eine reizvolle Baugruppe bildet; auf dem Stich ist sie links neben den Badehäusern wiedergegeben.

Nachdem die Benediktiner-Abtei Tegernsee im Jahr 1803 aufgehoben wurde, gieng auch Kreuth als Bestandtheil des Klosters in Privathände über, und wurde erst, als König Max Tegernsee 1817 erkaufte, zu einer größeren Badeanstalt 1818 ausersehen, ein Theil des Anwesens angekauft; 1820 in der Umgegend Spaziergänge angelegt und gegenüber dem alten unansehnlichen Badhause ein neues aufgeführt; 1822 wurde der Gebrauch der Ziegenmolken eingeführt, die Fassung der Quelle zu Schwaighof, so wie ihre Leitung in Röhren bis an die Landstraße bewerkstelliget. Die Einrichtungen, Gebäude und Anlagen vermehrten sich mit jedem Jahre; 1824 wurden neue Grundbesitzungen erworben, ein zweites Bad- und Wohnhaus errichtet und mit dem ersten in Verbindung gebracht, dann ein Benefizium gestiftet; 1825 und 1826 der prächtige Kursaal und die kleineren Nebengebäude vollendet und nur der plötzliche Tod des höchstseligen Königs verhinderte die Ausführung manch' anderer Pläne. Noch kurz zuvor weihte sich der König durch Stiftung von 50,000 Gulden zur Verpflegung armer Kurgäste ein bleibendes Andenken.

Umstellt von Wald und steilen Felsenwänden und Bergkegeln, beinahe 3000 Fuß über dem Meeresspiegel ruhen die Bad- und Kurgebäude Kreuth auf einer freundlichen Wiesenfläche, und gewähren einen überaus malerischen Anblick. Der vor uns liegende Stahlstich zeigt uns die Ansicht, wenn wir von Tegernsee der an den Achensee und nach Insbruck führenden Landstraße folgen, die längs des Weißachthales zwischen der Alpenkette von Norden nach Süden sich windet, und je näher dem Badeorte, sich immer mehr verengt.

Die pittoresken Schönheiten dieses Alpenthales, und die so manichfaltigen nahen und fernen Parthien in den Thälern und auf den Bergen sind mit den berühmtesten Gegenden der Schweiz zu vergleichen, in denen die Badegäste sich wonnevoll ergehen. Sehnend drängt sich Jeder zu dem Monument des königlichen Gründers Maximilian, welches in einer Entfernung von 10 Minuten gegen Süden nach dem Plane des Bauraths Metivier von Stiglmayer hergestellt ist. Das ³/₄ Stunden entfernte Dorf Kreuth und das Jägerhaus, dann der Weg nach der Pförner Alp bilden die nächsten Parthien. Am häufigsten wird der 4279 Fuß hohe Hohlenstein bestiegen, welcher auf jeder seiner Wendungen ein neues Panorama in das Bad und in das Tegernseer Thal, und auf dem höchsten Plateau die Aussicht in zwei Thäler eröffnet.

15 Landsberg am Lech 1160 erbaute Heinrich der Löwe auf dem Schloßberg zum Schutz der Salzstraße und des Lechübergangs die »Landespurc«. Auf der Ebene zwischen Schloßberg und Lech entstand zu beiden Seiten dieser Straße eine bürgerliche Siedlung, die um 1260 Stadt wurde und 1268, nach dem Tod Konradins, des letzten Staufers, mitsamt der Burg an die Wittelsbacher überging. Die Nähe der jenseits des Lechs vorbeiführenden Straße von Italien nach Augsburg begünstigte die wirtschaftliche Entwicklung der Stadt. Von der Stadtbefestigung des 14. Jahrhunderts und von dem äußeren, erweiterten Mauerring des 15. Jahrhunderts haben sich noch einige Abschnitte erhalten, so auch das Sandauertor aus dem 17. Jahrhundert (im Vordergrund des Stichs).

Die katholische Stadtpfarrkirche Mariae Himmelfahrt (früher Sankt Veit) beherrscht das Bild der Stadt. Sie ist zwischen 1458 und 1488 entstanden. Die unteren Geschosse ihres Turms stammen noch von einem älteren Bau des 14. Jahrhunderts; an die Stelle seines ursprünglichen spitzen Helms trat 1698 ein achteckiger Aufsatz mit Kuppel und Laterne. Auch die doppeltürmige Kirche des ehemaligen Jesuitenklosters ist wegen ihrer Lage auf dem Hang über der Stadt für ihr Erscheinungsbild von großer Bedeutung. Sie wurde 1752 bis 1754 anstelle einer älteren Kirche aus der Zeit um 1580 erbaut.

Obgleich die Stadt während der Kriege des 17. und 18. Jahrhunderts besonders schwer zu leiden hatte, erlebte sie in der Barockzeit eine hohe künstlerische Blüte. Der berühmte Baumeister Dominikus Zimmermann stand ihr von 1749 bis 1754 als Bürgermeister vor. Ihm verdankt die Stadt die Pläne für die ehemalige Ursulinenklosterkirche, erbaut 1720 bis 1725 (auf dem Stich nicht sichtbar, da durch die Stadtpfarrkirche verdeckt), und für die Sankt Johanniskirche, geweiht 1754 (auf dem Stich über dem Sandauer Tor). Das hohe Haus rechts neben diesem Tor ist das Haus des Landsberger Bundes (1556). Die Kirche rechts neben dem hohen runden »Dachlturm«, die durch ihn zum Teil verdeckt wird, ist die alte Heilig-Geist-Spitalkirche, die 1874 abbrannte und deren Reste später beseitigt wurden.

16 München, Dom Die Kirche Unserer Lieben Frau in München war seit 1271 zweite Pfarrkirche der Stadt. 1468 wurde die dreischiffige romanische Vorgängerin abgebrochen; an ihrer Stelle erbaute Jörg von Halsbach, genannt Ganghofer, die heutige dreischiffige Hallenkirche mit Chorumgang. 1494 wurde die Kirche geweiht, 1525 waren den Türmen die charakteristischen Kuppelhauben, die Wahrzeichen der Stadt München, aufgesetzt. Im 17. und 18. Jahrhundert wurde der Innenraum mit barocken Einbauten versehen. Zu ihnen zählte der Benno-Bogen, der 1604/05 nach dem Entwurf von Peter Candid eingezogen wurde und der auf dem Stich raumbeherrschend erscheint. Diese Einbauten sind zwischen 1858 und 1867 entfernt worden. Seit 1821 ist die Münchner Frauenkirche die Domkirche des neu errichteten Erzbistums München-Freising. 1944 wurde sie auf das schwerste beschädigt, doch in den folgenden Jahren wieder hergestellt.

17 München, Schloss Nymphenburg Kurfürst Ferdinand Maria schenkte seiner Gemahlin Adelaide von Savoyen 1662 anläßlich der Geburt des Thronfolgers, des späteren Kurfürsten Max Emanuel, das Landgut Kemnath bei München. Von 1664 an ließ sie sich dort ein Schloß als Sommerresidenz erbauen und gab ihm den Namen »Nymphenburg«. Sie zog dazu den Baumeister der Münchner Theatinerkirche Agostino Barelli bei; von 1674 an war Enrico Zuccalli mit der Bauführung befaßt. Ausgangspunkt der später stark erweiterten Anlage ist der würfelförmige Mittelpavillon mit seinen fünf Geschossen, deren Höhe nach oben zu abnimmt. 1675 war dieser Bau fertiggestellt. Er entbehrte aber noch des heutigen Fassadendekors. Um ihn wurde ein Garten italienischen Charakters angelegt.
Kurfürst Max Emanuel ließ die Anlage von 1701 an erweitern. Antonio Viscardi setzte 1702 zwei quadratische Flankenbauten zu beiden Seiten des Mittelpavillons; zweigeschossige Arkaden stellten beiderseits die Verbindung mit ihnen her. Den Garten ließ er im französischen Stil umgestalten. Josef Effner setzte von 1715 an die Erweiterung fort. Er gab dem alten Mittelpavillon seine heutige, straffe Fassadengliederung und gestaltete sein Inneres durchgreifend um. Damit hatte die zentrale Baugruppe des Schlosses Nymphenburg ihre auf dem Stich wiedergegebene, bis heute erhaltene Erscheinungsform erlangt. Der Mittelpavillon war im 18. Jahrhundert mit einem Dreiecksgiebel versehen, der die drei mittleren Fensterachsen zusammengefaßt hat. Dieser Giebel wurde zu Beginn des vorigen Jahrhunderts im Geiste des Klassizismus beseitigt; ein weit auskragendes Kranzgesims betont seither die Würfelform des Baukörpers.
Bis in die fünfziger Jahre des 18. Jahrhunderts wurde noch gebaut in Nymphenburg. Es entstanden die berühmten Gartenschlößchen, die Gartengestaltung schritt weiter, vor den Hauptgebäuden entstand Effners halbrunde Platzanlage mit den Kavaliershäusern. Zu Beginn des 19. Jahrhunderts wurden weite Teile des Gartens zum Landschaftsgarten englischen Stils umgestaltet.

18 München, Altes Rathaus Der Meister der Münchner Frauenkirche, Jörg von Halsbach, genannt Ganghofer, hat von 1470 bis 1474 neben dem Talburgtor an der Ostseite des Marienplatzes das Alte Rathaus errichtet. Die architektonisch wenig gegliederten Außenwände waren in alter Zeit bemalt. Mittelpunkt des Alten Rathauses war der gotische Festsaal (der auch das »Tanzhaus« genannt wurde) mit einer weitgespannten hölzernen Sprengwerkdecke. Erasmus Grasser schuf für den umlaufenden Wappenfries dieses Saales 1480 die berühmte Folge der »Moriskentänzer«. Die zehn erhaltenen der ursprünglich sechzehn Figuren befinden sich heute im Münchner Stadtmuseum.
Von 1862 bis 1864 wurde das Alte Rathaus neugotisch verändert, 1934/35 abermals restauriert. 1944 wurde es bis auf die Außenwände zerstört; der große Saal ist ausgebrannt. Der Baukörper wurde wieder hergestellt. Auch der Rathausturm, das sogenannte Talburg- oder Talbrucktor, ist dem Bombenkrieg zum Opfer gefallen.
Wenn man vom Schrannenplatz zum Thal sich wendet, steht links vom Thurm ein mächtiges graues Haus mit drei großen Bogen-Fenstern im obern Stockwerk und mehreren Thoren, Thüren und kleinen Läden im Erdgeschoß. Das eine der beiden Thore führt zu den uralten Brodbänken, das andere zu der Treppe in den großen Rathhaussaal.
So unansehnlich und wenig versprechend sich das Aeussere des Gebäudes zeigt, so mehr überraschend groß und prächtig ist das Innere. An 130 Schuhe lang und gegen 80 breit, mit hohen Wänden und gewölbter Decke, an der auf blauem Grund, von zierlichem Rippenwerk durchkreuzt, viel hundert goldene Sterne glänzen, und an den Mauern ringsumher auf hohen Sockeln acht Riesenstatuen der edlen Wittelsbacher, Herzoge, Churfürsten und Kaiser. Es sind dies die Modelle der bekannten Herzogsbilder im bayrischen Thronsaal, von unseres Meisters Schwanthaler Hand, durch König Ludwig hieher geschenkt. In beiden Giebeln, hoch über den Fenstern hängen die Schilde der acht bayrischen Hauptstädte, und in dem mittleren Fenster dem Thal zu sieht man noch den deutschen kaiserlichen Adler mit bayrischem Herzschild eingeschmolzen. Vor Zeiten aber waren alle sechs Fenster mit kunstvollen Glasgemälden von Hebenstreit versehen, von diesen allen hat sich keines mehr erhalten.
Im Thurm, von dem aus man eine freie Aussicht hinunter durchs ganze Thal, und hinauf den Schrannenplatz genießt, sind die alten städtischen Gefängnisse »die Frohnvest« noch zum größten Theil erhalten. Der letzte Gefangene, ein Schäfflergeselle, saß hier im Jahre 1825. Er nahm jedoch Gelegenheit, sich aus dieser unangenehmen Lage durch Flucht über verschiedene Dächer zu befreien. Seitdem sahen diese, noch heutzutage mit verschiedenen Produkten erfinderischer Langeweile ausgeschmückten Zellen, keinen Inwohner mehr. Der Thurm selbst hat jetzt ruhige Tage; auch die Rathsglocke, die sonst täglich die wohlweisen Rathsherren in das Plenum rief, hat seit vielen Jahrzehnten keinen Laut mehr von sich gegeben.

20 MÜNCHEN, MICHAELSKIRCHE 1559 berief Herzog Albrecht V. Jesuiten nach München und vermittelte ihnen einen Teil des Gartens des Augustinerklosters an der heutigen Neuhauser Straße. Dort ließ ihnen Herzog Wilhelm V. von 1583 bis 1588 eine große Kirche im Renaissancestil erbauen. Die Frage des Baumeisters dieses ersten Baues ist nicht geklärt. 1590 stürzte der zwischen Langhaus und Chor angeordnete Turm ein. Daraufhin wurde die Kirche bis 1597 nach den Plänen des Niederländers Friedrich Sustris durch ein Querhaus verlängert und erhielt auch einen neuen, vergrößerten Altarraum. Vermutlich stammt auch die der Straße zugewandte Fassade von ihm. Am 6. Juli 1597 wurde die Kirche mit ungeheurem Gepränge eingeweiht. Das an die Fassade der Kirche anstoßende Kolleg wurde von 1585 bis 1597 erbaut. 1944 wurde die Kirche von Bomben getroffen. Das Gewölbe wurde zerstört, die Fassade und die Ausstattung stark beschädigt. 1952 war der Wiederaufbau im wesentlichen vollendet. Rechts im Stich die seit 1802 profanierte ehemalige Augustinerkirche, über ihr die Türme der Frauenkirche.
Gewiß gehört die Michaelskirche zu einer der vorzüglichsten Zierden Münchens, und entspricht nicht minder den Anforderungen der Kunst, als ihrem Zwecke; denn ihre geräumigen, durch keine Säulengänge unterbrochenen Hallen besitzen vor so vielen andern prachtvollen Kirchen den Vortheil, daß der Schall durch nichts unterbrochen, und daher viel weiter und deutlicher vernehmbar ist, daher sie auch vor allen übrigen Kirchen vorzüglich zu Predigten geeignet ist, und immer die bedeutendsten Kanzelredner und die größte Anzahl von Zuhörern besitzt.

22 MÜNCHEN, ALLERHEILIGEN-HOFKIRCHE König Ludwig I. ließ von 1826 bis 1837 an der Ostseite der Münchner Residenz durch Leo von Klenze die Allerheiligen-Hofkirche »in der byzantinisch-romanischen Bauform« erbauen.
Der untere Theil der Kirche ist mit Marmor bekleidet, der obere (Wände, Kuppeln und Nischen) mit Freskogemälden ausgefüllt. Die Darstellung dieser Gemälde ist dem Baustyle angemessen, daher Gold zum Grunde gewählt. Reiche Verzierungen verbinden das Ganze.
Die Bombenangriffe des Jahres 1944 ließen nur noch die Umfassungsmauern stehen.

23 MÜNCHEN, THRONSAAL IM FESTSAALBAU DER RESIDENZ Die Bauten der mittelalterlichen Neuveste an der heutigen Nordostecke der Münchner Residenz hatten bei deren Brand von 1750 sehr gelitten. König Ludwig I. beschloß, an ihrer Stelle einen großen Saalbau im Stil der italienischen Hochrenaissance als glanzvolle Repräsentation des neuen Königreiches zu errichten. Unter der Leitung von Leo von Klenze begannen 1832 die Arbeiten an dem Hofgartenflügel des Festsaalbaues, der den großen Thronsaal enthält; 1837 wurde der östliche Flügel mit dem Treppenhaus in Angriff genommen. 1842 wurde anläßlich der Vermählung des Kronprinzen Maximilian, des nachmaligen Königs Max II., dieser letzte große Residenzbau eröffnet. Mittelpunkt dieses neuen Festsaalbaues war der Thronsaal, eine monumentale, zweigeschossige Halle, die für die großen Staatsakte bestimmt war. Nach dem letzten Krieg wurde an der Stelle des Thronsaals der »Neue Herkulessaal« eingebaut, ein Konzertsaal mit 1300 Sitzplätzen. Sein Name leitet sich von Antwerpener Wandteppichen ab, die Darstellungen aus der Herkulessage zeigen. Im Ostflügel des Festsaalbaues ist heute die Bayerische Akademie der Wissenschaften untergebracht.

24 MÜNCHEN, NATIONALTHEATER Das Nationaltheater wurde 1811 auf dem Gelände des aufgehobenen Franziskanerklosters nach den Plänen Karl von Fischers begonnen, 1818 fertiggestellt und nach einem Brand ab 1823 durch Leo von Klenze wieder aufgebaut. 1944 ausgebrannt, wurde es in fünfjähriger Bauzeit wieder hergestellt und am 21. November 1963 durch die Aufführung der Oper »Die Frau ohne Schatten« von Richard Strauss eröffnet.
Die größten Theater sind dermal das zu Neapel, welches 7500 Zuschauer, das zu Mailand, welches 400 Logen hat und 7000 Zuschauer faßt, dann das der großen Oper zu Paris.
Zu den schönsten und großartigsten Theatern Europa's gehört aber auch unstreitig das k. Hof- und Nationaltheater in München, und so reich wir auch an herrlichen Baudenkmälern der neuesten Zeit durch den schöpferischen Geist unseres erhabenen Monarchen König Ludwig sind, so tritt dennoch dieses Gebäude in seinem Aeußern und Innern nicht minder bewundernswerth als ein erhabenes Baumonument aus der neueren Zeit hervor, das selbst an großartiger Einfachheit und architektonischem Reichthum in dem edelsten Verhältnisse von den berühmtesten Werken Italiens nicht übertroffen wird.
Auf dem obersten Kehlgebälke ruhen 8 große kupferne Wasser-Reserven, stets mit 1000 Eimer Wasser gefüllt, die mittelst eisernen Röhren und Schläuchen in allen Theilen des Gebäudes diese Wassermasse ausströmen können, und die eben so schnell durch ein eigenes Druckwerk aus dem am Theater fließenden Kanale sich wieder ergänzen lassen. Die Dachung ist von Kupfer, wozu gegen 85,000 Quadratschuh Kupferblech, so wie zu dem Bau über 2000 Baumstämme verwendet wurden. Alle Kommunikations- und Abschlußthüren sind von Eisen, und überhaupt die trefflichsten Vorsichts-Einrichtungen für Feuer-Sicherheit vorhanden. Bei all' diesem steht dieser prachtvolle

Tempel — der den Anforderungen der Kunst und des Publikums an Schönheit und Geschmack und Zweckmäßigkeit so vollendet entspricht, schon zum zweitenmale in seiner fast unveränderten Gestalt, da er schon einmal am 14. Jäner 1823 ein Raub der Flammen geworden ist. Der Grundstein zu dem ersten Bau wurde am 12. Oktober 1811 gelegt; am nämlichen Tage nach 7 Jahren war die erste und im Jäner 1825 die zweite Eröffnung nach dem Brande.
Möge das Schicksal diesen Kunsttempel vor der Wuth der Elemente bewahren, damit er eine würdige, erhabene Zierde des Max-Joseph-Platzes bleibe, auf dem sich der königliche Bauherr ein großes Monument gesetzt; möge ihn die zerstörende Macht der Ereignisse, die aus dem Dunkel der Zukunft selbst den Riesenbauten drohten, verschonen, damit er noch lange der sprechende Zeuge seines genialen Baumeisters, des Baurathes und Professors Fischer, bleibe; möge er aber auch immer in seinem Innern nur die Weihestätte des Edlen und Schönen seyn!

25 MÜNCHEN, FELDHERRNHALLE UND THEATINERKIRCHE Seit 1816 ließ König Ludwig I. durch Leo von Klenze und etwas später auch durch Friedrich Gärtner die Ludwigstraße anlegen. Die Bauten des südlichen, dem Stadtkern zugewandten Abschnitts stammen von Klenze; sie lehnen sich an die italienische Frührenaissance an. Für die nördliche Hälfte, etwa von der Staatsbibliothek an, wählte Friedrich Gärtner für seine Bauten romanisierende Formen (Universität). Auch der südliche Abschluß der Ludwigstraße, die Feldherrnhalle, wurde 1841 bis 1844 von Friedrich Gärtner errichtet; für sie war das Vorbild die Loggia dei Lanzi in Florenz.
Es war vorauszusehen, daß die Ludwigstraße in München einen ihrer Größe, Pracht und monumentalen Bedeutung entsprechenden Abschluß ihrer beiden Endpunkte erhalten werde. Es erschien dieß sogar, sollte anders jene wahrhaft königliche Straße ein in sich vollendetes Ganzes bilden, als architektonische Nothwendigkeit. Der Genius ihres erhabenen Gründers aber, dessen Namen sie zu tragen gewürdiget ist, wußte sofort wieder in die Befriedigung eines ursprünglich nur dekorativen Anfordernisses den Ausdruck einer tiefsinnigen und fruchtbringenden Idee zu legen, und also neuerlichst sein innigstes Durchdrungenseyn von der großen welt- und kulturgeschichtlichen Bestimmung aller Kunst zu veroffenbaren. Das südliche Ende des herrlichen Corso gränzte er mit der Feldherrnhalle, das nördliche mit dem Siegesthore ab. Beide Baudenkmale versinnlichen im unmittelbaren geistigen Zusammenhange die Hauptmomente unserer staatlichen und kirchlichen Entwicklungsgeschichte, wie sie eigentlich schon in der Feldherrenhalle und deren statuarischem Inhalt ausgesprochen sind. Der letztgenannte dieser prächtigen und bedeutungsvollen Baue nun, welchem diese Beschreibung ausschließend gilt, enthüllte am 8. Oktober des Jahres 1844 seine imposanten, einer so großartigen Umgebung durchaus würdigen Verhältnisse. Der Entwurf des Planes, bei welchem im Allgemeinen die von Orgagna im 14. Jahrhundert erbaute Loggia de' Lanzi in Florenz zum Vorbilde diente, und die Leitung des Baues, zu welchem der Grundstein am 18. Juni 1841, dem Jahrestage der Schlacht bei Belle-Alliance, durch den König selbst gelegt wurde, sind das Werk des verlebten k. Direktors v. Gärtner.
In das Innere der Halle führen zwischen zwei vortretenden Kragsteinen unter dem mittleren Bogen mehrere Stufen empor. Und hier ist es nun der statuarische Inhalt der Halle recht eigentlich, welcher diese nach ihrer Bestimmung und geistigen Bedeutung so mächtig unterscheidet von ihrem Vorbilde auf der Piazza del Granduca zu Florenz. Während nämlich die Florentiner Loggia de' Lanzi (also benannt vom nahgelegenen Wachthaus der Lanzknechte) ursprünglich für Volksversammlungen, in welchem Stadt- und Feldhauptleute feierlich eingesetzt und Regierungsverordnungen bekannt gemacht wurden, errichtet war, dann im Laufe der Zeiten und in Folge zufälliger Anlässe aus der Hand älterer und neuerer Künstler von Ruf einen statuarischen Schmuck erhielt, welcher, meist mythologischen Inhaltes, seine Bedeutung nur in seiner schönen Form hatte, sonst aber ohne Bezug zur Geschichte des Volkes stand, in dessen Mitte er seinen Platz gefunden, kündet die Feldherrnhalle, schon mittels ihres Namens die Ehrenzwecke ihres Daseyns darlegend, durch ihren bildnerischen Inhalt sich sofort als einen Erinnerungstempel zweier in der kirchlichen und staatlichen Entwicklungsgeschichte unseres Vaterlandes entscheidender Epochen und ihrer vornehmsten Bannerträger an, und ist sohin für die Vergangenheit, Gegenwart und Zukunft des nationalen Bodens, auf welchem sie steht, von unmittelbarster, lebendigster und dauerndster Bedeutung. Mit tiefem Sinne zwischen ein Gotteshaus und eine Königsburg gestellt, überwölbt sie mit ihren Baldachinen die zwei festesten historischen Säulen unserer Kirche und unseres Thrones — Tilly und Wrede — deren Erz, wie jenes der Kolosse des Memnon mit jeder Morgenröthe erklingend, uns gemahnen soll, ihrem Beispiele getreu zu seyn und zu bleiben, was die Geschichte unseren Vätern bis den grauesten Zeiten hinan zugestanden: »fromme und tapfere Bayern.« — Die beiden Heldengestalten nun, deren todtem Erze eine so wichtige, und wichtigere Mission übertragen, als je einem Lebenden der Gegenwart könnte auferlegt werden, sind in der Ordnung aufgestellt, daß unter der linken Arkade vom Aufgang Tilly, unter der rechten Wrede steht; ersterer im Costüme des 17. Jahrhunderts mit der Unterschrift: Johann Tzerklas Graf von Tilly, bayerischer Heerführer, der andere in moderner Uniform, mit der Unterschrift: Fürst Carl Wrede, bayerischer Feldmarschall.
Auf dem Stich links der Eingang zum Hofgarten, die Residenz und die Residenzstraße, im Hintergrund die Türme der Heiliggeist- und

der Peterskirche; rechts neben der Feldherrnhalle die Theatinerstraße und die Theatinerkirche Sankt Cajetan, begonnen 1663 von Agostino Barelli, 1667 weitergeführt durch Enrico Zuccalli. Vollendung der Kuppel 1688, der Fassadentürme 1690; Mittelteil der Fassade 1767 von François Cuvilliés.
Das nördliche Gegenstück der Feldherrnhalle als Abschluß der Ludwigstraße ist das Siegestor, erbaut 1844 bis 1850 nach dem Vorbild des Konstantinbogens in Rom von Friedrich Gärtner.

26 MÜNCHEN, UNIVERSITÄT Herzog Ludwig der Reiche von Landshut hatte 1472 in Ingolstadt die erste bayerische Landesuniversität gegründet. Sein Sohn Herzog Georg der Reiche, der Bräutigam der großen Landshuter Hochzeit, hatte dazu 1495 das ebenfalls noch bestehende Priesterseminar »Georgianum« gestiftet. Im Jahr 1800 verlegte Kurfürst Max IV. Joseph die Universität von Ingolstadt nach Landshut; seither führt sie den Namen »Ludwig-Maximilians-Universität«. Doch sein Sohn König Ludwig I. verlegte sie 1826 von Landshut nach München. Er ließ durch Friedrich Gärtner die erforderlichen Bauten aufführen, und zwar im Übergangsstil vom Klassizismus zur Neuromanik. Am 25. August 1840 wurde dieser Universitäts-Neubau an der Ludwigstraße feierlich eröffnet. Nach Beseitigung der Kriegsschäden ist er noch heute das Kernstück der Ludwig-Maximilians-Universität München.

28 MÜNCHEN, BASILIKA SANKT BONIFAZ Die Benediktinerabtei- und Stadtpfarrkirche Sankt Bonifaz in München wurde im Auftrag König Ludwigs I. erbaut in Anlehnung an frühchristliche italienische Kirchen von 1835 bis 1847 durch Georg Friedrich Ziebland; 1850 wurde sie eingeweiht. Von der fünfschiffigen, nach Norden orientierten Säulen-Basilika sind nach den schweren Zerstörungen durch Fliegerangriffe 1944 nur die Südteile wieder hergestellt und zugänglich gemacht. Der Innenraum war durch Fresken von Heinrich Heß reich ausgestattet; sie sind zerstört. Im östlichen Seitenschiff der Basilika befindet sich das Grabmal König Ludwigs I., ein einfacher Marmor-Sarkophag.
Die Basilika, eines der edelsten und vollendetsten Baudenkmäler unserer Hauptstadt, ein Meisterwerk unserer Zeit, schreitet rasch der Vollendung entgegen.
Die Gründung neuer Räume für religiöse und wissenschaftliche Zwecke, umfassender, wohlbeleuchteter Kunstausstellungssäle und einer an Pracht und künstlerischer Ausstattung von keinem christlichen Tempel der Welt übertroffenen Kirche für den pfarrlichen Gottesdienst der neu entstandenen Maxvorstadt — hat sich der Hochsinn König Ludwig's zur erhabenen Aufgabe gestellt, und diesem verdankt die Mit- und Nachwelt den aus Sr. Majestät Privatkasse hervorgehenden Prachttempel, wozu am 12. Okt. 1835 der Grundstein gelegt, und welchem seiner eigenthümlichen Bauart gemäß der Name Basilika, Kirche des hl. Bonifacius, ertheilt wurde. Durch die mit acht Säulen gezierte Halle treten wir in die Kirche selbst, die durchaus im Rundbogenstyle gebaut ist. Diese Säulen sind von weißem Kalkstein aus Ebenwies bei Regensburg, sowie die Kapitäler, Vasen und Stufen derselben. Bei dem Eintritt in die Kirche überrascht uns der sichtbare Dachstuhl, dessen Decke mit der Dachschräge läuft und durch goldene Sterne auf azurblauem Grunde verziert ist, und wodurch wir an des hohen Himmels Firmament-Wölbung erinnert werden. Außer den beiden Säulen, welche die Orgel tragen, theilen 64 Granitsäulen, von denen jede mit Sockel, Base und dem künstlich gearbeiteten Kapital eine Höhe von 25 Schuhen enthält, in fünf Schiffe, wovon das Mittelschiff eine Höhe von achtzig Schuhen mißt. Die Länge der Kirche beträgt im Innern 260 Schuhe, die Breite 124, die Höhe der Seitenschiffe 46 Schuhe. Der Fußboden wird von Marmormosaik in großen Platten aus verschiedenen Steinbrüchen.
Die hier beigefügte Abbildung führt uns nur in das Innere, nämlich in das Mittelschiff der Kirche, da eine allgemeine Ansicht der ganzen Ausgedehntheit des inneren Raumes nicht gegeben werden kann, die durch die vierfache Säulenreihe verhindert wird. Zur Linken des Lesers erblicken wir jedoch einige Säulen der zweiten Reihe und ein unteres Fenster durch, von dem darstellenden Künstler vortheilhaft benützt, um wenigstens eine kleine Andeutung desjenigen Raumes zu gewähren, der sich in dem zweiten und dritten Gange zu beiden Seiten befindet.

30 MÜNCHEN, RUHMESHALLE UND BAVARIA Als eine seiner letzten Unternehmungen ließ König Ludwig I. durch den Baumeister der »deutschen Walhalla« bei Regensburg, Leo von Klenze, mit der Ruhmeshalle auf der Theresienhöhe in München von 1843 bis 1853 eine »bayerische Walhalla« errichten. Sie ist eine dorische Säulenhalle, deren drei Flügel ein offenes Rechteck umschließen, und birgt 80 Marmorbüsten bedeutender Bayern. Vor ihr steht das Riesenstandbild der Bavaria, gegossen 1844 bis 1850 nach dem Modell Ludwig Schwanthalers von Ferdinand Miller. Die Scheitelhöhe dieses Bronzekolosses beträgt 15,77 Meter, die ganze Höhe einschließlich des Sockels dreißig Meter. Die Bewunderung der eminenten technischen Leistung wird indes getrübt, weil für das Standbild zahlreiche wertvolle Bronze-Bildwerke des 16. und 17. Jahrhunderts eingeschmolzen wurden.
Auch die Ruhmeshalle wurde während des letzten Krieges stark beschädigt, doch in den letzten Jahren notdürftig wiederhergestellt. Es bestehen Pläne, eine neue Auswahl der in ihr aufgestellten Marmorbüsten zu treffen.

32 München, Mariahilfkirche Die Pfarrkirche Maria Hilf am Mariahilfplatz in der ehemaligen Münchner Vorstadt Au zählt zu den frühesten Äußerungen der Romantik in der kirchlichen Architektur und zu den wenigen neugotischen Bauwerken von beachtlicher Qualität. Sie wurde von 1831 bis 1839 nach Plänen von Josef Daniel Ohlmüller errichtet, der sich, von König Ludwig I. zum Wettbewerb aufgefordert, mit seinem Entwurf gegen Pertsch, Klenze und Gärtner durchsetzte.

Die Kirche ist ein unverputzter Ziegelbau. Ihr Innenraum war ursprünglich eine dreischiffige Hallenkirche. Der Turm an ihrer Westseite wird durch eine durchbrochene Helmpyramide bekrönt. Die Schäden des letzten Krieges machten umfangreiche Wiederherstellungsarbeiten erforderlich; der Innenraum wurde dabei weitgehend erneuert.

33 München, Wittelsbacher Palast Der »Wittelsbacher Palast« an der Brienner Straße wurde 1843/44 im Auftrag König Ludwigs I. von Friedrich von Gärtner im »angelsächsisch-gotischen« Stil erbaut.

Als König Ludwig I. von Bayern den Entschluß gefaßt, für den damaligen Kronprinzen Maximilian, eigentlich für alle nachkommenden Thronfolger in Bayern einen eigenen Pallast zu bauen, den sie vom Beginne ihrer Majorennität bis zur Thronbesteigung bewohnen sollten, ward der damalige Oberbaurath und Direktor der Akademie der bildenden Künste, v. Gärtner, beauftragt, Pläne und Voranschläge zu entwerfen und einzubringen. Die Voranschläge wurden den Ständen des Reiches zur Genehmigung und Fondbewilligung vorgelegt und von Diesen eine volle Million zugestanden. Schon im Spätjahr 1843 wurden die Fundamente und Grundgewölbe hergestellt, und im Jahre 1844 der Bau unter Dach gebracht; nun aber zeigte sich die bewilligte Summe für die beabsichtigte äußere Durch- und innere Ausführung in der ganzen Prachtfülle nicht ausreichend, und da die ergänzende Nachbewilligung für eine weitere Million nicht acceptirt wurde, so trat die Nothwendigkeit von Ersparungen am Baue selber ein, daher dieser nicht in seiner beabsichtigten architektonischen Schönheit durchgeführt wurde und im Innern noch als dekorativ unvollendet zu betrachten ist. Die Hauptformen blieben zwar im Aeußern, so wie die innern Gelaßeintheilungen, aber an jenen fielen die reichen Steinmetz-Arbeiten und die Verschmatzungen mit Zierziegeln hinweg, und nur die oberen Umgänge des inneren Hofes kamen zur Ausführung, so wie die Säulen und Wölbungen der vorderen Durchfahrt, sonst wurde die Erscheinung des äußern Baues möglichst vereinfacht. Im Innern der Gelasse fielen die kostbareren Tapezierungen und alle artistischen Ausschmückungen hinweg und nur einfache, aber geschmackvolle Zimmermalerei wurde angewendet, und so ist der ganze Pallast nur für anständige Bewohnung ohne die beabsichtigte Pracht hergestellt, und selbst dieß geschah erst später eiligst als die Zeitumstände und Ereignisse denselben einer ganz andern Bestimmung zuführten. Das Jahr 1848 mit seinen Bewegungen und Folgen hatte den König Ludwig zur Thronentsagung veranlaßt, und nun ist Er es, der die Gemächer bewohnt, die zunächst für seinen Nachfolger eingerichtet werden sollten. Wir rechnen den Wittelsbacher-Pallast unbedenklich zu dem Besten, was Gärtner als schaffender Baukünstler ersonnen und erbaut hat; wenigst ist es die originellste Schöpfung des Mannes, der sonst nach unserer Ansicht durch seinen Einfluß nicht allzugünstig auf die Architektur in München gewirkt, ja, mehr den Rückschritt als die Entfaltung derselben befördert hat. Hätte er länger gelebt, so wäre er wohl selbst in eine andere Richtung gekommen, wofür uns dieser besprochene Bau ein Anzeichen scheint.

Im letzten Krieg wurde das Bauwerk zerstört; seine Überreste wurden inzwischen restlos beseitigt.

34 München, Bahnhof Der erste Münchner Bahnhof, von dem seit 1839 die Eisenbahn nach Lochhausen bzw. nach Augsburg fuhr, befand sich an der Stelle der 1869 erbauten Hackerbrücke.

Die beiden Stahlstiche »Bahnhof in München« und »Eisenbahnhalle in München« zeigen die Erstanlage des Münchner Hauptbahnhofs an seinem jetzigen Platz, die von 1847/49 von Friedrich Bürklein als Zentralbahnhof auf dem Platz der früheren Schießstätte erbaut wurde. Der Oberbau- und Generaldirektionsrat Friedrich Bürklein hat auch das Regierungsgebäude an der Maximilianstraße (1856/64) und das Maximilianeum (1857/74) erbaut. Schon 1857/60 wurde der Münchner Hauptbahnhof erweitert, 1882 baute Heinrich Gerber eine 16gleisige Bahnsteighalle mit Querbau; 1892 kam der Starnberger Sommerbahnhof, dann auch der Holzkirchner Bahnhof hinzu. Nach den schweren Beschädigungen von 1944 und 1945 wurden die Bahnanlagen zum großen Teil neu erbaut.

36 München, Umgebung *Der englische Garten zu München. Die bedeutendsten Hauptstädte besitzen Hof-, Prunk-, Volksgärten oder Parks. Eine Parkanlage aber, wie der englische Garten zu München, der all das Charakteristische genannter Plantagen in sich vereint — Pracht und Würde mit Einfachheit und Großartigkeit verbindet, dabei in solcher Nähe der Stadt und in einer so weitläufigen Ausdehnung, einen Erholungs- und Tummelplatz für Fußgänger, Reiter und Carossen bildet — dürfte schwer irgend eine andere europäische Stadt aufweisen können.*

Durch den verdienstvollen Grafen Rumford wurde unter Churfürst

Carl Theodor 1789 aus den sogenannten wilden Auen und Laubholzwaldungen die Anlage des englischen Gartens begonnen. Nur einem rastlosen Eifer und dem edlen Streben, für die Nachkommen ein gemeinnütziges Werk zu begründen, konnte es gelingen, 695 Tagwerk oder 1½ Meilen sumpfiger Wiesen und moorerdiger Auen, Hirschanger und Hirschau genannt, in fruchtbares Land umzugestalten, Kanälen und Bächen ein sicheres Rinnsal zu leihen, Wege zu bahnen und Pflanzungen der verschiedenartigsten Gesträuche des In- und Auslandes zu schaffen.

König Maximilian Joseph, dessen Sinn für die Schönheiten einer Natur mit milder Freigebigkeit überall glänzte, berief 1803 den Gartenkünstler F. L. Sckell aus Schwetzingen, und übertrug ihm die Verschönerung des damals Bestandenen. Dieser pflanzte neben den einheimischen auch nordamerikanische und andere fremde Gehölzarten nach den mannichfaltigsten Formen und Farben. Sein Nachfolger C. Sckell fuhr im Geiste seines Oheims fort, mit unermüdeter Thätigkeit zu pflegen und zu schaffen, und so ist nun dieser Garten durch König Ludwigs Kunstsinn auch in neuester Zeit mit Monumenten wesentlich verschönert und auf das sorgfältigste unterhalten, der Bewunderung der Fremden und Einheimischen geweiht. —

Von dem Portale des Hofgartens geleitet eine breite Straße im sanften Abhange in den englischen Garten. Eine von Franz Schwanthaler gearbeitete Statue eines Jünglings, ladet zum Besuche des Gartens mit dem Motto ein: »Harmlos wandelt hier, dann kehret neu gestärkt zu jeder Pflicht zurück.« Von dem Palais des königl. Prinzen Karl von Bayern eröffnen drei Wege für Reitende und Fahrende die Richtungen des Gartens; zugleich aber laufen, häufig in Parallelen mit diesen, in wellenförmigen Linien manichfaltige Fußwege, beschattet von hochüberlaubten Bäumen und dichten Gesträuchen. Einer der besuchtesten Fußwege, welcher den Garten an der Süd- und Ostseite begrenzt, führt an das bescheidene Denkmal des Grafen Rumford, und läßt zur Linken eine liebliche von Wasser umströmte Parthie, in deren Nähe der Wasserfall unter dumpfem Gebrause die Kluft schroffer Felsenblöcke durchdringt. Von hier zur Rechten ladet der schöne Paradiesgarten mit seinen geräumigen Tanzsälen das sonntägige Publikum zu Bällen, Erfrischungen, Ringelstechen, Carroussels und Eisenbahnfahrten en miniature ein.

Neben Pavillons und Ruhebänken präsentirt sich in angenehmer Lage das Dianenbad, eine eben so reinliche als weitläufige Anstalt. Von da führt über eine Brücke zur Linken der Weg zu dem Monopteros, dem von König Ludwig zum Andenken an Karl Theodor und Maximilian Joseph auf einer künstlichen Anhöhe erbauten Tempel, dessen Kuppel von 10 jonischen Säulen getragen wird; rechts aber gelangt man zum chinesischen Thurm, einer der ältesten Anlagen dieses Gartens, mit welchen sich ein Kaffeehaus verbindet. Einen interessanten Anblick gewährt von der Höhe dieses mit einer Wendeltreppe versehenen vierstöckigen Thurmes das bunte Gewühl von Fußgehern, Reitern und Equipagen an den Produktionstagen der Militärmusik. Hier scheiden sich zwei Wege: der eine wendet sich rechts an Tivoli, einem Tanz- und Restaurationsplatz vorüber, hinter dem sich die stattliche Ludwigs-Walzmühle erhebt, über die Isarbrücke nach dem wohlhabenden Dorfe Bogenhausen. Von der Brücke zur Rechten lenkt aber auch ein schmaler Fußpfad nach Brunnthal. Unter freundlichen kleinen Lauben versammeln sich hier zunächst die Freunde der Hydropathie, als am Quell des gepriesenen Brunnthaler Wassers. Oberhalb Brunnthal liegt das freundliche Schlößchen Neuberghausen mit einem geräumigen Garten und Tanzsalon im Freien. Einen der schönsten Prospekte genießt man von hier aus nach der Hauptstadt und ihrem reißenden Strom, und über diesen Hinweg nach der grotesken Alpenkette. Rückwärts von Neuberghausen und zur Rechten der nach Bogenhausen führenden Straße erblickt man auf der Höhe die Sternwarte, welche Alles vereint, was Zweckmäßigkeit des Baues und Vortrefflichkeit der Instrumente vermag.

Der zweite vom chinesischen Thurme abführende Weg geleitet an dem Rumfordsaal vorbei (ursprünglich für besondere Feste des Hofes erbaut) nach Kleinhesselloh und nach dem nahen Milchhäuschen. In ländlicher Einfachheit von Bäumen und Gebüschen umlagert, bieten diese Plätze Ruhe und Erquickung. Vor Kleinhesselloh erheben sich die Monumente, welche König Maximilian dem Intendanten Ludwig von Sckell und König Ludwig dem Frhrn. von Werneck errichteten, dem wir eine der schönsten Parthieen des Gartens, die Anlage des 24 Tagwerk großen Sees verdanken. Ihn umgeben die üppigsten Pflanzungen, welche durch ihre malerische Harmonie vom hellsten Licht bis zum grauesten Dunkel, in großen Baumparthien wechselnd, dem Bilde einen eigenthümlichen Reiz verleihen. Im See sind drei mit Bäumen bepflanzte Inseln; Gondeln und Schiffe beleben in heiteren Sommertagen den einladenden Wasserspiegel, auf dessen Eisfläche im Winter Tausende von Schlittschuhläufern sich tummeln. Im Verlauf der Straße nach Osten kommt man in den untern Theil des Gartens, in die Hirschau, wo Damhirsche gehegt werden — zu dem Aumeister; nordostwärts aber nach dem Lustschlosse der verwittweten Königin Carolina »Biederstein« mit Meiereien, herrlichen Gartenanlagen und Gewächshäusern. Geschmack und Einfachheit haben sich hier vereinigt, um der edlen königlichen Frau einen anmuthigen Aufenthalt zu gewähren. Auf dem Rückweg von Biederstein nach der Stadt erblicken wir zur Rechten jenseits der Brücke Schwabing, ein großes und freundliches Dorf, mit mehreren Lust-, Kaffeehäusern und Gärten, dann die schöne Besitzung des Frhrn. Maillot de la Traille. Diesseits des Baches liegt die königl. Hofbaumschule mit einem Umfang von circa 11 Tagwerk. Diese gemeinnützige Anstalt fördert alle Arten von Gehölzen und Obstbäumen zum öffentlichen Verkauf und verbindet damit eine Blumenzucht für den k. Hof. Die Fortsetzung dieser Straße führt uns endlich an der Central-Thierarzneischule vorüber auf die Höhe der Carolinenstraße, deren niedliche Landhäuser (hierunter auch Reubels Kaffeehaus), in manichfaltigem Baustyl doch stets in Uebereinstimmung mit dem Charakter der großartigen Anlage des englischen Gartens, gegen diesen eine liebliche Front bilden, und sich bis zum Palais Sr. k. Hoh. des Prinzen Karl ausdehnen.

38 PARTNACH- UND LOISACHTAL *In keiner Gebirgsgegend Bayerns tritt die Eigenthümlichkeit der südlichen Alpennatur schöner und großartiger auf, als in jenem vielgepriesenen Grunde, welcher, durchflossen von der Loisach und Partnach, in zwei nach diesen Flüssen benannte Thäler geographisch abgetheilt wird, topographisch betrachtet aber nur ein einziges Thal bildet, weil weder Hügel noch Berge als Scheidewand denselben durchschneiden.*

Einer Versuchung, dieses herrliche Thal zu besingen, ist der ausgesetzt, dem die Aufgabe geworden, dasselbe historisch zu beschreiben; so begeisternd wirken, zumal von gewähltem Standpunkte aus, dessen Reize auf Jeden, der sich eines lebendigen Sinnes für Naturschönheiten zu erfreuen hat. Dort schwelgt ja das entzückte Aug' bald in der Majestät prächtig gestalteter, mit buntem Beleuchtungsschmelze übergossener Riesenberge, bald in der bezaubernden Anmuth einer belebten üppigen und weiten Ebene, welche zu den Füßen jener stolzen Wolkenträger sich malerisch ausbreitet.

In vorstehender Abbildung davon dürfte die Kunst der unerreichbaren Natur fast so nahe gekommen seyn, als sie es überhaupt und namentlich da vermag, wo ihrer Darstellung keine entsprechende Farbengebung und kein entsprechender Raum zu Gebot stehen.

Mit wenigen Worten nur, weil auch des Textes Raum bemessen ist, beschreiben wir nun die Einzelheiten dieses Bildes. Es ist vom Eckenberge aus, der Partenkirchens Ostseite berührt, aufgenommen worden. Der erste Berg, den wir unserer linken Seite gegenüber sehen, heißt Alpspitz, und steht am Anfange des gegen Westen sich hinziehenden, hier nicht sichtbaren Höllenthales, wo von einer Gewerkschaft und dem k. Bergärar ein gemeinschaftlicher Versuchbau auf Blei und Galmei betrieben wird. Hinter ihm erhebt sich das riesige Wettersteingebirge mit seiner in ewigen Schnee gehüllten Zugspitze, welche den höchsten geographischen Punkt von Bayern, und nordwärts zugleich den natürlichen Grenzstein zwischen diesem Königreiche und dem Lande Tyrol bildet. Vor der Zugspitze lagert sich der kolossale, hier in Kegelform, vom Mittelgrunde des Thales aus besehen, aber als vielzackige Felswand erscheinende Waxenstein. Seine Lage und Umfang hindern, den steilen Abfall wahrzunehmen, welchen die erwähnte Zugspitze auf die Törleswand, nämlich auf jenen platten Berg macht, der sich im Hintergrund des Bildes quer herüberzieht. Diesseits der Törleswand liegt ein gleichfalls nicht sichtbarer Bergkessel, der den mit sieben Inselchen begabten Eibsee faßt, einen wildromantischen See, würdig des Pinsels eines Salvator Rosa's und wegen seines Reichthums an schmackhaften Renken und Aeschen auch werth der Beachtung des Gastronomen. Jenseits gedachter Wand streckt, als wollte er sich diesen Theil des schönen Bayerns ebenfalls besehen, unter andern Tyroler Bergen, der Daniel sein spitzes Haupt hervor. Wie der alttestamentarische Daniel gilt auch er für einen Propheten, aber freilich nur für einen Wetterpropheten. Der rechts in das Thal hereintretende Bergfuß gehört dem mächtigen Kramer an, auf dessen nicht mehr in das Bild fallenden östlichem Vorberge die Ruine des ehemaligen Schlosses Werdenfels steht. Die im Thale bemerkbaren zwei Ortschaften endlich sind: Partenkirchen, das aus der Nähe, und: Garmisch, das aus der Ferne uns entgegenlacht.

39 PIPPING Die spätgotische Pfarrkirche Sankt Wolfgang in Pipping bei München, erbaut 1478 bis 1480, ist ein Kunstdenkmal von außerordentlichem Wert, weil sich ihre einheitliche, aus der Zeit ihrer Erbauung stammende Ausstattung nahezu ohne Veränderungen erhalten hat. Bau und Ausstattung der Kirche wurden durch Herzog Sigismund gefördert, doch überschreitet beides nicht das für eine spätgotische Landkirche typische Programm.

Die Kirche ist ein verputzter Backsteinbau. Ihr Langhaus ist flachgedeckt; Bretterverschalung mit Deckleisten, geschnitzt und bemalt. Die Friese und die senkrechten Teilungsbögen der Emporen-Brüstung sind durch Flachschnitzereien verziert. Die Wandmalereien im gewölbten Altarraum stammen wahrscheinlich von Jan Pollak; sie sind datiert 1479. Die Glasmalereien im Altarraum sind datiert 1478 und 1479. Auch der Hauptaltar und die zwei Seitenaltäre zu beiden Seiten des Chorbogens stammen aus dieser Zeit, desgleichen die bemalte Kanzel mit ihrem perspektivisch an die Wand gemalten Schalldeckel.

Die dem Bildhauer Erasmus Grasser zugeschriebenen Assistenzfiguren Maria und Johannes einer für diese Kirche geschaffenen Kreuzigungsgruppe aus der Zeit um 1485 befinden sich im Bayerischen Nationalmuseum München.

40 REICHENHALL Die Salzquellen von Reichenhall waren schon den Römern bekannt. 1158 erhielt Reichenhall von Herzog Heinrich dem Löwen Stadtrechte. Zu Ende des 13. Jahrhunderts wurde die Stadt mit einer Mauer umgeben. Zwischen Bayern, Berchtesgaden und Salzburg kam es um den Besitz von Reichenhall wiederholt zu

Streitigkeiten. Im 16. Jahrhundert wurde es endgültig den bayerischen Herzögen zugesprochen. Da das Brennholz zu dem Betrieb der Salzpfannen in der Reichenhaller Gegend nicht ausreichte, baute der Hofbaumeister Hans Reiffenstuel von 1611 bis 1619 die Soleleitung nach Traunstein; unter Kurfürst Max III. Joseph wurde 1745 das erste Gradierhaus errichtet. Die Stadt ist oft durch Brände und durch Überschwemmungen verheert worden. Der große Brand von 1834 zerstörte sie zum größten Teil. Die Salinenanlage wurde nach diesem Brand unter König Ludwig I. von 1836 bis 1851 in neuromanischer Form neu gebaut.

Bedeutend war für Reichenhall das 1136 gegründete, 1803 aufgehobene Augustiner-Chorherrenstift Sankt Zeno, dessen große, im Kern noch romanische Kirche erhalten ist. Auf dem Stich ist dieses Stift links dargestellt; in der Mitte die Stadtpfarrkirche Sankt Nikolaus, deren alter Turm bei der Restaurierung von 1861 bis 1864 abgebrochen und durch einen neuen Turm ersetzt wurde.

41

Schloss Marzoll und Ruine Karlstein Das Schloß Marzoll befand sich im späten Mittelalter im Besitz der Fröschl von Marzoll, seit 1574 wechselten die Besitzer häufig. Der heutige Baukörper, ein quadratischer Block mit vier runden Ecktürmen, stammt aus dem 16. Jahrhundert. 1838 kam das Schloß an den Freiherrn von Malsen, der die Fassade neugotisch umgestalten ließ.

Die Burg Karlstein bei Reichenhall befand sich bis 1218 im Besitz der Grafen von Peilstein, seitdem war sie mit Ausnahme der Jahre 1539 bis 1590 in wittelsbachischem Besitz. Nach 1590 wurde sie dem Verfall preisgegeben. Die Mauerteile der Ruine stammen zu einem Teil aus dem 12. und zum anderen Teil aus dem 15. Jahrhundert. Erhalten haben sich Reste des runden Bergfrieds, der romanischen Burgkapelle und der Ringmauern. 1938 wurde die Ruine freigelegt.

42

Staubbrücke und Wasserfall bei Jettenberg *Diese 106 Fuß lange Brücke (im Munde des Volkes »Staubbrücke« genannt) liegt an der »neuen Straße« von Reichenhall nach Berchtesgaden. Sie wurde im Jahre 1817 bei der Herstellung der bemerkten Straße und der königlichen Soolenleitung vom Berchtesgadener Salzberge nach Reichenhall von Holz erbaut; in den Jahren 1841 bis 1843 aber, nachdem sie schadhaft geworden war, wieder ganz neu mit steinernen Widerlagern und zwei steinernen, 86 Fuß hohen Pfeilern höchst dauerhaft, zweckmäßig und schön in der Art hergestellt, wie sie unser Bild zeigt.*

Auf diesem Bilde ist auch das k. Brunnhaus Jettenberg sichtbar, welches ebenfalls im Jahre 1817 erbaut wurde. Es ist das letzte der k. Brunnhäuser an der erwähnten Soolenleitung und enthält ein hölzernes Soolenvorraths-Behältniß von 12,000 Kubikfuß Inhalt.

Die Gegend ist reich an malerischen Partien und erhabenen Naturscenen. Ein Hauptschmuck derselben ist der herrliche Wasserfall des Schwarzbaches, welcher 1½ Stunden oberhalb Jettenberg im sogenannten Schwarzbachloch am östlichen Abhange des Reiteralpen-Gebirges entspringt.

Die Staubbrücke besteht noch in ihrer alten Form; sie dient aber nur noch dem Anliegerverkehr. Die heutige »Queralpenstraße« liegt hinter dem bewaldeten Hügel.

Beim alten Brunnhaus wurden früher die Pferde gewechselt. Dieses Brunnenhaus war die letzte Solereserve von Berchtesgaden bis Reichenhall an der von Georg Friedrich von Reichenbach von 1817 bis 1819 erbauten Soleleitung. 1963 wurde diese Soleleitung stillgelegt, das Brunnhaus wurde 1968 zur Gastwirtschaft umgebaut, die Solereserve abgebrochen.

43

Schliersee Um 770 gründeten fünf adelige Brüder auf dem Kirchbichl am Ufer des Schliersees ein Benediktinerkloster, das 1141 in ein Kollegiatstift umgewandelt und in den Ort Schliersee verlegt wurde. Grundherren des Gebietes waren die Herren von Waldeck. 1483 starb das Geschlecht aus. Zehn Jahre später wurde das Stift Schliersee aufgelöst und seine Einkünfte und Besitzungen wurden mit jenen des Stifts Ilmmünster dem Chorherrenstift der Münchner Frauenkirche zugeteilt. Ein Chorherr verblieb als Pfarrvikar in Schliersee. Die dortige Stiftskirche bestand unter der Obsorge des Münchner Frauenstifts als Pfarrkirche weiter. Von 1712 bis 1714 wurde sie unter Beibehaltung des spätgotischen Westturms neu gebaut.

Willst Du, entronnen der Stadt, auf dem Lande wirklich dem Lande leben, so möchte die Wahl Deines dasigen Aufenthaltes wohl eher auf das stille Schliersee, als auf manch' anderen, noch so gepriesenen Ort fallen; und zwar schon bevor Du jene gemüthliche Schönheit in Anschlag brachtest, die zu Schliersee aus Berg und Thal uns entgegenlacht. Der Fremde, welcher auf dem gewöhnlichen Wege von Miesbach her den Kirchbühl, eine sanfte Anhöhe vor Westenhofen, erreicht, ahnet bereits diese Vorzüge Schliersee's, und überzeugt sich auch von denselben sobald er, von seinem Wege nun links etwas ablenkend, einen noch höheren Standpunkt gewonnen hat.

An solcher Stelle sieht man nämlich (um nur dessen zu erwähnen, was innerhalb des Rahmens unserer Abbildung liegt) zur Linken den Leitnerberg mit dem Hohenwaldeck, weiter hinein den Hagenberg mit dem Jägerkamm, im duftigen Hintergrunde das Tyroler Sonnenwendjoch, und, läßt man hierauf seinen Blick rechts wieder zurückkehren, den Brechenspitz, den Dürnbachspitzing, die Bodenalpschneide, sowie, letztlich, den mehrkuppigen Westerberg; lauter Berge, die sich durch Ueppigkeit ihrer Vegetation, oder durch Form ihres Felsgebildes auszeichnen, und vereint zu einem Naturtheater gestalten, dessen stille Anmuth Ueberraschung erzeugt. Unten im heiteren Thale, als dem eben so anmuthigen Podium dieses Theaters, erblicken wir aber zunächst den gefällig ausgebreiteten Schliersee, aus dessen klarem Spiegel in der Ferne die Insel Wörth, und in der Nähe die Halbinsel Freudenberg, letztere mit ihrem ländlichen Häuschen auf dem Rücken, gleich reizenden Najaden auftauchen. Wir erblicken dort ferner, und zwar an des See's Ostseite, das Dorf Schliersee, dem sein hochgestelltes Weinbergkirchlein, seine ansehnliche Pfarrkirche mit stattlichem Spitzthurme, und so manche, den kleinen Häusern sich anschmiegende Obstbaumgruppe eine wahrhaft pitoreske Lebendigkeit geben, indessen der am entgegengesetzten Seeufer sich weit hinziehende, nur mit einigen Heustädeln besetzte todte Grund damit einen effectvollen Contrast bildet. An des See's ferner Südspitze endlich erscheint uns das Dörfchen Fischhausen, welches hauptsächlich durch seinen Kirchthurm unsern schwelgenden Blick noch zu begrüßen sucht.

Im Besitze solcher, durch ein mildes Klima noch erhöhten Landschaftsreize, sowie im Besitze einer zweckmäßigen Seebadanstalt, einer ebenso guten als billigen Gastwirthschaft, einer großen Anzahl vermiethbarer Privatwohnungen, und eines empfehlenden Ueberrestes von alter Tracht und Sitte, erfreut sich das Dorf Schliersee während der ganzen schönen Jahrszeit eines zahlreichen Besuches von Gästen jeglichen Standes, Alters und Geschlechtes.

44 WEINBERGKAPELLE BEI SCHLIERSEE Die Georgskapelle auf dem Weinberg bei Schliersee ist eine Gründung des 14. Jahrhunderts. Wie die Inschrift über dem Eingang angibt, wurde sie 1606 erneuert. Der eigenartige Hochaltar besteht aus einem freistehenden, von Säulen gerahmten Triumphbogenaufbau mit der Reiterfigur des heiligen Georg als Drachentöter (1624). Der nördliche — auf dem Stich links dargestellte — Seitenaltar Sankt Leonhard und Sankt Katharina stammt aus dem Jahr 1628, der gegenüberstehende Allerheiligenaltar aus dem Jahr 1607.

45 SCHONGAU Auf dem ovalen Plateau eines vom Lech verlassenen Umlaufberges wurde östlich der alten Schongauer Siedlungsstelle nach 1255 die staufische Stadt Schongau erbaut. Dorthin wurde auch der Markt verlegt. Alt-Schongau, seither Altenstadt genannt, ist bekannt durch seine großartige romanische Gewölbebasilika, sank aber zum bedeutungslosen Dorf ab. Schon 1267 wurde die Stadt Schongau an die Wittelsbacher verpfändet, mit dem Erbe der Staufer kam sie 1269 an Bayern. Von Kaiser Ludwig dem Bayern erhielt sie Rechtsbuch und Münze. Als wichtiger Stapelplatz zwischen Augsburg und Italien entwickelte sich Schongau zu einer blühenden Handelsstadt. Wiederholt wurde sie von Brandkatastrophen und von der Pest heimgesucht. 1744 litt die Stadt unter dem österreichischen Erbfolgekrieg, 1805 und 1809 unter den napoleonischen Kriegen. Seit dem 18., vollends im 19. Jahrhundert beeinträchtigte die Verlegung der Verkehrswege und der Rückgang der wirtschaftlichen Bedeutung von Augsburg auch die Stadt Schongau.

Die das Stadtbild beherrschende Pfarrkirche Mariä Himmelfahrt wurde nach dem Einsturz des Turmes und der teilweisen Zerstörung des Altarraums von 1668 bis 1674 wieder hergestellt. Die Spitalkirche Heilig Geist (auf dem Stich links) stammt aus dem Jahr 1595; von 1720 bis 1725 wurde sie für das Karmeliterkloster eingerichtet. Mauern, Türme und Wehrgänge der alten Stadtbefestigung haben sich weitgehend erhalten.

46 SCHWANECK Südlich von München, im Isartal zwischen Großhesselohe und Pullach, liegt die Burg Schwaneck, erbaut 1842 bis 1844 im Stil einer mittelalterlichen Ritterburg von Friedrich von Gärtner als romantischer Wohnsitz für den Bildhauer Ludwig von Schwanthaler (1802 bis 1848). 1902 wurde die Anlage umgebaut und erweitert.

47 STARNBERG Das Schloß Starnberg liegt weithin sichtbar auf einem steilen Hügel über dem nördlichen Seebecken. 1244 wurde es erstmals als Besitz der Grafen von Andechs erwähnt. Im 14. Jahrhundert kam es an die Wittelsbacher und wurde Sitz eines Pfleggerichts. Die Pfleger waren seit 1556 auch die Seerichter und hatten in dieser Eigenschaft die Ausübung der Fischerei im See zu überwachen. Herzog Wilhelm IV. ließ 1541 anstelle des mittelalterlichen den bestehenden Bau aufführen. Nach der Verwüstung durch die Schweden im Jahr 1646 wurde er wiederhergestellt. Kurfürst Ferdinand Maria (1651 bis 1679) ließ nach italienischem Vorbild eine Anzahl von Vergnügungsschiffen erbauen. Unter ihm erlebte das Schloß Starnberg glanzvolle Feste. Im 19. Jahrhundert verlor das Schloß seinen höfischen Charakter; es wurde Amtsgebäude. Sein mächtiger Baukörper, eine unregelmäßige Vierflügelanlage, die sich um einen schmalen Innenhof gruppiert, beherrscht immer noch eine weite Strecke der Seelandschaft.

Schon im Hochmittelalter entwickelten sich im Bereich der Burg zwei dörfliche Siedlungen, die später zur Ortschaft Starnberg zusammenwuchsen: das ursprünglich Aham genannte Fischerdorf am See und die

Siedlung Niederstarnberg am Fuß des Burgberges. Im Laufe des 19. Jahrhunderts entwickelte sich Starnberg zum Hauptort am See, dessen alter Name »Würmsee« nun durch den Namen »Starnberger See« verdrängt wurde. 1851 wurde auf ihm die Dampfschiffahrt eröffnet. Seit 1912 ist Starnberg Stadt.

48 STARNBERG, UMGEBUNG I UND II *Die seit den letzten Decennien immer zahlreicher gewordenen Besuche der Städter und der erst seit jüngster Zeit mehr in Uebung gekommene Gebrauch der Seebäder brachten einen neuen Umschwung in das Verkehrsleben Starnbergs, und durch die vielen neuerbauten Häuser gleicht es jetzt, in den Sommermonaten wenigstens, mehr einem Vorstädtchen Münchens, als einem Dorfe. Was der Aufenthalt daselbst in Folge dessen an Ländlichkeit und Einfachheit verlor, das ersetzt jedoch andererseits die naturgemäße Verschönerung, welche, bei der immer allgemeiner werdenden Vorliebe für die Uferorte des Würmsees, den nächsten und entfernteren Umgebungen Starnbergs zu Theil wurde. Dahin gehört vor allem, was der im Jahre 1832 verstorbene Staatskassier von Ertl in dieser Beziehung leistete. Auf dem südlich ausserhalb des Dorfes Starnberg emporsteigenden, noch vor wenigen Jahrzehnden ringsum mit schattigen Buchen bekleideten Hügel stand ehemals die St. Georgenkirche. Sie war als solche schon im vorigen Jahrhunderte abgewürdigt, und diente einem Klausner zur Wohnung, der zugleich der Dorfjugend den Schulunterricht ertheilte. Nach der Erbauung eines Schulhauses im Dorfe selbst gelangte das Gebäude (1811) in den Besitz eines Jägers, von welchem dasselbe sodann (1827) v. Ertl überkam und es zum niedlichen Landhause, zugleich aber die auf der Fortsetzung des Hügelrückens sich ausbreitende Waldung zur geschmackvollsten Gartenanlage umgestaltete. Seine Genialität, den Genuß der Naturschönheiten durch die Nachhülfe der Kunst zu erhöhen und zugänglicher zu machen, bethätigte aber v. Ertl auf das glücklichste durch die auf seine Kosten und nach seiner Angabe hergestellte Promenade zu den »***sieben Quellen***«. Im Rücken der besagten Anhöhe liegt nemlich in beträchtlicher Tiefe ein enges Waldthälchen, dessen östlichen Berghang entlang aus Tufsteinschichten sieben kleine Quellen hervorrieseln, welche unter den üppigsten Krümmungen durch das frische Grün des Bodens, in das hier vorübereilende St. Georgenbächlein sich sammeln. Das melodische Dahinflüstern ihrer spiegelhellen Fluthen, in das sich nur das Säuseln der Tannen und das Flötenlied der Amsel mischt, verleiht diesem stillverborgnen Grunde eine zaubrisch liebliche Weihe. Im Jahre 1832 brachte die Freifrau von Bayrstorff, Gemahlin Sr. königl. Hoheit des* **Prinzen Karl von Bayern,** *den v. Ertl'schen Landsitz käuflich an sich, und es erstand an der Stelle desselben die im edelsten und geschmackvollsten Style erbaute Villa, welche als die Perle sämtlicher Neubauten am See, mit ihrer colossalen Terrasse, mit ihren luftigen Balkonen von der stolzen Höhe weithin prangend hernieder blickt. Nur wenige Jahre aber war es der Eigenthümerin gegönnt, sich dieses herrlichen Besitzthums zu erfreuen; auf einem die Vorufer weit überragenden Hügelgipfel bei dem Dorfe* **Söcking,** *an der riesigen Linde, wo dieselbe, der großartigen Fernsicht nach den Gebirgen genießend, im Leben so gerne weilte, ruht sie, ihrem letzten Wunsche gemäß, im Grabe; eine hohe Rotunde überwölbt ihr Denkmal.*
Zu den einladendsten und genußreichsten Ausflügen von Starnberg aus gehört, wie sich von selbst versteht, der Besuch der übrigen Uferorte des Sees. Das westliche Gestade bietet durchgängig freiere und umfassendere Total-Anblicke des See's und der Gebirge, als das östliche; die Rundreise um den See, vom West-Ufer aus nach dem Ober-See und an der östlichen Seite zurück, verdient daher entschieden den Vorzug vor der entgegengesetzten Richtung; wir befolgen daher die erstbezeichnete Umkreisung auch bei dem nachfolgenden Entwurfe eines flüchtigen Bildes sämmtlicher unmittelbar am Seeufer liegenden Ortschaften.
Zunächst nach Starnberg, 3/4 Stunden davon entfernt, folgt
Possenhofen, *Schloß und Hofmark, seit 1834 Eigenthum Sr. Hoheit des Herrn Herzogs Maximilian in Bayern, von dessen durchlauchtigster Gemahlin Louise, königl. Prinzessin von Bayern, zum Lieblingsaufenthalte erkoren. Unter dem Einflusse ihres freundlichen Waltens war aus dem vormaligen Schloße und seiner nächsten Umgebung eine neue Welt, ein fürstlicher Landsitz im modernsten Geschmacke geschaffen. Das ehemalige an seinen vier Ecken mit Thürmchen gezierte Schloßgebäude blieb zwar den Mauern nach beibehalten, aber die altväterischen Zierden seiner Gemächer, die ungeheuern Kachelöfen und Himmelbettläden, sowie das braune Holzgetäfel der Decken wichen der elegantesten Ausschmückung und Meublirung. Zuvor war das Schloß unmittelbar von einer Ringmauer und diese wieder von einem kleinen Graben im Gevierte umfangen, in der Mitte der nördlichen Seite der Mauer befand sich das mit einem Thurme versehene Thorhaus, durch welches man zuerst in den engen mit Blumenbeeten und Fruchtbäumen besetzten Zwinger und sofort zum Schloßthore selbst gelangte; die Ringmauer nebst dem Thorhause wurde niedergelegt und der Graben ausgefüllt, so daß jetzt das Schloß aus der ringsum angeebneten Pläne schmuck und frei emporsteigt. Eine neuerbaute niedliche Kapelle (früher befand sich eine solche im Innern des Schloßes) verbindet letzteres auf der Westseite mit den hier angebrachten weiteren Anbauten. Die langgedehnte, mit Zinnen und nach innen offnen Rundthürmen versehene äussere Umfassungsmauer, welche, nur wenige Schritte vom Ufer entfernt, den weitläufigen Schloßgarten an der Seeseite umgibt, wurde, da sie längst schon baufällig gewesen, in dem*

gleichen Baustyl, aber in noch stattlicherer Gestalt neu erbaut, ein gleichfalls mit Zinnen gekröntes Portal, an der Stelle wo früher ein halbverfallenes Eingangsgebäude stand, bildet den Eingang von der Schiffs-Anlände aus und von dem hier befindlichen herzoglichen Seebadhause.

Wie der ehemalige Schloß- oder Thier-Anger in die lieblichste englische Anlage, so wurde die südlich vom Orte sich ausbreitende Uferwaldung in einen Lusthain voll schattiger Ruheplätzchen und romantisch sich dahinschlängelnder Fußpfade umgewandelt; einen unvergleichlichen Aussichtsgenuß gewährt insbesondere der am Ausgange des Gehölzes auf einem in den See hineinragenden Hügel angebrachte eiserne Pavillon, das Zelt genannt. Ein sowohl durch die treffliche Fernsicht als durch eigenthümliche Anmuth die Mühe des Ersteigens lohnender Punkt ist auch der hinter Possenhofen, am Wege nach dem vielbesuchten **Pöcking** *sich erhebende Hügel, schon seit Jahrhunderten zu einer Calvarien- und Oelbergs-Darstellung verwendet. Hochstämmige Fichten und Lerchen umschatten diese einsame Stätte frommer Andacht.*

Zum Feldafinger Dorfbezirk gehört der innere und äußere **Wörth,** *das heißt das Fischeranwesen unmittelbar am Ufer, und*

Die Insel *Ihrer natürlichen Entstehung nach ist diese wohl nichts anderes, als die äußere Spitze einer Erdzunge, deren mittlerer Rücken durch urweltliche oder spätere Fluthen vom Festland allmählig weggespült wurde. Ueber der früheren Vorzeit dieses kleinen Fleckchens Erde und über den dort befindlichen zwei Gebäuden, einem verfallenen Kirchlein und einem Fischerhause, schwebt geheimnißvolles Dunkel. Der Volkssage gemäß soll an der Stelle des Kirchleins ehemals ein heidnischer Tempel gestanden haben. Für die Begründung dieser Ueberlieferung ist zwar kein sichtbares Zeugniß zurückgeblieben; es ist aber auch kein Grund vorhanden, sie geradezu als »Köhlerglauben« zu verlachen. Daß die Gegend um Feldafing und Pöcking in der vorchristlichen Zeit stark bevölkert war, das beweisen die in auffallend großer Anzahl vorhandenen heidnischen Todtenhügel; es ist daher nicht abzusehen, warum die heidnischen Uferbewohner nicht aus gleichem Antriebe, wie später die christlichen, den von der Erde abgeschiedenen Raum dieses lieblichen Eilands zum Andachtsorte erwählen konnten.*

Eine halbe Stunde von Feldafing und der Insel entfernt erhebt sich auf sanftansteigender Uferterrasse das Schloß

Garatshausen *Es ist dieß das alterthümlichst erhaltene und insoferne das anziehendste unter allen Schlössern am See. Nähert man sich ihm von der Seeseite, und zwar vom Landungsplatze neben der freundlichen Kapelle mit der an sie angebauten klösterlichen Wohnung des ehemaligen Schloßbeneficiaten aus, so erregt der Anblick dieses ehrwürdigen Gebäudes der Vorzeit mit seinen von Reben und Fruchtzwergbäumen umrankten Ringmauern eine aufrichtige Freude darüber, daß dasselbe von aller Verschönerung im modernen Style bisher noch völlig unberührt geblieben ist, welches freudige Gefühl durch die unvergleichliche von diesem Punkte sich darbietende Aussicht auf das Angenehmste erhöht wird. Die Erbauung des noch jetzt stehenden Schlosses fällt übrigens zuverlässig nicht in das 13te Jahrhundert, wie bisher angegeben worden, sondern wahrscheinlich in die erste Hälfte des 16ten Jahrhunderts. Von den Weilern überkam diese Besitzung die Familie der Schrenk auf Egmating und Inkofen (1694), von diesen die nachmaligen Grafen von La Rosée (1760), bei deren Familie es, seit 1780 mit Possenhofen vereinigt, blieb, bis die genannten zwei Hofmarken im J. 1834 käuflich an Se. königliche Hoheit den Herrn Herzog Maximilian in Bayern übergingen.*

Tutzing *Das gegenwärtige Schloß, ein geräumiges Gebäude in geschmackvoll einfachem Style, trat vor drei Jahrzehnden an die Stelle des ältern. Die in jüngster Zeit durch den gegenwärtigen Besitzer, Herrn Karl Grafen v. Vieregg, geschaffenen Garten- und Ufer-Anlagen tragen zur Verschönerung des an sich schon sehr günstig gelegenen Ortes Vieles bei.*

Bernried *Von den eigentlichen Klostergebäuden selbst übrigen jetzt nur mehr der südliche unausgebaut gebliebene Flügel, die zum Pfarrhause verwendete an die Klosterkirche anstoßende Prälatur und die an die Dorfs- oder Hofmarkskirche angebauten Reste des ehemaligen Einfahrts- und Marstallgebäudes. Einen überraschenden Genuß gewährt, vom südlich emporsteigenden Hügel aus, der Rückblick auf die durchmessene Wasserbahn. Das Klostergebäude taucht hier in scheinbarer Integrität aus dem vier Stunden langen Fluthenspiegel hervor; die freundlichen in ächtem Gebirgsstyle erbauten, wie in einem Obstbaumhain zerstreuten Häuser des auf der Landseite rings von einer sanften Anhöhe schützend umfangenen Dorfes sind das erfreulichste Bild glücklich verborgener, unverkümmerter Ländlichkeit.*

Die Kloster-Realitäten erkaufte bei der Säcularisirung (1803) Ignaz Graf v. Arco, von dessen Herrn Sohne Ludwig sie im J. 1820 an den k. Advokaten v. Lengrießer, bald darauf aber (1821) an den gegenwärtigen Besitzer, Herrn Andreas von Dall'Armi gediehen, welcher dieselben durch musterhafte Bewirthschaftung zu einem großartigen, namentlich mit einem ausgezeichneten Viehstande versehenen, Oeconomiegute umwandelte.

Seeshaupt *Man erreicht dieses, auf einer scheinbar bis an den Fuß der Gebirge hinstreifenden Hochebene gelegene Pfarrdorf, nachdem man zuvor an dem idyllisch schön situirten Weiler Seesseiten vorübergekommen, von Bernried aus in 1¼ St. Es ist dieß das südlichste unter den Uferorten des Würmsees. Der Anblick des Gebirges ist daher hier auch am ergreifendsten und prachtvollsten. Im Jahre 1815 wurde dieses Dorf, nachdem sämmtliche Häuser (bis auf fünf am Seegestade stehende) ein Raub der Flammen geworden waren, in regelmäßiger Anlage neu erbaut.*

Bei der zur Dorfflur Seeshaupt gehörigen Mühle rinnt des Sees vorzüglichster und eigentlicher Einfluß, die Würm, das kleine seit den letzten Jahrhunderten namenlos gewordene Bächlein, welches der ungeheuern hier in ihrer ganzen Länge vor unsern Augen ausgebreiteten Wassermasse den Namen gab, mit säumenden Wellen in den See. Die Fahrstraße, welche Weilheim mit Wolfratshausen verbindet, zieht hier vorüber, jetzt gut gebahnt, früherhin aber streckenweise durch den seichten Seegrund hinüberführend nach dem Dorfe

Sanct Heinrich *wo im engen feuchten Kirchlein das Steindenkmal verwittert, welches das Grab des Begründers dieser ehemals stark besuchten und nach ihm benannten Wallfahrt deckt. Es war dieß der Einsiedler Heinrich, angeblich ein Graf von Andechs-Wolfratshausen, der hier um die Mitte des 11ten Jahrhunderts, nach Andern um das Jahr 1230 an eine hölzerne Marienkapelle seine Klause anbaute und in frommer Weltentsagung lebte. An die Stelle der hölzernen Kapelle trat im 15ten Jahrhunderte (1434) eine gemauerte, welche von Herzog Albrecht IV. im Jahre 1480 mit deren Zugehörden, Grundbesitz und Rechten an das Kloster Beuerberg vergabt wurde.*

In Entfernungen von je einem Stündchen folgen sich nun das steiler ansteigende Ostufer entlang

Ambach *ein freundliches am Gestade sich hindehnendes Dorf, der Sitz eines k. Fischmeisters, und deßhalb neben Possenhofen der lustige Zufluchtsort renkenlüsterner Seegäste. Die Uferhöhen hinter Ambach, bei der alterthümlichen Kirche Holzhausen, auf dem Wege nach dem herrlichen Eurasburg etc. sind reich an den köstlichsten Aussichtspunkten.*

Amerland *Schloß mit Hofmark; dicht am Gestade stehend, und durch seinen heiteren Anblick und seine freie, Wind und Wellen muthig die Stirne bietende Lage vor den übrigen Uferorten sich auszeichnend. Zu den Vorzügen der Aussicht von hier aus gehört besonders der gerade gegenüber liegende Peissenberg, sowie umgekehrt, in dem göttlich schönen Panorama, das von der Thurmzinne der Kirche zu Hohenpeissenberg aus sich entfaltet, Schloß Amerland und sein blankes Spiegelbild im See aufs freudigste überrascht.*

Almanshausen *Im Dämmerlichte grünender zum Bogengange verflochtener Fichtenzweige schreitet man zu dem rings von schattigen Bäumen umragten Wiesenplan empor, auf dem zwischen plätschernden Fontänen in klösterlicher Abgeschiedenheit dieses durch Anspruchlosigkeit seiner Bauart wie durch die Lieblichkeit seiner Lage gleich anziehende Schloß sich erhebt. Dasselbe wurde im Jahre 1696 erbaut.*

An dem Uferwege von Almanshausen nach dem gleichfalls wieder eine Stunde entlegenen k. Lustschlosse Berg, gleich weit von beiden entfernt, stand ehemals eine mehrhundertjährige Buche. Eine Treppe führte zu der in ihrer Krone angebrachten luftigen Altane empor. In ihrem Schatten versteckt stand eine ärmliche Selde, das »Buch-Haus« genannt; weiterhin folgten zwei Fischerhütten. Diese drei Anwesen zusammen erhielten im Verlaufe der Zeit die Benennung der nach ihrem (wahrscheinlich in dem nahegelegenen Assenhausen angesessenen) Besitzer bezeichneten Buche:

Assenbuch *Den beiden Fischerhütten ward ungeahnt die Ehre einer nobeln Nachbarschaft. Der k. Staatsrath v. Krenner baute sich nemlich zwischen ihnen, jedoch unmittelbar am Ufer, ein niedliches Häuschen, und überließ dasselbe bei seinem Tode als Legat dem b. Kammersänger Leoni. Dieser wohnte da, und bewirthete seine ihn besuchenden Freunde aus der Residenz. Bald wurde der Raum zu eng für die Gäste. Leoni baute eine größere Villa (1825) und errichtete eine förmliche Gastwirthschaft. Dadurch wurden neue Ansiedlungen veranlaßt; es entstanden in idealisirtem Gebirgsstyle die geschmackvollen Landhäuser der HH. Möhl (jetzt Hillary), Fränzl (dann Baumüller, jetzt Dr. Dimm) und* **Himbsel** *mit allerliebsten Anlagen die Berghalde hinan und am Seeufer, unter welchen namentlich die von dem kgl. Herrn Baurath Himbsel ausgeführten an Sinnigkeit und Anmuth unübertrefflich sind. In neuester Zeit erbaute sich derselbe an der Stelle des alten Buchhauses ein zweites Landhaus, äusserlich ein stattlicher oberländischer Bauernhof, von innen aber mit allen Bedürfnissen eines comfortablen Lebens, und mit einem durch humoristische Fresken von den besten Meistern der Münchner Schule geschmückten Stiegenhause versehen.*

Das königliche Lustschloß

Berg *bietet an sich nichts Besonderes, besitzt aber an dem südlich vom Schloße sich ausbreitenden englischen Parke eine Beigabe, wodurch es zu einem der reitzendsten und beliebtesten Punkte am See geworden. Die Aussicht, welche man von den obersten Höhen der steil und pittoresk emporsteigenden Leite aus genießt, ist auch in der That so eigenthümlich schön, wie man sie in dieser Art an keiner anderen Stelle des Seeufers findet. Mit lieblicher Gewalt fühlt man sich an jene kühn in den Abgrund hinausragenden Bergvorsprünge gefesselt, wo der Anblick des Sees, und des gegenüberliegenden Ufers zwischen dem Gitterwerke am Rande der Anhöhe sich emporringender knorplicher Föhren hindurch, und über den in der Tiefe stehenden Fichtenpark hinweg, einen wundersamen Eindruck übt, obschon hier der See am schmälsten und von dem Gebirge nur ein Theil der westlichen Ausläufer des Allgäu's ersichtlich ist. Großartig schön ist aber auch auf der entgegengesetzten Seite die Ansicht der Alpenkette, gegen das hochragende* **Aufkirchen** *und seine gesegneten Fruchtfelder hin.*

Erbaut wurde das jetzige Schloß an der Stelle einer früheren »schlechtgemauerten Behausung« um das Jahr 1640 von Hans Friedrich v. Hörwarth, einem Sohne des Kanzlers Hans Georg von Hörwarth, welcher letztere diese, die Ortschaften Oberberg und Aufkirchen in sich fassende, Hofmark im Jahre 1610 von Hans Philipp v. Gregerstorf erkauft hatte. Im Jahre 1676 ging dieselbe von Hans Ludwig Frhrn. v.

Hörwarth an den Churfürsten Ferdinand Maria über, und blieb seitdem landesherrliche Besitzung.
Mit hohem an den Giebelspitzen abgekappten Satteldache, ein schlichtes Kirchlein zur Seite und durch eine niedere Ringmauer mit diesem eingefriedet, blickt das Schlößchen
Kempfenhausen *ein treuherziges Bild guter alter Tage, in bescheidner Zurückgezogenheit von sonniger Uferhöhe nieder.*
Noch ein Viertelstündchen — und wir sind am enge zusammentretenden Nordufer des Sees angelangt; der ehemalige Kloster Scheftlarn'sche Eigenhof Puech, jetzt Buchhof genannt, das freundliche von ehemaligen Grundholden desselben Klosters bewohnte Dörfchen **Percha,** *— und die k. Schiffhütten, in welchen die stattlichen Gondeln: der Löwe, der Schwan, der Hirsch etc., ob allzulanger Rast ungeduldig an den Ketten zerren, — liegen wieder vor uns, und unsere Rundreise ist vollendet. Doch — an geweihterer Stelle wollen wir aus dem uns so lieb gewordenen Seethale scheiden. An dem Heilbade* **Petersbrunn** *und dem fernhin sichtbaren gräflich Bassenheim'schen Schlosse* **Leutstetten** *vorüber, dann das romantische Mühlthal mit dem durch Sage und Geschichte interessanten Karlsberge zur Linken lassend, folgen wir einem wohlgebahnten Fußpfade, der uns zu der einsamen Waldhöhe führt, wo der vorige Besitzer Leutstettens, Se. Durchl. der k. Herr Kron-Obersthofmeister und Staatsrath, Fürst von Oettingen-Wallerstein einen Wendeltreppenthurm erbauen ließ, von dessen oberster Gallerie eine großartige jede Erwartung übertreffende Rundsicht sich darbietet. Ein unabsehbares träumerisch wogendes Baumwipfelmeer bildet die nächste Umgebung. Ausserhalb dieses Wälderkreises entfalten sich — auf der West-, Nord- und Ostseite die Flachlandsgaue der Amper, Würm und Isar; den Horizont ummarken die Schlösser Dachau und Schleißheim, die Thürme und Großbauten Münchens, die Nebelgestalten des Klosters Weihenstephan und des Freisinger Domes; auf der Südseite aber zeigen sich uns im Vorgrunde, malerisch gruppirt, Leutstetten und Starnberg, dann zwischen den grünen sanftgewölbten Hügelrücken — das blinkend vollgegossene Becken des Sees mit seinen trauten Friedensbuchten, seinem südlich verschwimmenden Ufersaume, — »und dann der Berge majestätischer Schluß.« Wahrlich, ein unbeschreibbarer Anblick, der uns den Abschied auf eine entzückende Weise verschönert und — erschwert.*

50 Tegernsee Tegernsee war jahrhundertelang die bedeutendste bayerische Abtei. 746 von dem bayerischen Uradelsgeschlecht der Huosi gestiftet, erstand es nach den Ungarneinfällen 978 wieder. Unter Abt Konrad Ayrnschmalz fand zu Ende des 15. Jahrhunderts die Gotisierung von Kirche und Kloster ihren Abschluß. Ein letztes Mal wurde die Kirche zu Ende des 17. Jahrhunderts unter Abt Bernhard Wenzel umgestaltet. Damals errichtete der Maurermeister Antonio Riva aus Graubünden zunächst den Abteihof westlich der Kirche und erneuerte von 1684 bis 1689 auch die Kirche. Die Stukkaturen und Fresken führte von 1687 an Hanns Georg Asam, der Vater des berühmten Künstlerpaares, aus. Die geplante Neugestaltung des Klosters unterblieb jedoch. Nach der Aufhebung des Klosters 1803 wurde der größere, zwischen Kirche und See gelegene Teil der Klostergebäude abgebrochen. Die seitlich an die Kirche angrenzenden Trakte erwarb 1817 König Max I. Joseph und ließ sich darin einen neuen Landsitz einrichten. Leo von Klenze hat die Gebäude deshalb weitgehend umgestaltet. Auch die Fassade der Kirche erhielt klassizistische Züge; die Türme wurden, um sie dem nunmehrigen Schloß anzugleichen, verkürzt.
In einem rings von Bergen, den Ausläufern der majestätischen Alpen, umschlossenen freundlichen Thale dehnt sich, in einer Länge von zwei und einer Breite von einer halben Stunde, zwischen der 13. und 15. Stundensäule von der Residenzstadt an gerechnet, der romantische Tegernsee aus.
An seinem südöstlichen Ufer liegt mit seinem schönen Schlosse und seiner freundlichen Kirche das gleichnamige Pfarrdorf gelagert, seine niedlichen mit Blumengärtchen gezierten Häuser theils in der Ebene aneinander reihend, theils sie in malerischen Gruppen an den sanften Berggehängen hinstreuend.

51 Kloster Tegernsee-Egern *Nach Aufhebung der Abtei kamen die Klostergebäude und die Oekonomie durch Kauf an den Freiherrn, nachherigen Grafen, von Drechsel. Dieser ließ mehrere Gebäude, unter diesen die westliche Fronte, oder den sogenannten Gastbau niederlegen, wobei die herrliche Marmortreppe abgebrochen wurde.*
Die romantische und idyllische Schönheit der Gebirgslandschaft veranlaßte Seine Majestät den höchstseligen König Max sich durch Kauf in ihren Besitz zu setzen. Als Tegernsee im J. 1817 Eigenthum Seiner Majestät geworden war, versuchte die Kunst, ob sie den Reiz der herrlichen Gegend noch erhöhen könne. Die Gebäude der Abtei, des jetzigen Schlosses, wurden erweitert, verschönert und geschmackvoll eingerichtet. Liebliche Gartenanlagen umschlangen das Schloß von drei Seiten. Gegen Süden ward der herrliche Laubgang aus Holz gebaut und durch eiserne Bogen gestützt. Die westliche Vorderseite enthält, der Straße und Anfahrt am k. Schlosse gegenüber, eine schöne englische Anlage. Der an der Rückseite des Schlosses befindliche ehemalige Klostergarten ist zum Gemüs- und Blumengarten umgeschaffen. Spaziergänge wurden ins Dunkel der Haine und durch lachende Auen angelegt. So trug der königliche Greis den ungetrübten Himmel seines

kindlichen Gemüthes auch auf die Gegend über, und wohin das Auge in diesem Alpenthale reicht, erscheint es als ein herrlicher Garten Gottes.
Das königliche Schloß, nunmehr durch Erbschaft Eigenthum Sr. königl. Hoheit des Prinzen Karl, hat seine Hauptansicht gegen den See gerichtet.
Der rechte Flügel enthält das Bräuhaus und die Räumlichkeiten für die Administration.
Die Mitte nimmt die Kirche mit ihren zwei massiven Thürmen ein.
Der linke Flügel schließt die königlichen Appartements in sich. Unter diesen zeichnet sich die Marmorvorhalle, der große Speisesaal, die Silberkammer, der Klaviersaal, das Königs-Spielzimmer, das Kaiserzimmer, das Billardzimmer, die Salone und das sogenannte Todtenkabinet aus.
Hinter dem Dorfe Rottach eröffnet sich die Aussicht ins Weißachthal, dessen Hintergrund die nackten Felswände des Planberges bilden. Malerisch an dem Ufer gelagert spiegelt das Alpendorf Egern (sieh die Abbildung) seine reinlichen Häuser und seine gesegneten Obstgärten in den Fluthen des Sees. Die Kirche hat der Abt Aribo 1112 aus Stein aufgeführt. Konrad V. ließ sie 1466 erneuern. In der Kirche sieht man links eine hölzerne Votivtafel, worauf die Schlacht bei Sendling vom J. 1705 abgebildet ist. Dieser Tafel gegenüber befindet sich eine zweite, die Schlacht von Bar-sur-Aube, an der mehrere Bewohner dieser Gegend theilnahmen. Sie ist von Monten gemalt und ein Geschenk Sr. k. Hoheit des Prinzen Karl. Auf dem Freithofe befindet sich die Kapelle, die der Abt Maurus zu Ehren des hl. Sebastian und Rochus erbaute.

52 WASSERBURG AM INN 1137 verlegte Hallgraf Engelbert seinen Sitz von Limburg in die »Wasserburg« auf der engen Flußschleife des Inns, unter deren Schutz sich schon im frühen Mittelalter die Fischersiedlung Hohenau entwickelt hatte. Hier gründete er eine bürgerliche Siedlung, die 1201 als Markt erscheint und wahrscheinlich unter Kaiser Ludwig dem Bayern das Stadtrecht erlangte. Am Übergang der Salzstraße gelegen, nahm das neue Gemeinwesen einen raschen Aufschwung. Herzog Otto II. von Bayern riß die Grafschaft Wasserburg 1247 an sich. Der Übergang an die Wittelsbacher war der weiteren Entwicklung der Stadt durch Jahrhunderte förderlich. Erst als die Eisenbahn nach 1850 die Flußfahrt zum Erliegen brachte, erlahmte auch das wirtschaftliche Getriebe. Dieser Entwicklung verdankt aber die Stadt zum guten Teil die Erhaltung seines schönen Siedlungsbildes.

*

Die Ansicht der Außenseite der Stadt vom rechten Innufer aus hat sich seit der Biedermeierzeit nicht wesentlich verändert. Noch heute führt der Weg durch das spätgotische Brucktor hindurch, das mit dem Heilig-Geist-Spital und den anstoßenden Häusern zu einem monumentalen gotischen Bauwürfel zusammengewachsen ist. Im Hintergrund ragt die Stadtpfarrkirche Sankt Jakob empor, eines der Meisterwerke des Hans von Burghausen. 1410 beginnt der Meister mit dem Bau des dreischiffigen Langhauses, von 1445 an führt Stephan Krumenauer den Altarraum und den Turm mit seinen zwei Seitenkapellen auf; Wolfgang Wiser vollendet den Turm 1478.
Links im Hintergrund ist die Burg mit ihren hohen Stufengiebeln sichtbar, ein schlichter Neubau, der 1531 unter Herzog Wilhelm IV. an die Stelle des mittelalterlichen Palas getreten ist, neben ihr der Getreidekasten aus dieser Zeit; dahinter ragt der hohe Spitzhelm der gotischen Schloßkapelle Sankt Aegidien hervor.

*

Auch der Marktplatz sieht im großen und ganzen noch heute so aus, wie ihn der Stich zeigt. Die Frauenkirche mit ihren drei Schiffen wurde 1386 gewölbt. Ihr Mittelschiff ist wesentlich höher als die Seitenschiffe, doch sind die drei Schiffe unter einem Dach zusammengefaßt. Der Helm des Turmes wurde 1501 neu aufgesetzt. Die zwei gotischen Häuser mit den hohen Stufengiebeln neben dieser Kirche bilden die eindrucksvolle Baugruppe des Rathauses. Neben Ratsstube und Tanzhaus hat sich in ihm auch die alte Einrichtung eines gemeinsamen Brothauses erhalten. In einem einzigen Laden bieten mehrere Bäcker ihre Waren feil.
Auch die Bürgerhäuser gehen in ihrem Baubestand zum erheblichen Teil auf das 15. und 16. Jahrhundert zurück. Charakteristisch für das Bild des Platzes sind die Laubengänge im Erdgeschoß, die verschieden gestalteten Erker und die hochgezogenen, waagrecht abgeschlossenen Fassaden.

54 WALDECK Die Herren von Waldeck, ein Freisinger Ministerialengeschlecht, übten im Hochmittelalter die Vogtei an der Schlierach, Mangfall und Leitzach aus. Es gelang ihnen, ihr großes Herrschaftsgebiet der herzoglichen Gerichtsbarkeit zu entziehen. Sie erbauten sich am Schliersee zwei Burgen: Hohenwaldeck und Altenwaldeck. Die erstere — auf sie bezieht sich der Stich — lag auf einem Felsvorsprung etwa 20 Meter über dem See an dessen östlichem Ende, die letztere am Ausfluß der Schlierach aus dem Schliersee.
Im ausgehenden Mittelalter wurden die Maxlrainer ihre Besitznachfolger und erst als 1734 auch diese Linie im Mannesstamm erloschen ist, konnte Bayern die Herrschaft Hohenwaldeck an sich bringen. Miesbach war seit dem späten Mittelalter der Mittelpunkt dieser Herrschaft; die Burg Hohenwaldeck war schon im 15. Jahrhundert aufgegeben worden.

Am Abhange des im See sich spiegelnden östlichen Bergzuges springt ein steiler Fels hervor, welchen die Ruine der Burg Waldeck krönt. In ihrem gegenwärtigen Zustande entbehrt diese Ruine jeder malerischen Schönheit, ihr archäologischer Werth ist aber deswegen noch nicht untergegangen. Daher liefert unser Bild den Abriß einer vor mehr denn 120 Jahren leicht skizzirten, kleinen Ansicht der Ruine, und einen, in jüngster Zeit erst gefertigten Grundplan derselben. Nach letzterem hatte die Burg A 460 — und ihr Vorwerk B (die Curve des Felsvorsprunges bei l. m. nicht gerechnet) 406 bayerische Fuß äußeren Umfanges. Indem ich bezüglich der übrigen Dimensionen, Kürze halber, auf den Plan selbst verweise, bleibt mir nur noch die Bemerkung übrig, daß die sichtbaren Mauern des Hauptwerkes gegenwärtig noch eine Höhe von 6 bis 30 Fuß (letztere bei a. i.) besitzen, und einen Raum einschließen, der meines Erachtens kein wohn- oder sonst benützbarer gewesen sein kann, weil er von hohen, jetzt zum Theil überwachsenen Felsen durchkreuzt wird, über welchen erst die Gelasse der Burg und ihre Schiedmauern Platz finden konnten. Hund, der gründliche Forscher, nennt auch die Ruine Waldeck »ein gar altes haydnisch Gemäur«, Lori hält sie für einen »Vicus romaniscus«, und der gelehrte Obermair, welcher vor etwa zweihundert Jahren das Mäxelrainische Archiv zu Wallenburg als Regierungskommissär beaugenscheinigte, gelangte dabei zur Ueberzeugung, daß Hohenwaldeck »ein altes römisches Schloß« gewesen sei. Noch einen Schritt weiter that Obernberg, der Herrschaft Waldeck bekannter Monograph, indem er auf Grund des Itinerariums Antonini die Wahrscheinlichkeit bewies, daß unsere Burg Waldeck aus der römischen Station Albianum entstanden sei. Bis solches geschah, mag freilich manches Jahrhundert verstrichen, und der fragliche Ort anders genannt, anders benützt worden sein. Wie denn auch sogar die Annahme, daß das Dasein der Waldecker von dem Dasein ihrer Burg, als solcher, unzertrennlich sei, um so weniger zur historischen Nothwendigkeit wird, als jenes Geschlecht noch eine andere Burg am jenseitigen Fuße des Gebirges, zwischen Au und Niklasreut, besaß, welche noch dazu den Namen: Altenwaldeck führte. Ueber den Zeitpunkt, während welches die Burg Waldeck dem Geschlechte der Waldecker zum Wohnsitze diente, schwebt also noch ein Schleier, der nur in so fern gelüftet ist, als es urkundlich feststeht, daß dieselbe 1270 Otto dem Waldecker bei einer Familientheilung zugeschrieben wurde, und 1408 bereits verödet war.

55 WERDENFELS Die Burg Werdenfels war ursprünglich Sitz der Pfleger des Hochstifts Freising; in dieser Eigenschaft hat sie dem oberen Loisach- und Isartal den Namen »Werdenfelser Land« gegeben. Die Freisinger Bischöfe hatten in diesem Gebiet im Hochmittelalter eine planmäßige Erwerbspolitk betrieben; schon 1295 ist dort ein Freisinger Richter bezeugt. Seit Ende des 14. Jahrhunderts fügten die Freisinger Bischöfe der romanischen Burg Erweiterungsbauten an. 1632 verließ der bischöfliche Pfleger die Burg und zog nach Schweigwang neben das heutige Hotel Sonnenbiehl. Gegen Ende des 17. Jahrhunderts wurde die Burg dem Verfall preisgegeben. Nachdem der Bischof von Freising 1802 seine Herrschaftsgebiete an Bayern verloren hatte, erhielt das von Kurbayern errichtete Landgericht in Erinnerung an die alte Grafschaft den Namen »Landgericht Werdenfels«. Erst 1879 wurde dieser Name zugunsten des nunmehrigen Amtssitzes Garmisch aufgegeben.

Bei Verwüstung des Schlosses Werdenfels fand die Zeit, leider, einen fleißigen Gehilfen an dem Menschen, denn, nicht genug, daß er dem Zerfalle dieses schönen Denkmals einer merkwürdigen Vorzeit keinen Einhalt that, zertrümmerte er sogar einen großen Theil desselben, um Steine zu gewinnen für den Bau einer neuen Frohnfeste, und einer zweiten Kirche in besagtem Orte Garmisch; so daß unter solchen Auspicien von dem ganzen, den Spuren nach einst ansehnlichen Schlosse jetzt vielleicht nur noch der Name übrig wäre, wenn nicht König Ludwig auf Bayerns historische und artistische Denkmäler überhaupt inzwischen seine schützende Hand gelegt hätte.

56 DEGGENDORF Herzog Otto der Erlauchte, der dritte in Bayern regierende Wittelsbacher, gründete um das Jahr 1250 nahe der dörflichen Ursiedlung die Stadt Deggendorf. Der linke, spitze Turm in der Bildmitte ist der gotische Stadtturm, begonnen 1380. 1535 baute man das Rathaus an den Stadtturm an. — Der hohe Barockturm rechts daneben ist der Turm der Heilig-Grab-Kirche, den Johann Michael Fischer von 1722 bis 1727 aufgeführt hat. Die frühgotische Heilig-Grab-Kirche hatte vordem nur einen Dachreiter besessen. Sie war als Sühnekirche nach der angeblichen Hostienschändung durch Juden und ihrer Vertreibung vom Jahr 1337 an erbaut worden und ist noch heute Mittelpunkt der großen Wallfahrt, der »Deggendorfer Gnad«. — Die große Kirche rechts ist die Stadtpfarrkirche Maria Himmelfahrt, von 1655 bis 1657 erbaut von Konstantin Bader aus München, 1748 restauriert. Zwischen 1885 und 1889 wurde die Westfassade der Kirche verändert und mit einer großen Freitreppe versehen.

57 ENGELBURG Das Schloß Engelburg ist im wesentlichen so erhalten, wie es Wilhelm der Puchberger um das Jahr 1400 hatte erbauen lassen. Von 1620 bis 1650 erhielt das Schloß die polygonalen Ecktürme. Es wechselte öfters seine Besitzer. Im 19. Jahrhundert gelangte es in bürgerlichen Besitz, dann kauften es die Englischen Fräulein, die im Schloß eine Erholungsstätte einrichteten.

58 Fürstenstein Die Erstanlage des Schlosses Fürstenstein gehört dem hohen Mittelalter an. 1629 wurde die Kirche nach dem Vorbild der Gnadenkapelle von Altötting neu erbaut und mit einer Nachbildung der schwarzen Muttergottes von Altötting ausgestattet. Es entwickelte sich eine vielbesuchte Wallfahrt. Das Schloß wechselte häufig seine Besitzer. Die Folgen eines Brandes im Jahr 1848 hätten beinahe zum völligen Ruin der eindrucksvollen Anlage geführt, hätte sich nicht der Passauer Bischof Heinrich Hofstätter ihrer angenommen. Er veranlaßte den Ankauf und die Wiederherstellung des ruinösen Baukomplexes durch die Englischen Fräulein von Passau, die darin 1861 ein Erziehungsheim für Buben einrichteten. Seit 1893 wird das Heim als Volksschule betrieben. 1957 wurde die Kirche unter Belassung der achteckigen Kapelle neu gestaltet.

59 Fürsteneck-Freudensee Im Hochstift, dem weltlichen Herrschaftsbereich der Passauer Bischöfe, gelegen, geht die Burg Fürsteneck in ihrer Anlage auf den Passauer Bischof Wolfker von Ellenbrechtskirchen (1190 bis 1204) zurück. Sie diente als Sitz der von den Bischöfen eingesetzten Pfleger, die sich Burggrafen nannten. Mit der Auflösung der Hochstifte fiel Fürsteneck 1805 an Bayern. Heute befinden sich die erhaltenen Teile — von der älteren Anlage stehen noch Torturm und Bergfried — in Privatbesitz; die im 18. Jahrhundert erneuerte Burgkapelle dient als Ortskirche.

*

Die Burg Freudensee am Ufer des kleinen Freudensees im Landkreis Wegscheid geht auf den Ausgang des 14. Jahrhunderts zurück. In die beiden unteren Geschosse des auf dem Stich als Ruine dargestellten Bergfrieds sind heute Wohnräume eingebaut.
Die Geschichte und Chronik weiß nichts von der Burg und ihren Besitzern zu erzählen; die Tradition von mehreren Generationen kennt sie nur als Ruine; ihr eigentlicher Name ist verloren und der des See's auf sie mit übergegangen; es ist Vermuthung, daß sie im Besitze der Hauzenberger gewesen, eines Edelgeschlechtes, das vom Schlosse Hauzenberg seinen Namen führte und vom Hochstifte ringsum reich belehnt gewesen. Auf dem See selbst trieben später die Fürstbischöfe von Passau zur Belustigung Fischerei und Wasserjagd.
Unfern dem See liegen die interessanten Steinbrüche, aus welchen der feine graublaue, gesprengelte Granit ersteht, der weitum zu Bauten und zu Denkmalen versendet wird. Dieser Granit bricht in großen Maßen und aus ihm sind acht Säulen von 6 Fuß Durchmesser und 24 Fuß Länge, welche für die Befreiungshalle bei Kelheim bestimmt gewesen, und deren sechzehn sollten aufgestellt werden im Innern der Rotunde. Die Kosten und die Schwierigkeit des Transportes an die Donau, wofür bereits ein eigener Wagen gebaut und an Ort und Stelle gebracht war, hieß auf die Idee verzichten, diese Monoliten zu verwenden, überdieß hat der Bauplan durch L. v. Klenze, der die Führung nach dem Tode Gärtner's überkam, Aenderungen erlitten, welche diese Säulen überflüssig machten.

60 Hals Der Markt Hals liegt einige Kilometer nördlich von Passau im Tal der Ilz. Rechts auf dem Stich die spätgotische Wallfahrtskirche Sankt Achatius, auf dem Bergkegel dahinter die Burgruine, ihr zu Füßen der Markt mit der 1818 neu erbauten Marktkirche Sankt Georg. Die Burg Hals war bis 1375 im Besitz der Grafen von Hals. 1517 kam sie nach mehrmaligem Besitzerwechsel an die Wittelsbacher. Der Unbequemlichkeit der Lage halber verließen die herzoglichen Pfleger im 17. Jahrhundert die Burg und gingen ins Tal. Die Burg verfiel. Die Ruine befindet sich im Eigentum des Bayerischen Staates.
Den freundlichen Markt ziert eine schöne Wallfahrtskirche; er zählt 80 Häuser und 540 Einwohner, hat bedeutenden Flachsbau, eine Tabakfabrik und lebhaften Gewerbsbetrieb durch die Nähe Passau's. Jeder Fremde, der in Passau weilt, versäumt es nicht, unter den vielen höchst malerischen Umgebungen dieser Stadt auch das schöne Thal längs der Ilz, welches noch mehrere Ruinen einst stattlicher Ritterburgen zieren, zu besuchen.
Sehr interessant ist der eine halbe Stunde stromaufwärts durch den Felsen des Berges von 150 Schuh Höhe gesprengte, sogenannte Durchbruch.
Die Ilz schlängelt sich längs ihrer Höhenufer in eine Serpentine, so daß die zwei Strömungen ein und desselben Flußbettes in Parallele gerathen, jedoch durch jenen Felsenberg getrennt sind. Durch diesen ist in einer Länge von 450 Schuh gewölbartig ein Stollen behufs des Holztriftens geführt. An der Seite des Triftkanals zieht ein schmaler Fußweg längs der Felsenwand durch diesen finsteren, schauerlichen Gang, in dem das Auge bei dem Eintritt nur in weiter Ferne einen Punkt des Tageslichts erspäht und jede Stimme vor dem wilden Tosen des eingezwängten Stromes verstummt.

61 Hohenwarth *In dem mittleren, der Oberpfalz sich zuwendenden Gebiete des (böhmisch) bayerischen Waldes zwischen dem grünbelaubten Hohenbogen und dem gegen Westen in das Kötztinger oder Zeller Thal herniederschauenden Keidersberge liegt an* *der in den sogenannten Lammerwinkel führenden Strasse auf einer freien Anhöhe das Schloß und Dorf Hohenwarth, gegenüber Lichtenegg, einer zerstörten Feste, die in einigen Thurmresten aus wildem Baumgestrüpp hervorragt.*

Unten rauschen die kalten, raschen Wellen des weißen Regens (Auwassers) und treiben eines der vielen Sägmühlwerke, von welchen aus der Reichtum der Forsten, zu Zimmer-, Wagner- und Tischlerholz zugeschnitten, in mächtigen Frachten an den Donaustrom hinabgetriftet wird.

Das ritterliche und reichbegüterte Geschlecht der Hohenwarther hatte hier einen Stammsitz, dessen Bestehen weit in die Vorzeit hinaufreicht. Schon um das Jahr 1293, da sich wegen der Orte Gotzendorf, Grub und Haybühl mit dem Kloster Rott am Inn ein Besitzstreit erhob, wird eines edlen Seifried und Conrad auf Hohenwarth urkundlich gedacht.

Steht auch nicht mehr die trotz- und wehrhafte Burg mit hohen Zinnen und Giebeln, düstren Gängen und Verließen, welche die Sage hieher verlegen will, so ist doch Hohenwarth — bis zu dieser Stunde mit Graben, Pfeilern und Ringmauern vertheidigt, in einer Eingrenzung von einer Anzahl kleiner, sich übereinander schichtender Häuschen, worinter sich das hübsche, dem heiligen Johannes als Schirmherrn geweihte Kirchlein fast versteckt — noch jetzt eines jener Landschaftsbilder, die als Zierden des Waldes gelten und vor welchen der Blick des vorüberziehenden Wandrers lange und gerne ausruht. Schön zumal ist es im Glanze der über die Berge heraufsteigenden Morgendämmerung oder wenn der Tag, dem Niedergange zueilend, die umher wallenden Flachs- und Haberfelder, die in buntem Grün der Lerchen, Buchen und Fichten sich mischenden Gehölze, die mit blühenden Kräutern und unruhigem Schilfgras bewachsenen Trifte und Haiden erst mit zartem Duft, dann mit grauen und immer dunkleren Nebeln überschleiert.

Das Schloß in seiner jetzigen Gestalt übersteigt das Alter von 200 Jahren kaum, da es um selbige Zeit die Flammen, durch Unvorsichtigkeit angeschürt, völlig in Asche gelegt haben sollen. Zu welcher Zeit der Wartthurm, der auf einem der Felsen neben dem Kirchlein gestanden, in Ruinen fiel, ist unbekannt.

Das bayerische Waldgebirge, wenigstens theilweise in zu wenig unmittelbarem Verkehre mit dem raschen, belebenden Gange der Dampfschiffahrt und Eisenstrassen, nicht beglückt mit dem anlockenden Quell berühmter Heilbäder, ebenso arm an sehenswürdigen Städten, an Pallästen und Lustschlössern ist und war nie oder selten der Aufenthalt und das Reiseziel von Königen und Fürsten. Es erscheint, das in seiner natürlichen Gestaltung oft so eigenthümliche, herrliche und hochromantische in dieser Hinsicht wohl als Bayerns unbekannteste Landesstrecke. Dagegen saßen vordem auch in dieser Gegend zahlreiche, theils noch fortblühende, theils jetzt mit Helm und Schild zu Grabe gestiegene edle Geschlechter; auf Hohenwarth insonderheit die Hohenwarther, die Raithdorner, Gembel, die Kolben oder Kolbinger von Kolben- oder Siegenstein, die Poyßl, Pelkhofen, Hafenbradl u. a., die häufig wie im Frieden, so im Felde sich ansehnliche Würden und viel des Ruhmes erwarben.

Schloß Hohenwarth, gegenwärtig mit Gärten, Wiesen, Waldungen, Fischfang und Jagd im Besitze der altehrbaren Kötztingischen Familie Schrank, ist gegen Böhmen hin auf lange die letzte Station, wo das Bier, in perlendem, reinem Glanze gebraut, dem Munde des zukehrenden Wanderers Kühlung und Stärkung bereitet.

Das alte Herrschaftsdorf hat den romantischen Charakter, wie ihn der Stich zum Ausdruck bringt, leider verloren. 1861 erhielt der Ort eine neue, neugotische Kirche; der aus dem 16. Jahrhundert stammende Chor der alten Kirche blieb als Friedhofkapelle erhalten. Vom Schloß erkennt man heute nur noch Reste ohne architektonische Details.

62 KELLBERG *Auf dem hohen steilen Bergrücken, der das linke Ufer des Donaustromes mehrere Meilen weit von Passau begleitet, liegt ein und eine halbe Stunde von da das kleine Dörfchen Kellberg, das sich von ferne durch den schlanken hohen Thurm seiner Kirche verkündet.*

Schon in früheren Zeiten war der Ort durch den Betrieb eines Eisenbergwerkes in dem nahen Hügel »der Arzberg« berühmt. Die Schachten sind nun verfallen und die Stollen versunken; doch eine vielleicht nie versiegende Quelle, die aus dem Schooße jenes Berges hervorsprudelt, giebt neuerdings dem Namen Kellberg Bedeutung.

Eine steile Aufwärtsentwicklung hat das Bad Kellberg allerdings nicht erlebt. Immerhin besteht es noch heute: 1957 hat ein Arzt das alte Badehaus erworben. Nach einem Umbau, der seinen alten Charakter völlig verwischt hat, und dem Neubau eines Bettentrakts kann es heute an die hundert Badegäste aufnehmen.

63 KÖTZTING Kötzting gehörte seit dem 11. Jahrhundert zu den Gründungsgütern des Klosters Rott am Inn. Die Anlage der Burg um die Kirche geht auf das ausgehende 12. Jahrhundert zurück, da Ministerialen der Markgrafen von Cham in Kötzting saßen. 1204 wurde die Markgrafschaft Cham dem Territorium der Wittelsbacher einverleibt. Die Burg wurde Sitz der herzoglich-bayerischen Pfleger des zu Ende des 14. Jahrhunderts gebildeten Gerichts Kötzting. Sie vereinigt mittelalterliche und barocke Bauteile; heute ist das Pfarramt und das Forstamt in ihr untergebracht.

Der Ort selbst hat schon um die Mitte des 13. Jahrhunderts Marktrechte erlangt; Kaiser Ludwig der Bayer hat sie 1344 bestätigt. Große Brände von 1602, 1633 und 1807 haben den alten Charakter des Marktes verändert. 1614 konnten die Bürger die Grundherrschaft des Klosters Rott innerhalb des Marktes abschütteln. Seit 1953 ist Kötzting Stadt. Die barocke Pfarrkirche mit der barocken Friedhofkapelle Sankt Anna neben ihr und die Burg, deren starke Befestigung auch Kirche und Friedhof einbezieht, bilden bis heute die eindrucksvolle Baugruppe einer Kirchenburg. Sie ist eine der besterhaltenen Grenzbefestigungen des dortigen Bereichs. Von den zwei Türmen im Hintergrund gehört der linke zur Veitskirche, der rechte zum Rathaus.
Noch heute findet zu Pfingsten der »Pfingstritt« von Kötzting nach Steinbühl statt. Er zählt zu den ältesten und interessantesten der noch bestehenden Umritte.
Bisher hat außer einer harpyenartigen Fluth von Handlungsreisenden nur hie und da ein Geognost oder Botaniker das bayerische Waldgebirge besucht. Sollte sich, wie es fast scheinen will, die Wanderlust einmal auch dahin wenden, so wird Kötzting und seine Umgebung gewiß nicht der letzte Punkt seyn, wo, wenn vielleicht weniger das Auge des Malers, jedenfalls der Naturfreund hohe Befriedigung finden wird.

64 Landshut, Burg Trausnitz Die Burg Trausnitz mit dem Blick in das Isartal in Richtung Moosburg: Links der Steilhang, rechts der Flachhang der Isar. Mit der Gründung der Stadt Landshut im Jahr 1204 entstand anstelle einer hölzernen Bergwarte die Burg Trausnitz. In ihr wurde vom 13. bis zum 16. Jahrhundert gebaut. Links auf dem Stich der romanische Bergfried, früher »Hoher Turm«, heute »Wittelsbacher Turm« genannt, rechts im Bild der gotische Torbau, der die zwei ehedem freistehenden romanischen Tortürme miteinander verbindet; der linke dieser beiden Türme ist auf dem Bild sichtbar, der rechts ist durch die Baumgruppe verdeckt. Zwischen dem Wittelsbacher Turm und dem Torbau liegen das Pflegerhaus und das Pfaffenstöckl, hinter dieser Baugruppe ragt der Fürstenbau heraus, der am 21. Oktober 1961 abgebrannt, nun aber wieder hergestellt ist und zum Teil das Bayerische Staatsarchiv Landshut beherbergt, zum anderen Teil der Öffentlichkeit zugänglich ist. Auf der Hofseite ist das Obergeschoß des offenen Arkadenhofs sichtbar, den Wilhelm V. während seiner Kronprinzenjahre in Landshut zwischen 1568 und 1579 erbauen ließ.
Das Jägerhaus links neben dem Wittelsbacher Turm und fünf andere Motive im Bereich der Burg hat Carl Spitzweg gezeichnet, als er am 10. und 11. August 1859 einen Ausflug nach Landshut unternahm.

*

Der Innenhof der Burg Trausnitz: Links der Torbau, rechts daneben Pfaffenstöckl und Pflegerhaus, hinter ihnen der Wittelsbacher Turm, rechts daneben der Fürstenbau und der Dürnitzbau mit den Renaissancearkaden Wilhelms V. aus der Zeit um 1579. Das Aussehen dieser Baugruppe ist durch die Wiederherstellung des Fürstenbaues nach dem Brand von 1961 kaum verändert worden; nur der geschweifte Giebel mit der Sonnenuhr auf dem Dürnitzbau ist seit langem nicht mehr vorhanden.

66 Landshut, Stadttheater und Gaststätte Bernlochner *Unter den vielen und schönen Gebäuden, welche die Stadt zieren, nimmt das Bernlocher'sche Theater- und Wirthschafts-Gebäude mit Bräuhaus einen nicht unbedeutenden Platz ein.*
Dieses Gebäude ist in den Jahren 1839 und 1840 von Johann Bernlocher, Maurermeister und Realitäten-Besitzer in Landshut erbaut worden und Eigenthum desselben. Dieses Gebäude liegt an dem rechten Ufer der Isar, unweit der Stelle, wo sich die Isar in zwei Arme theilt, wovon der eine einen Theil der Stadt durchschneidet.
Die vordere Front des Gebäudes gewährt die schöne Aussicht nach der Isarbrücke und ebenso gewährt es dem Auge einen überraschenden Anblick, wenn man auf die Mitte der Isarbrücke selbst tritt, und dem Strome entlang das stattliche Gebäude sich angenehm dem Auge darbietet.
Das Gebäude selbst ist im modernen Style und in guten Verhältnissen erbaut und entspricht in seinen gefälligen symetrischen Formen allen architektonischen Anforderungen.
Mit dem Wirthschaftsgebäude steht in nächster Verbindung das Theatergebäude. Dieses ist in allen seinen Theilen en détail nach dem königlichen Hoftheater in München ausgeführt, und wird während der Winter-Saison sehr zahlreich vom Publikum der Kreishauptstadt besucht, das dem Erbauer stets den größten Dank zollen wird, da selbes bis auf diese Zeiten ein eigentliches Theatergebäude entbehren mußte. Für die Bühne befindet sich daselbst auch eine wohl geordnete Bibliothek und gut eingerichtete Garderobe.
Bis heute sind in dem Gebäude das Landshuter Stadttheater und die Gaststätte Bernlochner untergebracht. An der Stelle der alten hölzernen Brücke rechts führt heute die moderne Luitpoldbrücke über die Isar, die sich unmittelbar unterhalb dieser Brücke in die zwei Arme gabelt. Am linken Bildrand sind die zwei ebenfalls noch erhaltenen Zwingertore des Ländtores sichtbar; der hohe, dahinter gelegene und auf dem Stich nicht mehr dargestellte Torturm wurde 1895 abgebrochen.
Zwischen dem Ländtor und dem Bernlochner-Gebäude wurde vor einigen Jahren das Kaufhaus Hertie errichtet.

67 Landshut, Umgebung Diese vier Bauten stehen heute noch, wie sie der Stich zeigt:
Die kleinen barocken Schlösser von Piflas und Schönbrunn liegen etwas außerhalb der Stadt; Piflas mit seiner schönen Rundkapelle aus dem Jahr 1725 gehört einem Landwirt, das ehemalige Schloß Schönbrunn einem Gastwirt.
Die beiden biedermeierlichen Sommerkeller, Werke des Landshuter Baumeisters Johann Bernlochner, liegen auf der Anhöhe gegenüber der Burg Trausnitz. Sie waren im 19. Jahrhundert Mittelpunkte der Geselligkeit. Der Bals-Keller wurde 1882 zu einem Internat für auswärtige Schüler der Realschule umgebaut; er erhielt den Namen Ottonianum und dient heute als Jugendherberge. Der Dräxlmeier-Keller ist bürgerliches Wohnhaus geworden.

68 Metten Das Benediktinerkloster Metten bei Deggendorf zählt zu den bayerischen Urklöstern. Es wurde um das Jahr 770 gegründet, während der Ungarneinfälle 907 zerstört und als Kanonikerstift wiedergegründet. 1157 zogen wieder Benediktiner ein. Von den mittelalterlichen Bauteilen wurde nur der spätgotische Altarraum in den barocken Kirchenbau einbezogen. Schon 1696 waren die Türme durchgreifend renoviert worden; von 1712 an wurde die Kirche großenteils neu gebaut. Um 1720 entstanden das Langhaus und die große Vorhalle, die über zwei niedrige, ovale Flankenbauten emporwächst und mit den beiden Türmen eine kräftig akzentuierte Front bildet. Auch die ausgedehnten Konventgebäude stammen aus der Barockzeit. 1803 wurde das Kloster aufgehoben, doch 1840 von König Ludwig I. wieder gegründet. Seither unterhält das Kloster ein Gymnasium mit Internat für Knaben.

69 Ortenburg Die kleine Grafschaft Ortenburg bei Vilshofen und das Hochstift Passau waren die einzigen Herrschaftsbezirke in Niederbayern, die sich bis zu Beginn des 19. Jahrhunderts dem Zugriff der Wittelsbacher entziehen konnten. Da Graf Joachim von Ortenburg 1563 für seine Untertanen die evangelische Lehre vorschrieb, ist der Bereich der ehemaligen Grafschaft noch heute eine evangelische Enklave inmitten der katholischen Umgebung.
Als Herrschaftssitz tritt Ortenburg im 11. Jahrhundert ins Licht der Geschichte. Während des Landshuter Erbfolgekrieges 1504 zerstört, wurde das heutige Schloß 1567 durch den erwähnten Graf Joachim von Ortenburg erbaut. 1805 kam Bayern durch Tausch gegen das ehemals Kloster-Langheimische Amt Tambach und das ehemals bischöflich-würzburgische Amt Seßlach in Oberfranken in den Besitz der Grafschaft Ortenburg. 1827 kaufte Graf Joseph Karl von Ortenburg zu Tambach das Stammschloß zurück.

Vorliegender Stahlstich zeigt die Ansicht dieses Schlosses von seiner innern Seite, oder dem Haupteingange, und es ist dem Künstler gelungen, sowohl die Gestaltung des Schlosses selbst, als auch die am Fuße des Berges liegende Landschaft naturgetreu aufzufassen und darzustellen.

70 Passau Passau zählt wie Regensburg und Augsburg zu den ältesten Städten nördlich der Alpen. Auf der Landzunge zwischen Donau und Inn lag die keltische Siedlung »Boiodurum«. In römischer Zeit unterscheidet man zwei Militärlager: das Lager Boiodurum am Innufer gegenüber der Landzunge und das Lager Batavis auf ihr am Platz des keltischen Oppidums.
In spätrömischer Zeit errichtete der heilige Severin am Ufer des Inn Kirche und Kloster und leitete den Abzug der römischen Besatzung. Die aus dem Severinskloster hervorgegangene Severinskirche enthält noch Mauerteile aus dieser Zeit. Sie ist auf dem Bild etwas oberhalb des großen ehemaligen Jesuitenklosters, das links neben dem Dom dargestellt ist, angedeutet.
Unter dem Schutz der noch stehenden Mauern des Kastells Batavis entstand im Frühmittelalter die baierische Siedlung »Bazzawa«. Auf der höchsten Erhebung dieser altbesiedelten Landzunge stand schon gegen Ende der Römerzeit eine Kirche. Bonifatius erhob sie 739 zur Kathedralkirche eines Diözesanbischofs. Zur nämlichen Zeit, um das Jahr 740, entstand als dritter Bezirk der altstädtischen Ursiedlung neben der bürgerlichen Altstadt und der Bischofsstadt das große Kloster Niedernburg als reich dotiertes herzogliches Benediktinerinnenkloster. Bischof Pilgrim (971 bis 991) begründete die große geschichtliche Bedeutung der Stadt Passau als Ausgangspunkt der Missionierung des österreichischen und ungarischen Donauraums. Tausend Jahre lang reichte das Bistum Passau über Österreich bis nach Ungarn. Der Stephansdom in Wien ist eine Tochterkirche des Passauer Stephansdoms. Von hier aus nahm auch der »Goldene Steig«, der alte Handelsweg nach Böhmen, seinen Ausgang.
Im Jahr 999 hatten die Passauer Bischöfe vom Kaiser die volle Gewalt über die Stadt erlangt: Das Münz- und Marktrecht, den Zoll, die hohe und niedere Gerichtsbarkeit. Wie in anderen Bischofsstädten währte auch in Passau Jahrhunderte lang ein erbittertes Ringen zwischen den Bürgern, die nach reichsstädtischer Freiheit strebten, und den Bischöfen. Auch hier trugen die Bischöfe den Sieg davon. Sie hatten sich zwei Zwingburgen erbaut: Von 1219 an ließen sie sich auf dem Georgenberg, der steilen Felsnase zwischen Donau und Ilz, die Festung Oberhaus erbauen; in der ersten Hälfte des 14. Jahrhunderts kam unterhalb dieser Festung das »Niederhaus« hinzu. Vom 13. bis zum 15.

Jahrhundert erlebte Passau eine wirtschaftliche und kulturelle Hochblüte. Seit 1407 leitete der deutsch-böhmische Baumeister Hans Krumenauer den Bau des gotischen Doms. An der Ilz entstand um 1490 die gotische Salvatorkirche. Als bauliches Gegenstück zur Festung Oberhaus entstand um 1620 auf der Anhöhe jenseits des Inn die Wallfahrtskirche Maria Hilf.

Im 17. Jahrhundert erlitt die Stadt schwere Rückschläge. Die Verlegung der Handelswege führte zum wirtschaftlichen Niedergang; die zwei Stadtbrände von 1662 und 1680 legten das gotische Passau in Schutt und Asche. Da der Wiederaufbau während der Barockzeit erfolgt ist, ist das Erscheinungsbild der Stadt heute durch die Bauweise dieser Zeit geprägt. Der Dom wurde gegen Ende des 17. Jahrhunderts von Italienern wiederhergestellt, auch das Jesuitenkloster mit der Kirche Sankt Michael erstand neu. Doch die Entwicklung führte nicht mehr zu den alten Glanzzeiten: 1783 wurde der rechts des Inn gelegene Teil der Diözese von Passau abgetrennt; 1803 wurde das Hochstift aufgehoben. Es dauerte lange, bis sich die Stadt wirtschaftlich erholte. Da Passau — vom Krieg fast unberührt — zu den schönsten deutschen Städten zählt, spielt heute der Fremdenverkehr für sie eine große Rolle.

Auf dem Stich sieht man im Vordergrund einige Häuser der mittelalterlichen Ilzstadt, jenseits der Ilz Niederhaus und Oberhaus mit dem überdeckten Verbindungsgang und die Salvatorkirche.

Auf der Landzunge der Dom mit seinen damals noch stumpf gedeckten Türmen, rechts neben ihm die barocke Stadtpfarrkirche Sankt Paul, links neben dem Dom der große Komplex des ehemaligen Jesuitenklosters mit der zweitürmigen Studienkirche Sankt Michael. Vor dem Jesuitenkloster die zweitürmige romanische Klosterkirche Niedernburg; der linke Turm ist eingerüstet dargestellt. Auf der Anhöhe jenseits des Inn die barocke Wallfahrtskirche Maria Hilf mit dem Kapuzinerkloster.

71 PASSAU, OBERHAUS UND NIEDERHAUS Links auf dem Stich die ehemals fürstbischöfliche Burg Niederhaus an der Uferspitze zwischen Donau und Ilz, erstmals erwähnt 1359. Der im Vordergrund isoliert stehende Bergfried war 1809 um die Hälfte seiner ursprünglichen Höhe abgetragen worden. Darüber auf dem Georgsberg die Festung Oberhaus, die eigentliche Burg der Fürstbischöfe von Passau: Baubeginn 1219, letzter Umbau zur Festung 1696 bis 1723, Aufhebung der Festungseigenschaft 1867. Darunter in der Bildmitte die gotische Salvatorkirche, rechts die Ilzstadt, die alte Fischer- und Säumervorstadt Passaus, Ausgangspunkt des einst berühmten »Goldenen Steigs«, der Salzhandelsstraße nach Böhmen.

72 PASSAU, DOM UND BISCHÖFLICHE RESIDENZ Der große Stadtbrand vom 27. April 1662, dem schwärzesten Tag der Geschichte der Stadt Passau, der das mittelalterliche Passau den Feuertod sterben ließ, hatte auch den gotischen Stephansdom als ausgebrannte Ruine hinterlassen. Nur der gotische Altarraum und Teile des Querhauses ließen sich wieder verwenden, als italienische Bauleute vom Jahr 1668 an mit dem Wiederaufbau des Domes begannen. Der Vierungsturm erhielt 1707 seine Haube und wurde dadurch zur barocken Kuppel. Die beiden Türme hingegen waren um die Mitte des vorigen Jahrhunderts noch stumpf gedeckt, wie heute noch die zwei Türme der ehemaligen Jesuitenkirche Sankt Michael auf der Landzunge. Erst 1896/97 setzte man ihnen ihre achteckigen Obergeschosse und die Hauben auf.

Vor dem Dom erscheint auf dem Stich links die alte Residenz, das heutige Landgericht, ein Baukomplex mit Teilen aus dem 13. bis 18. Jahrhundert, und rechts die neue Residenz, erbaut 1707 bis 1771 unter maßgeblicher Beteiligung des Architekten Melchior Hefele aus Wien.

73 PASSAU, DOMPLATZ Der gotische Ostchor des Passauer Doms, links neben ihm die neue bischöfliche Residenz mit dem prachtvollen Treppenhaus. In ihr sind das Bischöfliche Ordinariat und die Wohnung des Bischofs von Passau untergebracht.

74 PASSAU, SALVATORKIRCHE Zu Füßen der Burg Oberhaus an der Ilz, eng angelehnt an den steilen Felsen des Georgsberges, liegt ein sehr merkwürdiges spätgotisches Gotteshaus: die Salvatorkirche. Als die Juden im Jahr 1476 aus der Stadt Passau vertrieben wurden, entstand die Kirche nach 1479 an Stelle der Synagoge. Ihr Langhaus ist auf zwei Joche verkürzt. Deshalb erscheint sie fast als eine Rundkirche. Ihre Emporen, die sich zum Umgang schließen, und die spielerische Auflösung der Gewölberippen, die sich bündeln und dann ineinanderschlingen, verleihen diesem edlen Bau eine Sonderstellung unter allen gotischen Denkmälern des Donauraums.

Es ist schade, daß dieses schöne Bauwerk in Verfall gerieth. Für die Einwohner der ohnehin gewerblosen Ilzstadt, ist der Verfall dieser Kirche ein großer Verlust; denn Sankt Salvator galt den Gläubigen ein gnadenreicher Ort, woselbst Ablaß gespendet worden in jedem Jahre zu Michaeli. Aus Bayern, wie aus dem benachbarten Oesterreich und aus Böhmen strömten die Wallfahrer zu Tausenden herbei, um hier Andacht zu verrichten. Gewöhnlich dauerte dieser Zudrang vierzehn Tage, und alle Gasthäuser, deren Ilz siebzehn zählt, sind überfüllt gewesen von diesen Leuten.

Auf Veranlassung des gegenwärtigen Bischofs zu Passau ist die Hoff-

nung gegeben zur Wiederherstellung dieser Kirche, und zwar ganz nach ihrem früherem Bestande, wie es der bereits gefertigte und genehmigte Plan nachweist, wenn auch gegenwärtig noch immer die Räumlichkeiten derselben von der königl. Triftinspektion als Werkstätte ihrer Zimmerleute benützt werden.
Durch eine namhafte Schenkung des Herrn Bischofs sind die Mittel gegeben, bei der Dachdeckung des Gebäudes jene Nachbesserungen eintreten lassen zu können, um die Hauptmauern vor den Einwirkungen der Witterung zu schützen. Da indessen die Ausführung des Baues mit Stiftungsmitteln zu geschehen hat, diese jedoch erst ausgemittelt werden sollen, so dürfte sich der Beginn des Baues noch längere Zeit verzögern; obgleich aus dem sehr bedeutenden Stiftungs-Vermögen der Pfarrkirche St. Bartholomä zu Ilz zum Zwecke des Baues der St. Salvatorkirche bereits 6000 fl. angeboten worden seyn sollen.
Jedenfalls wird die endliche Wiederherstellung dieser Kirche der Ilzstadt eine Zierde werden, und bei der Glaubensfrömmigkeit des umwohnenden Landvolkes auch den Gewerben eine sehr wünschenswerthe Aufhülfe gewähren.
Dies wurde geschrieben im Jahr 1846: Heinrich Hofstätter, Bischof von Passau von 1839 bis 1875, stellte die Kirche tatsächlich bis 1861 wieder her. Derzeit werden Verhandlungen wegen einer Übereignung der Kirche an die Stadt Passau gepflogen, die sie als Konzertraum verwenden könnte.

76 Passau, Scheiblingsturm Der Scheiblingsturm am Inn diente als Strombrecher und zum Schutz des östlich anschließenden Salzschiffhafens. Er stammt aus dem 14. Jahrhundert; 1481 wurde er erneuert und von Rueland Frueauf durch ein großes Wandgemälde »Sankt Nikolaus und Sankt Christophorus« geschmückt. Dieses Fresko ist vom Schiff aus sichtbar. Auf dem Stich wird der Turm als Pulverturm bezeichnet.

77 Straubing Herzog Ludwig der Kelheimer, der zweite in Bayern regierende Wittelsbacher, gründete im Jahr 1218 nahe der dörflichen Ursiedlung die Stadt Straubing, die 1353 Residenzstadt des neu gebildeten Teilherzogtums Straubing-Holland wurde. Die Baugruppe ganz links im Stich verdankt ihre Entstehung dieser kurzen Eigenschaft der Stadt als wittelsbachische Residenz: Im Vordergrund Teile des 1356 begonnenen Wittelsbacher Schlosses, dahinter die Kirche des Karmeliterklosters, das Herzog Albrecht I. von Straubing 1367 gegründet hat und das bis heute besteht. Die Karmeliterkirche stammt aus dem 15. Jahrhundert; von 1700 bis 1710 wurde sie durch Wolfgang Dientzenhofer aus Amberg barockisiert. Damals wurde der Turm neu hinzugefügt. Seine barocke Haube ersetzte man um 1865 durch den heutigen Spitzhelm. In der Bildmitte der Stadtturm, rechts die Stadtpfarrkirche Sankt Jakob, eine der großen spätgotischen Hallenkirchen Bayerns, wie die Karmeliterkirche ein Werk des Meisters Hans von Burghausen, der zur nämlichen Zeit den Bau der Martinskirche und der Heilig-Geist-Kirche in Landshut, des Chors der Franziskanerkirche in Salzburg und anderer hochbedeutender Kirchen leitete. Der Bau der Jakobskirche zog sich lange hin: Der Turm wurde erst um 1580 vollendet. Durch die Verlegung des Kollegiatstifts Pfaffmünster im Jahr 1581 wurde die Kirche Sankt Jakob zur Stiftskirche erhoben. Nach der teilweisen Zerstörung durch den Stadtbrand von 1780 mußte das Gewölbe erneuert werden. Auch die barocke Haube des Turms stammt aus dieser Zeit.
Den Altarraum der Jakobskirche verdeckt im Stich der barocke Turm der Kirche des Bürgerspitals; rechts neben der Jakobskirche die ehemalige Jesuitenkirche, entstanden durch eine um 1680 durchgeführte Veränderung einer zweischiffigen Anlage des 14. Jahrhunderts.

78 Straubing, Marktplatz Das Wahrzeichen der Stadt Straubing ist der Stadtturm mit seinen fünf Spitzen. Er liegt inmitten der platzartig verbreiterten Hauptstraße der Stadt, am Schnittpunkt dieser Durchgangsstraße Regensburg-Passau mit jener anderen Hauptstraße, die von Landshut her zur Donau und von ihr nach Böhmen weiterführte. Im Jahr 1316 begann man mit dem Bau des Turms; um 1385 war er vollendet. Wiederholt restauriert, zeigt er sich heute noch in der alten Form. Seine Anbauten gaben ihm größere Standfestigkeit und verschafften der Stadtverwaltung eine Anzahl von Räumen.
Der Stich zeigt den Stadtturm vom Oberen Platz aus, der seit dem Besuch des Kronprinzen Ludwig und seiner Gemahlin Therese am 5. Juni 1812 Theresienplatz heißt (der Untere Platz heißt seither Ludwigsplatz). Der im Vordergrund dargestellte, heute noch bestehende Tiburtiusbrunnen wurde 1685 errichtet. Der heilige Tiburtius war durch die 1581 erfolgte Verlegung des Kollegiatstifts St. Tiburtius von Pfaffmünster bei Straubing nach St. Jakob in Straubing zweiter Patron der Stadt geworden.

79 Straubing, Gefängnis der Agnes Bernauer — Agnes-Bernauer-Kapelle Herzog Albrecht I., einer der Söhne Kaiser Ludwigs des Bayern und Landesherr des 1353 geschaffenen Teilherzogtums Straubing-Holland, regierte bis 1404. Mit dem Tod seines Sohnes, Herzog Johanns III., im Jahr 1425 erlosch die Straubinger Linie der Wittelsbacher. Das Land wurde unter den Linien

Ingolstadt, Landshut und München aufgeteilt. Straubing kam an Herzog Ernst von München, der die Statthalterschaft in Straubing seinem Sohn Herzog Albrecht III. übertrug. Dieser ließ sich heimlich mit der schönen Agnes Bernauer aus Augsburg trauen. Da Agnes Bernauer als Bürgerstochter die Erbfolge im Fürstenhaus gefährdete, wurde sie am 12. Oktober 1435 auf Befehl ihres Schwiegervaters, des Herzogs Ernst von München, in der Donau ertränkt, als ihr Gemahl abwesend war. Herzog Ernst ließ dann im Friedhof St. Peter eine Sühnekapelle erbauen. In ihr befindet sich der Grabstein der Agnes Bernauer. Hinter der Kapelle erscheint auf dem Stich die ebenfalls erhaltene Totentanzkapelle, ein Karner aus dem Jahr 1486, der 1763 bei der Barockisierung die bekannten Totentanzfresken erhielt.
Der dreigeschossige, zinnenbewehrte Turm »Gefängnis der Agnes Bernauer« befindet sich an der Nordwestecke der Befestigung des alten Wittelsbacher Schlosses. Er ist wohl erst beim weiteren Ausbau des Donauschlosses in der Hussitenzeit entstanden, damit also noch vor dem Tod der schönen Agnes. Die auf dem Stich dargestellte Umgebungsmauer vor dem Turm ist, wenn sie in dieser Form überhaupt vorhanden war, längst beseitigt. Die Sage, Agnes Bernauer sei in diesem Turm gefangengehalten worden, entbehrt jeden realen Anhaltspunktes; als Gefängnis war der Turm gar nicht geeignet.

80 Straubing, Umgebung Der Meierhof Sossau bei Straubing gehörte zu den Gründungsgütern der um 1125 gegründeten Prämonstratenser-Abtei Windberg bei Bogen. Im 14. Jahrhundert entwickelte sich dort eine bedeutende marianische Wallfahrt, zu deren Pflege die Prämonstratenser von Windberg in Sossau eine eigene Wallfahrtspropstei errichteten, die bis 1803 bestanden hat. Das Gnadenbild ist eine bedeutende Steinplastik aus dem Anfang des 14. Jahrhunderts. Um das Jahr 1350 ließ man das romanische Langhaus erhöhen und fügte ihm den hohen gotischen Chor an. Die Wallfahrt entwickelte sich zu einer der bedeutendsten in Altbayern.
Früher freilich, da war auch das Volk noch religiöser, es war aber auch noch mehr gesegnet mit äussern Glücksgütern. Da war unsere Gnadenkapelle sehr reich dotirt; nun ist sie arm, wie ihre Schwester-Kirchen. Was sie jetzt wieder besitzt, ist Geschenk der Neuzeit; sogar ihre Pfarrrechte raubte man ihr, und verleibte sie der Stadtpfarr St. Jakob zu Straubing als eine Filiale ein. Den Bewohnern dieser Stadt liegt aber Sossau sehr gelegen; es führt von der Stadt der Weg über blumen- und grasreichen Wiesen und dem seit 1480 aufgeführten Wasserdamm (B'schlächt) in einer halben Stunde dahin. In den schönen Jahreszeiten wandern immer zahlreiche Familien abends dieser Wallfahrtskirche zu und hat die Anmuth der Natur das Herz erweitert und der Geist sich der Sorgen des Tages entleert, so hebt sich die Seele in diesem Tempel andachtsvoller zum Schöpfer empor! Von reinen Gefühlen beseelt kehrt man dann zurück nach Hause.

*

Reibersdorf: Das Dorf liegt auf halbem Wege von Straubing nach Oberalteich, besitzt eine uralte Kirche zu Ehren St. Martins, die von einem Friedhofe ganz umgeben ist, eine Wohnung für den Expositus, eine Schule, ein schönes Wirthshaus, und zählt bei 200 Seelen in 30 Wohnhäusern.
Das nette Kirchlein empfiehlt sich durch seine Reinlichkeit, seinen würdevollen Schmuck — und den schlanken Thurm.
Obwohl hoch gelegen, ist der Ort doch häufigen Ueberschwemmungen ausgesetzt, und man sieht deßhalb auch in trockenen Jahren bei jedem Hause kleine Schiffe, was beim ersten Anblicke darauf schließen ließe, als sei der Ort ein Fischer- oder Schifferörtchen, da doch die Bewohner nur Feldbau und zwar mit dem besten Erfolge treiben. Sonst läßt sich von Reibersdorf wohl nicht viel historisches und topographisches Merkwürdiges erzählen, man müßte nur zu den häufigen Ueberschwemmungen auch noch die häufigen Feuersbrünste rechnen, wodurch der Ort allerdings bekannt geworden ist. Der letzte vor wenigen Jahren erfolgte Brand war wohl einer der verderblichsten; aber schöner, wie zuvor, erstanden die von den Flammen verzehrten Häuser, worunter sich das Haus des Expositus, und jenes des Wirthes vor Allen auszeichnen. Hier labt sich der Wanderer, der nach Oberaltaich, Bogen und Bogenberg wallet, bei einem guten Glase vaterländischen Trankes; hieher lustwandeln Straubings Bewohner, besonders am heiligen Dreifaltigkeits-Sonntage, an den der Ort seine Kirchweihe festlich begeht. Jubel herrscht dann und Frohsinn im ländlichen Kreise; und ein kerniger, gesunder Menschenschlag ist hier zu Hause, wo der Boden nicht spärlich seine Früchte beut, sondern des Himmels reichster Segen den Fleiß der Bebauer lohnet!

*

Der Bogenberg ist ein in die Donauebene vorgeschobener Ausläufer des Bayerischen Waldes. Er überragt die Talebene um 120 Meter und bietet mit seinen Hängen nach allen Seiten hin natürlichen Schutz vor Angreifern. Die Reste eines ausgedehnten Ringwall-Systems zeigen, daß die oberen Teile des Berges seit der Mitte des zweiten Jahrtausends vor Christus stark befestigt waren. Während der Ungarnzeit dienten die mächtigen Wälle als Zufluchtstätten. Nach den Babenbergern erscheint im 12. Jahrhundert ein Edelgeschlecht im Donaugau, das sich Grafen von Bogen nannte. Bis zum Aussterben im Jahr 1242 hatten die Grafen von Bogen einen großen Länderbesitz erlangt, den die Gräfin Ludmilla von Bogen ihrem Mann Herzog Ludwig dem Kelheimer mit in die Ehe brachte und der den bayerischen Landesstaat im

Osten abrundete. Spätestens seit dem Hochmittelalter ist der Bogenberg das Ziel einer großen Wallfahrt. Zu ihrer Pflege hatten die Benediktiner von Oberaltaich neben der Wallfahrtskirche, einer gotischen Hallenkirche aus dem 15. Jahrhundert, eine Propstei errichtet, die 1803 aufgehoben wurde. Jahrhundertelang waren Bogenberg und Altötting die bedeutendsten bayerischen Wallfahrten. Noch heute findet am Pfingstsonntag die große »Stangenprozession« statt: Pilger aus dem Dorf Holzkirchen bei Vilshofen tragen eine 13 Meter hohe hölzerne, mit Wachs umwickelte Stange als Opferkerze zur Kirche. Zu Füßen des Bogenbergs liegt der alte Markt Bogen (seit 1952 Stadt).

*

Das Benediktinerkloster Oberaltaich wurde um 1100 von den Grafen von Bogen gestiftet und bestand bis 1803. Die heutigen Bauten ließ Veit Höser, Abt von 1614 bis 1634, neu aufführen. Oberaltaich war damit die erste bayerische Klosteranlage, die am Platz der mittelalterlichen Bauten im italienischen Sinn neu erbaut worden ist. Im 18. Jahrhundert gingen aus Oberaltaich viele bedeutende Gelehrte hervor. Letzter Abt war Beda Aschenbrenner, dessen wissenschaftliche Arbeiten ganz vom Geist der Aufklärung getragen waren. Die Kirche dient heute als Pfarrkirche.

82 BEILNGRIES Die erste urkundliche Erwähnung des Ortes Beilngries stammt aus dem Jahr 1007, als ihn König Heinrich II. dem neu gegründeten Bistum Bamberg schenkte. Neun Jahre später gelangte der Ort auf dem Tauschwege an das Bistum Eichstätt. 1053 verlieh Kaiser Heinrich III. dem Bischof von Eichstätt für Beilngries Markt, Zoll und kaiserlichen Bann; 1485 wurde Beilngries Stadt. Vom 12. bis 15. Jahrhundert hatte ein Dienstmannengeschlecht der Bischöfe von Eichstätt seinen Sitz in Beilngries. Nach Bildung des Oberamts Beilngries-Hirschberg hatte dieses Amt bis 1740 seinen Sitz auf dem Schloß Hirschberg. Ursprünglich saßen auf diesem Schloß bis zum Erlöschen ihres Stammes im Jahr 1305 die Grafen von Hirschberg; von 1760 bis 1764 wurde es als Sommersitz für die Eichstätter Bischöfe umgebaut. Seit 1925 dient das Schloß als bischöfliches Exerzitienhaus. Es ist auf dem Stich links im Hintergrund dargestellt.
Beilngries hat sein historisches Stadtbild und seine alten Wehranlagen bis heute in weitem Umfang bewahrt.

83 BODENWÖHR Vom 15. Jahrhundert an wurde in Bodenwöhr ein Eisenhammer, ein handwerklicher Hochofen, betrieben. Dieser Hammer wechselte häufig seine Besitzer. Nach dem Dreißigjährigen Krieg fanden sich weder Käufer noch Pächter. Erst 1671 erwarb ihn Georg Schreyer aus Ödmühl. Als er den Hammer wieder mit Gewinn betrieb, verwickelte man ihn wegen des Besitzrechts in Schwierigkeiten. Die Entdeckung neuer Erzvorkommen bei dem benachbarten Markt Bruck führte zu dem Plan, in Bodenwöhr ein Schmelzwerk zu errichten. Zu diesem Zweck erwarb das Generalbaudirektorium 1693 das Hammergut und vergrößerte den Ort durch neue Werks- und Wohngebäude.

Wie schon berührt und wie die Akten in den Archiven der Bergwerksdirektion ausweisen, ward der Hammer, als der Staat ihn übernahm, fast mit allen zu einem vollständig eingerichteten Hammer nöthigen Werken und Wohnungen versehen. Der Staat vermochte daher jetzt bei seiner größern Macht desto leichter seine Projekte für die beabsichtigte Betriebserweiterung und Vervollkommnung desselben zu realisiren. Zu Schreyers Zeiten bestand der Hammer nämlich aus dem großen Hammerhause, Schlößl genannt, worin der Verweser und der Hofbauer mit dem Gesinde wohnte, woran die Pferd- und Viehstallungen mit den Eisenkammern gebaut waren, aus zwei Wohnungen für Hammerschmiede und einer für Bergschmiede, außerhalb des Hammerwerks aus einer kleinen Kapelle und dem nächst daran liegenden Wirthshause, worin der Schaffer und Schmelzmeister wohnten, einem großen Stadel, endlich aus dem Hofgebäude; nach der Uebernahme des Hammergutes von Seite des Staates aber wurden theils ganz neu gebaut, theil vergrößert. Der Hochofen, die Schmelz- und Formhütte, an die Amtswohnung angebaut die Kanzlei, die Schmiede, die Huf- und Hammerschmiedswohnung, das Wirthshaus sammt Keller, endlich erhielten auch die Stallungen und die Kapelle größere Ausdehnung. Dieß Alles geschah, wie Herr von Lori meldet, auf dem Vorschlag des churfürstlichen Direktors der oberpfälzischen Bergwerke, Grafen von der Wahl; im Jahre 1695 wurde dem Hammer die Gerichtsbarkeit und alle jene Freiheiten, wie jenem zu Fichtelberg, ertheilt und befohlen, alles nothwendige Holz ohne Waldzins, ohne Anweis- Meß- und Schreibgeld herzugeben.

Im Besitze solcher Macht, und begünstigt mit Freiheiten, die einem Privathammerherrn mangeln, war es freilich kein Wunder mehr, daß der Hammer zu Bodenwehr nachhin als der vorzüglichste in der Oberpfalz gerühmt werden konnte.

Als er aber eben in seiner schönsten Blüthe dastand, zog im Osten eine schwarze Gewitterwolke auf, und entlud sich in unserm Vaterlande mit zerstörender Gewalt. Ich meine den spanischen Erbfolgekrieg von 1702—1714, der nicht allein unserm Hammer, sondern dem gesammten Bayern Vernichtung drohte. Ungewiß ist es, ob man ihn verkauft oder verpachtet habe. Einige sagen, es hätte ihn der Bergwerkskommissär von Wurmb besessen; doch kommt auch wieder vor, als wäre er dem neuen Churfürsten Johann Wilhelm von der Pfalz im Jahre 1708 überwiesen worden. So schwankte die Gewißheit über dessen

Besitz zehn Jahre lang; endlich mußte er in Folge des 1713 zu Rastadt geschlossenen Friedens, dem alten Erbherrn, Churfürsten Max Emanuel von Bayern, wieder übergeben werden, von welchem das Hammerwerk zwar wieder, wie zuvor auf eigene Regie, jedoch längere Zeit ganz schwach und matt betrieben wurde.
Um dasselbe wieder etwas zu heben, und vorzüglich, um wieder tüchtige Arbeiter zu erhalten, wurde im Jahre 1718 den Berg- und Hüttenamtsgenossen die Fourage- und Kasernanlage, 1734 die Inmannssteuer, endlich 1753 die Militärausbebung erlassen. Diese Freiheiten bewirkten sichtbar schnell wieder den Aufschwung des Hammergutes. Schon im Jahre 1754 machte das immer mehr anwachsende Betriebspersonal nicht nur die Erbauung mehrerer Wohngebäude, sondern auch eines Bräu- und ordentlichen Wirthshauses nöthig. Um die Aufmerksamkeit der Berg- und Hüttenbeamten ungetheilter auf den Werksbetrieb zu konzentrieren, verkaufte man 1794 das Wirths- und 1804 das Bräuhaus, endlich verpachtete man auch die Feldwirthschaft und die kleinen Weiher an die Ortsbewohner. Zu diesem Zwecke nun, und um einen gleichen Organismus durchgehends einzuführen, wurde sogar im Jahre 1809 die gesammte Gerichtsbarkeit dem königlichen Landgerichte Neuburg v./W. und die Aufsicht und Bewirthschaftung der Forste dem königlichen Forstamte Bruck übertragen.
Die Resultate dieser guten Anordnungen und Geschäftsreparationen blieben auch nicht lange aus. Von Jahr zu Jahr vergrößerte sich der Ort, und vermehrte sich die Kultur des sonst sterilen Grundes, und als auch in Bayern, wie in allen Zweigen der Administration, so auch in Hütten- und Bergwesen ein Streben nach Verbesserung in Technik und Oekonomie sich kund gab, da stieg auch der Ruf der Bodenwehrer Fabrikate. Während der Hammer in den vorigen Jahren nur als der vorzüglichste in der Oberpfalz gegolten hat, getraute sich Herr Oberstbergrath Ignaz von Voith ihn schon ums Jahr 1840 unter die ersten Hüttenwerke Deutschlands zu rechnen.
Wer Bodenwehrs Geschichte der Vorzeit kennt, und selbst noch vor 25 Jahren die dortigen Hammerwerke sah, der muß wahrlich über das Ehemals und Jetzt staunen, und glauben, ein gewaltiger Magier habe mit seinem Zauberstabe diesen plötzlichen Wechsel hervorgerufen. Einst war Bodenwehr nur ein einfacher Eisenhammer mit einem Wirthshause und wenigen Häuschen; jetzt aber ist es ein ausgezeichnetes Hüttenwerk, das, von pallastähnlichen Häusern umrungen, dem Fremden einen stattlichen Anblick bietet.

84 DONAUSTAUF Die wechselvolle Geschichte des alten Ortes ist bestimmt durch die jahrhundertelangen Kämpfe um die Burg, die sich seit dem 10. Jahrhundert im oft umstrittenen Besitz der Bischöfe von Regensburg befand. Die Burg wurde 1634 von den Schweden eingenommen und zerstört. Seitdem ist sie Ruine. Der gewaltige Umfang ihrer Befestigung ist noch erkennbar. 1803 fiel die Herrschaft Donaustauf zusammen mit dem Hochstift Regensburg an den Fürstprimas von Dalberg und 1810 an Bayern. Die Besitzungen im Bereich der alten Herrschaft wurden 1812 an die Fürsten Thurn und Taxis abgetreten. Aus Anlaß der Einweihung der Walhalla im Jahr 1842 errichteten sie eine große Sommerresidenz, die auf dem Stich das Ortsbild beherrscht.
Die Häuser sind reinlich und nett, die Straßen und das Pflaster ebenfalls sehr gut; überall gewahrt man den steigenden Wohlstand der Bürger, ein reges Leben hat der Königsbau, die Donau-Dampfschifffahrt und die fürstl. Sommerresidenz in den sonst öden Flecken gebracht.
Letztere ist besonders jüngst bei der Anwesenheit Sr. Majestät des Königs von Bayern und der Einweihung der Walhalla am 18. Oktober 1842 von Grund aus, wie ein Phönix aus der Asche, neu erstanden.
Eine schöne Kastanienallee führt zu einem im chinesischen Style gebauten niedlichen Gartenhause, welches wegen seiner äußerst reizenden Lage der angenehmste Aufenthalt, besonders der jungen Prinzen ist, die sich hier noch auf einer Kegelbahn, in einem Salettchen und einer kleinen Hauptwache ihr Vergnügen suchen.
Bemerkenswerth ist, daß der großartige Bau, der wegen der oben berührten Ankunft der höchsten Herrschaften in aller Eile bewerkstelligt werden mußte, unter der Leitung des fürstl. Bau- und Domainenrathes Keim in 154 Arbeitstagen zu Stande kam.
Der große Brand von 1880 hat dieses Schloß und mit ihm den alten Ortscharakter zerstört.
Auf dem Stich über dem Markt die Pfarrkirche Sankt Michael, eine im Kern spätbarocke Anlage, rechts die gotische, im 19. Jahrhundert neugotisch umgebaute Salvatorkirche am Breuberg; rechts im Hintergrund die Walhalla.

85 PRUNN Das Schloß Prunn ist einer der Höhepunkte der Kulturlandschaft des Altmühltals. Es liegt auf einem 70 Meter hohen, senkrecht abfallenden Kalkfelsen. Im Jahr 1037 erstmals im Besitz eines Wernherus de Prunne erwähnt, wechselte es wiederholt seinen Besitzer. Der Komplex vereinigt Bauteile aus mehreren Jahrhunderten. Von seinen späteren Besitzern ragt Hans von Frauenberg, genannt der Freidige, hervor, der sich im Turnier großen Ruhm erwarb. Sein spätgotischer Grabstein aus rotem Marmor in der nahen Dorfkirche von Prunn zeigt den Ritter in voller Rüstung. Auf Schloß Prunn entdeckte der bayerische Geschichts- und Adelsforscher Doktor Wiguläus Hund eine Handschrift des Nibelungenliedes. Im Jahr 1575 übergab er sie Herzog Albrecht V. Sie wird in der Handschriften-

abteilung der Bayerischen Staatsbibliothek München unter der Bezeichnung »Prunner Codex« aufbewahrt.
Die letzten Besitzer des Schlosses Prunn waren die Jesuiten von Ingolstadt und nach der Aufhebung des Ordens 1773 die Johanniter. Nach der Auflösung der Kommende Prunn ging der Besitz 1822 an den bayerischen Staat über. König Ludwig I. ließ das baufällig gewordene Bergschloß als ein großes Zeugnis deutscher Vergangenheit instand setzen.

86 Regensburg Regensburg zählt zu den ältesten deutschen Städten. Ursprung der städtischen Siedlung ist das keltische Oppidum Radasbona. Das römische Kastell Castra Regina nahm den Raum um den heutigen Bischofsdom ein; seine Grenzen sind bis heute an den Straßenzügen abzulesen. Im frühen Mittelalter war die Stadt Sitz des bayerischen Herzogs, der Agilolfinger; nach deren Sturz im Jahr 788 wurde sie zeitweilige Residenz der Karolinger. Nach deren Untergang erweiterte der Luitpoldinger Arnulf die Stadt. Doch das Herzogtum der Luitpoldinger unterlag der Reichspolitik Kaiser Ottos I. Seit 739 Sitz eines Diözesanbischofs, nahmen nun drei Gewalten Einfluß auf das Leben der Stadt: König, Herzog und Bischof. Im Hochmittelalter gelangt Regensburg durch seinen Fernhandel zu Reichtum. Um die Mitte des 13. Jahrhunderts erhielt die Stadt Reichsfreiheit. Innerhalb der Reichsstadt behaupteten die vier unmittelbaren Reichsinstitutionen ihre Stellung: der Bischof, das Benediktinerkloster Sankt Emmeram und die zwei adeligen Frauenstifte Ober- und Niedermünster. 1135 wurde die berühmte Steinerne Brücke gebaut; jenseits des Stroms entstand die kleine bayerische Stadt Stadtamhof. Um 1250 begann der Bau des gotischen Doms. Doch da schon im 14. Jahrhundert der wirtschaftliche Abstieg der Stadt einsetzte, wurde er im Mittelalter nicht mehr vollendet. Rückgang des Fernhandels, interne Streitigkeiten und die Einkreisung durch den Herzog führten 1486 zur Übergabe der Stadt an Bayern. Doch der Kaiser zwang die Stadt schon 1492 wieder unter seine Botmäßigkeit. 1519 wurden die Juden vertrieben. 1542 schloß sich die Reichsstadt der Reformation an. Seit 1663 tagte das Parlament der Reichsstände, der »Immerwährende Reichstag«, in der Stadt. Die Rolle der Prinzipalkommissare, der Vertreter des Kaisers, ging 1748 an die gefürsteten Reichspostmeister Thurn und Taxis über, die seit der Säkularisation im ehemaligen Benediktinerkloster Sankt Emmeram residierten. 1810 wurde Regensburg bayerisch. Es folgte eine Zeit wirtschaftlichen Tiefstandes und arger Armut. Erst gegen Ende des 19. Jahrhunderts begann sich die Stadt zu erholen und sich zur neuzeitlichen Großstadt zu entwickeln.
Der Stich zeigt den damals noch unvollendeten Dom mit dem Eselsturm, dem noch stehenden Turm des alten romanischen Doms, links neben ihm den niedrigen gedrungenen Römerturm, die zwei Türme von Niedermünster und die Minoritenkirche (heute Stadtmuseum). Der hohe Turm rechts vom Dom ist der höchste noch erhaltene der ehedem sechzig Geschlechtertürme der Stadt, der »Goldene Turm« in der Wahlenstraße.
Das große Gebäude im Vordergrund links ist das ehemalige Augustiner-Chorherrenstift Sankt Mang, in dem sich heute die Klosterbrauerei Sankt Mang befindet.

87 Regensburg, Dom Der Dom zu Regensburg wurde an der Stelle einer romanischen Basilika des 11. Jahrhunderts von 1250 an erbaut. Von den zwei Westtürmen dieser alten Basilika steht noch einer, der auf dem Stich dargestellte »Eselsturm« zwischen dem Dom und dem rechts durch einen Schwibbogen mit ihm verbundenen Domkapitelhaus, an das die beiden Domkreuzgänge angebaut sind. Dieser alte Turm diente während des Baues des gotischen Doms als Aufzug und als Aufgang zu dem Baugerüst. Um 1525 kamen die Bauarbeiten zum Erliegen. Die Türme wurden provisorisch abgedeckt. Im 17. Jahrhundert arbeitete man weiter: Bis 1618 waren die drei westlichen Joche eingewölbt; der 1697 nach dem gotischen Baugedanken, doch in barocken Formen erbaute Vierungsturm wurde im 19. Jahrhundert wieder beseitigt. 1834 begann unter der Leitung Friedrich von Gärtners die große »Stilreinigung«. Fr. J. Denzinger errichtete 1859 bis 1869 die Turmabschlüsse nach Freiburger Vorbild. Auf dem Stich sind deshalb die beiden Türme, die seither das Stadtbild beherrschen, noch nicht sichtbar. Querhausgiebel und Dachreiter folgten 1870/71. Die auf dem Stich dargestellte Chorpartie war um 1325 schon vollendet.

*

Die vordere große Halle bildet eine Kreuzform im Zusammenhalt mit dem Chor und dem Mittelschiffe. In der Mitte befindet sich ein großes Cruzifix, rechts der Predigtstuhl in gothischem Style, wie denn überhaupt auch das Kleinste in diesem Dome den altdeutschen Baustyl an sich trägt. Se. Majestät, König Ludwig I. von Bayern, ließ in der neuesten Zeit alle überladenen Schnörkeleien aus dem Dome entfernen, ihn in seiner frühern Einfachheit wiederherstellen, und die Chorfenster mit herrlichen Glasgemälden versehen. Der Hochaltar nähert sich in seiner Einfachheit völlig dem Hochaltar in der Mariahilfskirche der Vorstadt Au bei München.
Das große Kruzifix in der Mitte des Langhauses gehört zum Denkmal für Kardinal Herzog Philipp Wilhelm, errichtet 1606 bis 1611 auf Geheiß Herzog Maximilians: auf marmorner Tumba kniet die bronzene Figur des Verstorbenen vor dem hohen Kruzifix. Die Kanzel stammt aus dem Jahr 1482. Die Nachricht, König Ludwig I. habe die

Chorfenster mit herrlichen Glasgemälden schmücken lassen, bedarf einer Einschränkung: Die großartigen gotischen Fenster des Chorschlusses wurden nach 1840 lediglich restauriert, leider nicht glücklich. Der Hochaltar, dessen Einfachheit mit jener der Münchner Mariahilf-Kirche in der Vorstadt Au verglichen wird, ist eine frühklassizistische, 1785 vollendete Arbeit in vergoldetem Kupfer und Silber.

89 REGENSBURG, DOM, INNENANSICHT, DETAILS *Der dießmal im Stahlstiche beigegebene Altar ist nach dem Andreas Chronicon Ratisbonense vom Magister Paulus, einem Regensburgischen und Passauischen Domherrn, der vom Regensburgischen Kapitel zum Bischofe erwählt wurde, aber nicht zum Antritte seiner Regierung kam, noch vor seiner Wahl gestiftet worden. Er ist rechts beim Eingange vom Markte her der erste, sogenannte Hieronymus-Altar.*
Eine gleichfalls eigenthümliche Merkwürdigkeit des Regensburger Doms ist der in demselben befindliche Brunnen, der höchst wahrscheinlich nach Abbrechung der alten auf diesem Platze bestandenen Gebäude mit in den neuen Dombau aufgenommen wurde. Derselbe ist ein gewöhnlicher Ziehbrunnen, sehr tief, und genießt eine besondere Verehrung frommer Gläubigen, nach dem Muster jener Quellen, die der großartige Paulustempel aufzuweisen hat.
Der auf dem Stich dargestellte und in der Beschreibung Hieronymus-Altar genannte Seitenaltar trägt heute den Namen Rupertusaltar, er gehört der Zeit um 1340 an und steht im nördlichen Seitenschiff.
Der originelle Brunnen steht im Querhaus beim Südportal. Der Brunnenrand stammt aus der Zeit um 1480. An den Innenseiten der beiden Konsolfiguren findet sich die Jahreszahl 1500. Der Schacht ist über 17 Meter tief.

90 REGENSBURG, ALLERHEILIGENKAPELLE IM DOMKREUZGANG Die Allerheiligenkapelle im Domkreuzgang zu Regensburg ist ein romanischer Zentralbau. Als Bauherr gilt Hartwig, Bischof von Regensburg von 1155 bis 1164, der hier begraben wurde. Das edle Bauwerk mit seinen klassisch schönen Maßverhältnissen leitet sich wohl von italienischen Baptisterien her. Doch den Namen Baptisterium — Taufraum — hat die Kapelle früher zu Unrecht geführt. Da um ihre Bauzeit italienische Werkmeister in Regensburg nachgewiesen sind, darf angenommen werden, daß italienische Bauleute an der Kapelle gearbeitet haben. Sie war wohl als die Grabkapelle ihres Erbauers gedacht. Der Innenraum ist von Fresken aus der Erbauungszeit bedeckt; auch der alte, auf fünf Säulen ruhende steinerne Tischaltar hat sich erhalten.
Diese aus dem Viereck in das Achteck übergehende Kapelle ist gegen Westen in die Kreuzgangwand eingebaut, von Innen mit drei Nischen versehen, und ober ihr erhebt sich ein achtstrahliges Kuppelgewölbe. Das Licht fällt durch sieben kleine Fenster von der Kuppel in das Innere, unterhalb aber sind noch zwei hinter dem Altare, und eines links angebracht. Ein darin befindlicher Altartisch, ebenfalls antik und schön, ruht auf fünf Füßen. Daß die Kapelle für ein Baptisterium zu klein, ergibt sich daraus, weil ihre größte Breite 26 Mannsschuhe, und ihre größte Länge nur 19 Fuß ist. Gebaut ist sie ganz mit länglichen kleinen Quadern und erregt das Staunen und die Bewunderung aller durchreisenden bauverständigen Fremden. Möge daher die Abbildung den Fremden sowohl, als Einheimischen, die sich um die schlichte alte Kapelle wohl noch selten bekümmert haben, den Genuß bereiten, das Gesehene im Geiste wieder aufzufassen, oder das der Aufmerksamkeit bisher noch nicht Gewürdigte näher beschauen zu wollen!

91 REGENSBURG, DOLLINGERSAAL Das Dollingerhaus, eine mittelalterliche Patrizierburg gegenüber dem Rathausturm, wurde 1889 abgebrochen. Bei dieser Gelegenheit wurden die Werksteinteile des berühmten »Dollingersaales« abgebaut und im Erhardihaus in ihrer alten Form wieder zusammengesetzt. Von den Bildwerken wurden Abformungen gefertigt. Die originale Figur des heiligen Oswald, der Kopf des Königs und der eines Pferdes mit anderen Fragmenten werden im städtischen Museum verwahrt. Im letzten Krieg wurde das Erhardihaus durch Bomben beschädigt. Die Architekturteile des Dollingersaales wurden geborgen und eingelagert. Vor einigen Jahren wurde der Saal am Zieroldsplatz neben dem Alten Rathaus wieder aufgebaut.
Der Saal stammt aus der Zeit um 1265. Er ist ein zweischiffiger Raum mit gotischer Kreuzwölbung zu je zwei Jochen; er erstreckte sich durch zwei Obergeschosse eines Hausturms. In seiner unregelmäßigen Gestalt nahm er Rücksicht auf die unter ihm liegende gewölbte Einfahrt und auf die Hauskapelle. Gurte und Rippen ruhen auf einem gedrungenen achteckigen Mittelpfeiler.
Die Wände des Saales trugen seit alters figürlichen Schmuck aus der Erbauungszeit: Das Standbild des heiligen Oswald (auf dem Stich über der Sitzgruppe), die Reiterfigur des Kaisers Heinrich des Voglers (auf dem Stich nicht dargestellt) und die Darstellung des sagenhaften Kampfes des Regensburger Bürgers Hans Dollinger mit dem Hunnen Krako (auf dem Stich an den Saalwänden angedeutet). Diese Sage lebt als ein Gleichnis des Sieges des christlichen Abendlandes über den heidnischen Osten bis heute fort.

92 Regensburg, Haidplatz Als verhältnismäßig großer Platz im dichtbebauten Altstadtbereich diente der Haidplatz seit alters zu öffentlichen Darbietungen verschiedenster Art. Im Mittelalter war er oft Schauplatz von Turnieren. Geschichtsreiche Häuser umschließen ihn. Von den Häusern an der Nordseite des Platzes, die auf dem Stich dargestellt wurden, sind zwei von besonderem Interesse: das Thon-Dittmer-Haus und der ehemalige Gasthof zum Goldenen Kreuz.

Das Thon-Dittmer-Haus ist das breitgelagerte Haus mit dem breiten Mittelrisalit und der von vier Säulen getragenen Altane. Es besteht aus zwei mittelalterlichen Häusern, die Friedrich von Dittmer 1775 erworben hatte. Beim Umbau 1809 erhielten sie zum Haidplatz hin die gemeinsame Fassade. Nach Dittmers Tod übernahm sein Schwiegersohn von Thon den Besitz. 1856 ging das Haus an die Stadt Regensburg über.

Der ehemalige Gasthof zum Goldenen Kreuz bestand ebenfalls aus mehreren alten Häusern, aus der mittelalterlichen Patrizierburg mit dem sieben Geschosse hohen Turm, der rechts neben dem gotischen Wohnbau liegt, und dem Renaissancebau mit dem Erker, der sich links an diese Baugruppe anschloß. 1862 wurden beide Bauglieder zu einer großen Front vereinigt.

Der Gasthof zum Goldenen Kreuz war lange einer der bedeutendsten Gasthöfe in Deutschland. Auch Kaiser Karl V. zählte zu den Gästen dieses Hauses: Hier begegnete er der Regensburger Bürgerstochter Barbara Blomberg. 1547 ging aus diesem Liebesverhältnis ein Sohn hervor: Don Juan d'Austria, der als Sieger in der Seeschlacht von Lepanto über die Türken 1571 und damit als Retter des Abendlandes in die Geschichte eingegangen ist.

Der Justitiabrunnen am Haidplatz stammt aus dem 17. Jahrhundert; er wurde damals anstelle einer älteren Anlage errichtet.

93 Karthaus Prüll, Dreifaltigkeitskapelle 997 gründete Bischof Gebhard in Prüll bei Regensburg ein Benediktinerkloster. Von der 1110 geweihten Kirche, deren Vollendung sich wohl noch ein paar Jahrzehnte hinzog, stehen heute noch das Langhaus, die zwei Westtürme und die weitgespannte Vorhalle zwischen den Türmen. 1484 wurde das Kloster wegen seiner schlechten wirtschaftlichen Verhältnisse den Kartäusern übergeben. Sie legten 1498 den Grundstein zum bestehenden gotischen Altarraum, der 1513 geweiht wurde. Anstelle der benediktinischen Klostergebäude wurden von 1489 an nördlich der Kirche der Ordensregel der Kartäuser entsprechend die Kartausen, kleine, eingeschossige Häuser, erbaut.

Für das heutige Erscheinungsbild der Anlage, wie sie der Stich zeigt, war die Bautätigkeit des Priors Georg Fräselius (1601 bis 1616) entscheidend. Er ließ den beiden Türmen ihre durch die Schallfenster belebten Obergeschosse und die Zwiebeln mit den durchbrochenen Laternen aufsetzen. Auf dem Stich ist der Südturm mit einem Notdach versehen; die heutigen Turmhelme stammen aus dem 19. Jahrhundert. Prior Fräselius ließ ferner das Obergeschoß der Vorhalle zwischen den Türmen mit dem runden Fenster versehen und über diesem Obergeschoß ein drittes Geschoß aufmauern und es wieder mit einem Pultdach abschließen. Unter ihm entstanden auch die Gemeinschaftsräume an der Südseite der Kirche in ihrer heutigen Form: Priorat, Prokuratie (Schaffnerei) und die Wirtschaftsgebäude. Der auf dem Stich rechts von der Kirche dargestellte und in dieser Form erhaltene zweigeschossige Gebäudeflügel mit dem Erker enthielt nach Michael Wenings Angabe das Priorat, die Kanzlei und die fürstlichen Zimmer. Der Flügel stammt aus dem Jahr 1612. Um 1605 hatte Prior Fräselius den Innenraum der Kirche stuckieren und mit einer neuen Ausstattung versehen lassen.

Bei der Säkularisation wurde das Kloster an Private verkauft. Seit 1852 ist die Heil- und Pflegeanstalt des Bezirkes Oberpfalz in ihm untergebracht.

*

1713 herrschte in Regensburg die Pest. Trotz der strengen Absperrmaßnahmen drang sie auch in die Vorstädte Stadtamhof und Steinweg. In ihrer Not gelobten deren Bürger, auf dem Osterberg zu Ehren der heiligen Dreifaltigkeit eine Kirche zu bauen. 1715 war sie vollendet. 1815 feierte man unter großem Zulauf des Volkes die Hundertjahrfeier. 1836 wurde die Kirche in der romantischen Auffassung dieser Zeit erweitert.

Längst hatte man den Mangel an Geräumigkeit der Kirche für die besonders an hohen Festen, wie z. B. am hl. Dreifaltigkeits-Sonntag, zuströmende Volksmenge gefühlt; allein immer hemmten theils Kriegsjahre, theils anderweitige Hindernisse die beabsichtigte Vergrößerung derselben, bis im J. 1836 endlich nicht nur die Kirche mehr Raum gewann, sondern auch durch gesammelte Geldbeiträge an Schönheit ungemein zunahm. Es wurde nämlich nach dem Plane und unter der Leitung des kgl. Civilarchitekten Friedrich Freiherrn von Reichlin sogleich anstatt des bisherigen Dachreuters an der Vorderfront der Kirche ein byzantinischer Thurm nebst einer geräumigen Vorhalle angebaut, und die Kirche selbst hienach stylisirt. Nun erst trägt dieser erhabene Berg eine wahre Krone des Landes, als Abwehr gegen Sünde und Laster, als Zufluchtsstätte für so manchen Gebeugten, der bei den Menschen vergebens nach Trost sucht.

1933 wurde die Kirche nach Westen erweitert.

94 Regensburg, Winzer und Prüfening

Das Dorf Winzer liegt nahe der Stadt Regensburg an der Stelle, an der die Donau ihren nördlichsten Punkt erreicht. Etwas erhöht steht die alte, doch mehrfach veränderte und zuletzt 1905 nach Westen erweiterte Pfarrkirche Sankt Nikolaus mit ihrem gedrungenen romanischen Turm. Zu Füßen der Kirche reihen sich, eingeengt zwischen Berg und Strom, in langen Zeilen die Häuser zu beiden Seiten der Straße nach Nürnberg. Der Ort war ehedem Sitz eines Edelgeschlechts.

*

Das Benediktinerkloster Prüfening wurde von Bischof Otto von Bamberg 1109 gegründet. Es zählte im Mittelalter zu den um die Pflege der Künste und Wissenschaften verdientesten Klöstern. Die 1109 geweihte Erstanlage der Kirche hat sich im wesentlichen erhalten: eine dreischiffige Basilika mit einem östlichen Querhaus und drei Chorapsiden und zwei einfachen östlichen Türmen über den Apsiden der Chorjoche der beiden Seitenschiffe. Diese in Bayern ungewöhnliche Anordnung von Querschiff und Türmen erklärt sich durch die Verbindung mit dem Mutterkloster Hirsau. Zwischen 1130 und 1160 wurde der Innenraum der Kirche mit den berühmten Wandmalereien versehen, die 1897 freigelegt wurden.

1608 begann man mit der Instandsetzung der Klosterbauten und mit der Einwölbung des bis dahin flachgedeckten Lang- und Querhauses. Die mittlere Altarapsis wurde abgebrochen; an ihre Stelle trat der tiefere, polygonale Altarraum, der heute noch besteht. Auch die romanischen Fenster im Langhaus und Querschiff wurden damals verändert. Die Klostergebäude kamen nach der Säkularisation an den Fürsten von Thurn und Taxis. Ein Mitglied der Familie hat in ihnen vor einigen Jahren wieder ein Benediktinerkloster eingerichtet.

Prüfening galt vor einigen Jahren noch für einen der besuchtesten Erholungsorte der nahen Städter. Da hatte man kaum das altehrwürdige, nun restaurierte Jakobsthor passirt, so war es ein Treiben und Jagen, ein Wogen von Menschenmassen, ein Fahren und Reiten, als gälte es, wer weiß, welchen Wettpreis! Damals freilich mundete unser Nationalgetränk noch den ermüdeten Gästen, und mit einem frischen Trunk that man sich gütlich in der reizenden Villa. Wechsel der Wirthschaften, übel berechnete Spekulationen halten nun die Schwärme früherer Gäste ab, die dahin ziehen, wo ihnen bei ländlich schöner Natur auch ländlich schöne Lust lacht; denn Regensburg hat, wie bekannt, noch viele schöne Umgebungen. Für den Freund der Natur und Geschichte aber bietet Prüfening des Schönen noch gar Vieles dar. Da steht noch der alte Lindenbaum, die ehrwürdige Reliquie der Abtei; dort führen blumige Pfade nach einem Hügel, auf dem ein Tempel, in weiter Ferne schon sichtbar, den Waller zur Beschauung der Gegend einladet; hier öffnet sich aus des Schloßhofes Pforte gegen Westen, wie hingezaubert, die Aussicht auf Fluren italischer Schönheit.

95 Reichenbach

Der Nordgaugraf Diepold II. gründete 1118 auf einer Bergzunge am Südufer des Regen das Benediktinerkloster Reichenbach. Nach einem Brand von 1133 wurde bis um 1200 an der Kirche gebaut. Das Langhaus der Kirche und die zwei Osttürme stammen noch aus dieser Zeit. Die Gotik setzte den auf dem Stich sichtbaren großen Altarraum vor die Türme und bekrönte diese durch die heutigen Spitzhelme; die Seitenschiffe wurden eingewölbt. Im 15. Jahrhundert, während der Hussiteneinfälle, wurde das Kloster mit dem starken Befestigungsgürtel umgeben, dessen Reste noch erhalten sind. 1556 hörte das benediktinische Leben in Reichenbach auf, da auf Geheiß des Pfalzgrafen Ottheinrich die Reformation eingeführt wurde. Dem folgenden Bildersturm fiel die alte Ausstattung zum Opfer. 1669 wurde das Kloster den Benediktinern zurückgegeben. Die Kirche wurde barock umgebaut, die Klostergebäude erneuert. 1803 wurde das Kloster zum zweitenmal aufgehoben. Seit 1891 unterhalten die Barmherzigen Brüder in dem Klostergebäude eine Heil- und Pflegeanstalt.

96 Runding

Die Anfänge der Burg Runding reichen wahrscheinlich in das 10. Jahrhundert zurück; seit dem frühen 12. Jahrhundert ist sie als ein Stützpunkt der Befestigungsanlagen um die Reichsburg Cham bezeugt. Ihrer beherrschenden Lage über dem Regental und der Further Senke verdankte die Burg Runding ihre besondere Bedeutung. Im 14. Jahrhundert nannten sich die Rundinger nach dieser Burg. 1413 kam sie durch Kauf an Heinrich Nothaft von Wernberg. Seit dieser Zeit blieb Runding mit einer kurzen Unterbrechung im Besitz der Nothaft. Sie bauten die Burg als den Hauptsitz ihres Geschlechts zur größten und stärksten Burg des Bayerischen Waldes aus. 1633 mußten sogar die Schweden unverrichteter Dinge abziehen:

In dieser kriegerischen Zeit gaben die Unterthanen von Runding ein merkwürdiges Beispiel von seltner Treue und Anhänglichkeit an ihre alte Herrschaft. Als nämlich die Schweden nach der Eroberung der Stadt Cham sich auch bemühten, das feste Schloß Runding zu erstürmen, da warfen sich die Grundholden von Lederdorn und Pachling in die Burg ihres Herrn, schwuren ihm, sie bis zum letzten Blutstropfen zu vertheidigen, und hielten auch treulich Wort. Die Schweden mußten unverrichteter Dinge zum Abzuge blasen. — Zum Andenken an diese seltene Selbstaufopferung wurde den getreuen Unterthanen gestattet, jährlich am Fastnacht-Dienstage ein Freudenfest zu feiern, bei welchem die Belagerung der Burg figürlich dadurch vorgestellt wurde, daß man den einzigen Eingang in diese verrammelte, und von ihnen erstürmen ließ, wonach sie in den Rittersaal eingeführt wurden, in welchem sie

mit nahrhaften Speisen köstlich bewirthet wurden. Dieser Gebrauch erlosch seit dem im Jahre 1807 erfolgten Tode des großherzigen Freiherrn Wilhelm von Nothaft.
1830 zwang der Bankrott die Nothaft zum Verkauf der Burg. Erst kam sie an den Bayerischen Staat, von diesem an den Bankier Jakob von Hirsch, der sie als Steinbruch ausbeutete und verfallen ließ. Heute sind von der einst mächtigen Anlage nur mehr Ruinen vorhanden.

97 STEFLING Über dem Dorf Stefling am Regen, das 1957 eine neue, 99 Meter lange Brücke erhielt, erhebt sich auf felsiger Höhe die Burg gleichen Namens. Erstmals um 991 als Besitzung des Burggrafen Papo von Regensburg genannt, wechselte sie oft ihre Besitzer. Seit 1820 gehört sie der gräflichen Familie von der Mühle-Eckart aus Leonberg. Der Baubestand der Burg ist im Kern noch mittelalterlich; die Innenräume des zweigeschossigen Wohnbaues wurden 1748 umgebaut. Die Burgkapelle Sankt Bartholomäus ist mit einem großen Rokoko-Altar ausgestattet. Von dem niedrigen viereckigen Bergfried aus hat man eine herrliche Aussicht auf das Regental und auf die Vorberge des Bayerischen Waldes.
Schlüßlich müssen wir auch der Sagen und Ammenmärchen von verborgenen Schätzen, von Burggeistern und anderen Kobolden, von denen die Landleute der Umgegend so viel zu erzählen wissen, erwähnen. In dem Schlosse Stefaning sollen denn, so geht die Sage, ungeheuere Schätze verborgen seyn; die Landgräfin Adelheid, eine geborene bayerische Prinzessin, hat hier im alten Thurme viel Geld aufbewahrt; allein es glückte bisher keinem Menschen desselben habhaft zu werden, weil das Bauern-Orakel seine Erhebungszeit in das Ende gegenwärtigen Jahrhunderts gesetzt habe; erst dann, wenn diese Zeit genahet und der Schatz erhoben seyn wird, würde die Landgräfin von der Pein des bisherigen Spukens als Burggeist erlöst werden! Possierlicher als dieß ist dagegen eine andere Sage, die hier noch in den Rockenstuben die Runde geht. Johann Christoph Münster, der im Rufe eines Teufelsbeschwörers stand, sollte einmal mit Hülfe des in seinem Schlosse hospitirenden Franziskaners alle Hexen seiner Hofmark um die Geisterstunde in Schloßhofe zusammen exorcizirt haben. Als sie alle da um ihn versammelt waren, mußten sie auf seinen Ruf in den Backofen spazieren und darin tanzen; aber dieser Spott wäre den beiden Frevlern bald theuer zu stehen kommen. Die Hexen nämlich fielen nach dem Glockenschlage 12 Uhr alsobald über solche her, banden sie und kitzelten sie so heftig und anhaltend, daß sie würden unter dem Kitzel ihr Leben geendet haben, hätte man nicht schleunigst aus der Burgkapelle den Kreuzpartikel herbeigebracht, und ihnen beiden auf Kopf und Brust gelegt. Bis zum Jahre 1802 noch war dieser Hexentanz am Backofen angemalt gewesen.

98 WALDERBACH Das Kloster Walderbach liegt auf einer Terrassenstufe am rechten Ufer des Regen. Der Überlieferung zufolge wurde 1143 ein dort bereits bestehendes Chorherrenstift in ein Zisterzienserkloster umgewandelt. Nachdem Walderbach 1563 zum weltlichen Klosteramt unter Administratoren des Landesherrn abgesunken war, wurde es 1669 wieder von Zisterziensern besiedelt. 1803 wurde es endgültig aufgehoben und die Kirche der Pfarrei übergeben. Die auf dem Stich sichtbaren und bis heute erhaltenen Teile der Klosteranlage stammen aus der Barockzeit: Die Klostergebäude wurden 1669 um einen rechteckigen Innenhof neu erbaut; der heutige Chor trat 1748 an die Stelle des alten und der Turm und seine Kuppel wurden 1779 hinzugefügt. Doch das auf dem Stich nicht sichtbare ursprüngliche Langhaus der Klosterkirche hat sich bis heute erhalten. Es stammt aus der zweiten Hälfte des 12. Jahrhunderts. Seine 1888 wieder freigelegten romanischen Architekturmalereien machen die Kirche zu einer bedeutenden Sehenswürdigkeit.

99 WALHALLA Elf Kilometer östlich von Regensburg liegt über dem Ufer der Donau nahe dem Markt Donaustauf die Walhalla, nach dem Vorbild des Parthenon-Tempels der Akropolis zu Athen im Auftrag König Ludwigs I. durch Leo von Klenze von 1830 bis 1842 erbaut. Auf allen Seiten von dorischen Säulen umgeben, enthält der Innenraum die Büsten großer Persönlichkeiten deutscher Herkunft.
Unter allen großartigen Bauten Seiner Majestät König Ludwigs I. von Bayern wird wohl der Walhalla eine der ersten Stellen gebühren. Schon im Jahre 1807, der Periode der tiefsten Erniedrigung Teutschlands, faßte Seine Majestät den Gedanken zu diesem ruhmvollen Unternehmen, theilte den Plan mehreren teutschgesinnten Männern in Berlin mit, und beauftragte teutsche Künstler mit der Verfertigung mehrerer für diesen Zweck bestimmter Brustbilder. Eine öffentliche Aufmunterung zur Einsendung von Plänen geschah aber erst i. J. 1814, ohne daß jedoch auf dieses hin ein genügender geliefert worden wäre. Nun erhielt der berühmte Architekt Leo v. Klenze den Auftrag zur Anfertigung mehrerer Entwürfe, deren Einer auch im Jahre 1821 die allerhöchste Genehmigung erhielt. Die Wahl eines passenden Bauplatzes, anfänglich in die Nähe von Berchtesgaden bestimmt, fiel nach längerer Unschlüssigkeit im Jahre 1822 auf den an der Donau in der Nähe von Regensburg gelegenen Brauberg bei Donaustauf, 304' über dem Stromspiegel. Am 18. Oktober, dem Gedenktag der großen teutschen Befreiungsschlacht bei Leipzig, wurde 1830 in Gegenwart des königlichen Stifters der Grundstein zu diesem Riesenwerke gelegt.

100 Augsburg, Dom Die Tradition der Bischofskirche von Augsburg führt in die ausgehende Römerzeit zurück. 1065 wird eine dreischiffige Pfeilerbasilika mit zwei Chören, westlichem Querschiff und östlichem Turmpaar geweiht. Von diesem romanischen Bau stammen die aufgehenden Mauern des Mittelschiffs und des Querschiffs, die unteren Geschosse der Türme und die Westkrypta des heutigen Doms. In der zweiten Hälfte des 12. Jahrhunderts wurden die beiden Türme erhöht. Die Aufbauten des 14. Jahrhunderts bestimmen das heutige Erscheinungsbild des Doms: der Westchor wurde gewölbt, das Langhaus durch die Anfügung der zwei äußeren Seitenschiffe auf fünf Schiffe erweitert. Von 1356 an tritt an die Stelle des alten östlichen Altarraums ein lichter, hochgotischer Raum mit Chorumgang und einem Kranz von sieben Kapellen. 1410/13 wird dieser neue Altarraum eingewölbt. 1488 und 1564 werden die romanischen Türme erhöht und mit den spitzen Helmen versehen, die seither das Bild der Stadt bestimmen. Aus der Bauzeit von 1356 stammt auch das reiche südliche Chorportal, wie es der Stich zeigt.

101 Augsburg, Ulrichskirche Drei Prachtbauten prägen das Gesicht der alten Hauptstraße der Stadt Augsburg: gegen Norden der Dom, gegen Süden die ehemalige Stiftskirche Sankt Ulrich und Afra und in der Mitte das Rathaus.
Auch die Ursprünge der Ulrichskirche gehen — wie die des Domes — auf die späte Römerzeit zurück. Über dem Grab der heiligen Afra, die 304 den Märtyrertod erlitten hat, entwickelte sich eine Wallfahrt, die 565 erstmals bezeugt ist. Seit dem ausgehenden 8. Jahrhundert bestand ein Kanonikerstift an der Wallfahrtsstätte; 973 fand der große Bischof Ulrich, der Schützer Augsburgs im Ungarnsturm, hier seine letzte Ruhestätte. 1012 wurde das Kanonikerstift in ein Benediktinerkloster umgewandelt, das vom Kloster Tegernsee aus betreut wurde. Am Platz ihrer romanischen Vorläuferinnen hat man von 1467 an einen gotischen Neubau hochgeführt, der jedoch 1474 während eines Orkans einfiel. Von 1475 an wurde die bestehende Kirche nach dem gleichen Plan erbaut. Sie ist eine dreischiffige Gewölbebasilika mit Querschiff; von den zwei geplanten Osttürmen wurde nur einer ausgebaut. Bis 1477 leitete Valentin Kindlin, bis 1512 Burkhard Engelberg und ab 1514 Hans König den Bau. Das Langhaus wurde im Jahr 1500 eingewölbt, also erst am Ende der Gotik. Nun erst begann der Bau des Altarraums, zu dem Kaiser Maximilian I. selbst den Grundstein legte. 1526 wurden die Arbeiten eingestellt und erst 1560 wieder aufgenommen. 1594 arbeitete man am Turm; seine Renaissance-Zwiebel wurde für einen weiten Umkreis zum Vorbild. Schon in der Ausbildung der Turmgeschosse zeigt sich der neue Stil. Mit der Einwölbung des Altarraums im Jahr 1603 war der Bau vollendet. 1803 wurde das Reichsstift aufgehoben. Rechts auf dem Stich erscheint das Rote Tor an der alten Münchner Straße, an dem 1545 und 1621 gebaut wurde.

102 Augsburg, Rathaussaal An der Nord-Süd-Achse der Stadt Augsburg, etwa auf halbem Weg zwischen Dom und Sankt Ulrich, baute der »Stadtwerkmeister« Elias Holl von 1615 bis 1620 das große Rathaus, Sinnbild bürgerlicher Macht und Freiheit, ob seiner Monumentalität und seiner beiden Türme auch »Kathedrale des Bürgertums« genannt. Das Rathaus ist die größte baukünstlerische Leistung der Stadt Augsburg; es ist darüber hinaus einer der bedeutendsten deutschen Profanbauten zwischen Gotik und Barock.
Die Ausstattung zog sich bis 1626 hin. Ihr Kernstück war der Rathaussaal, der »Goldene Saal«, der drei Stockwerke des Mittelbaues einnahm, eine Frühbarockarbeit in reichster Plastik von Holz, Stuck und Marmor, entworfen von dem Maler Mathias Kager in Erinnerung an den Dogenpalast in Venedig.
Einer der großartigsten und reichsten Säle der Welt ist der sogenannte goldene Saal im berühmten Rathhause zu Augsburg. Wer ihn betritt wird von Staunen ergriffen, wann er auch noch so große Erwartungen mitgebracht hat.
Die Vernichtung des »Goldenen Saales« zählt zu den schmerzlichsten Verlusten, den die deutsche Kultur im letzten Krieg erlitten hat.

103 Augsburg, Tore *Wenn es an der Stadt Augsburg eben die Geschichte ist, welche sie uns interessant und wichtig macht, so müssen wir gewiß auch den Thoren unsere Aufmerksamkeit zuwenden, deren jedes uns verschiedene wichtige Ereignisse in's Gedächtniß zurückruft. Fest und unverändert stehen Thore und Mauern noch in alter Ehrwürdigkeit, unfähig in ihrem jetzigen Zustand die Ereignisse, die sie gesehen und mitgemacht, noch einmal zu bestehen, aber absichtlich in ihrer Alterthümlichkeit unterhalten, um nicht mit ihnen eben die Erinnerungen, die sich an sie knüpfen, zu vernichten.*
Gögginger-Thor. *Seine Erbauung fällt auf das Jahr 1383. Die Bischöfe hatten die Vortheile, die ihnen die Zeit bot, im 13. Jahrhunderte wohl benützt und so mehrere Rechte in Anspruch genommen, deren Besitz ihnen vielfach bestritten wurde, und dadurch die Hohenstauffen veranlaßte, die Stadtvogtei selbst zu übernehmen. Selbst dies vermochte nicht den Bürgern die gehörige Unabhängigkeit vom Domkapitel zu verschaffen; vielmehr kam es unter Bischof Hartmann zu einem Entscheidungskampfe, der zum Nachtheil des letzteren ausfiel. Bei dieser Gelegenheit wurden dem Kapitel mehrere Häuser genommen, und zum Baue des Gögginger-Thores verwendet. Ungeachtet die Stadt um das Jahr 1443 sich mit Kaiser Friedrich III. verfeindet, und*

ihm deshalb verschiedene Entschädigung zu leisten hatte, ungeachtet sie überhaupt von Außen sehr bedrängt war, fällt doch gerade in diese Zeit nebst vielen andern Bauten auch die Erhöhung des Gögginger-Thores, welches mit einem Thurme versehen wurde. Endlich im Jahre 1581 ward es von Grund auf neu gebaut.

Wie uns der Künstler das Thor von der Südseite vorführt, läßt sich nicht verkennen, daß es bei allen Gelegenheiten hart mitgenommen wurde, worunter wir aus neuerer Zeit besonders den Einmarsch des französischen Generals Lacourbes im Jahre 1800 und den Vandamme's erwähnen.

Dieselben Spuren vielfacher Gewalt zeigen die Ueberreste der ehemals starken Befestigung. Ehe wir zum Thore gelangen, führt uns eine steinerne von Singer erbaute Brücke an den zur Rechten liegenden, 1544 angelegten Wall, dessen Auffahrt i. J. 1606 von Holl gebaut wurde. Er wurde i. J. 1703 während des spanischen Successionskrieges durch die Armee der Aliirten, welche die Stadt heftig beschoß und in dieselbe eindrang, zerstört, i. J. 1733 aber wieder hergestellt. Das Thor gehört zu den Hauptthoren.

Wenden wir uns vor diesem Thore östlich, so gelangen wir bald an das

Hallthor. *Ein Nebenthor der Stadt, das lediglich für den Gütertransport der sehr gut eingerichteten Mauthhalle gebaut wurde; ebenso die vor ihm befindliche Brücke. Das Thor selbst besteht aus 2 eisernen Thürflügeln, die des Nachts gesperrt werden, und hat keinen Thurm. Es wurde im Jahre 1807 erbaut.*

Von diesem aus gelangen wir an ein anderes Hauptthor, das

Rothe Thor. *Das älteste Thor der Stadt; seine Erbauung fällt schon auf das Jahr 1228. In der Folge hatte es verschiedene Namen, wie Haunstetter- (von einem in der Nähe liegenden Dorfe) und Spital-Thor. Sein Thurm wurde ebenfalls in jener bewegten Zeit gebaut, die wir oben beim Gögginger-Thore zu erwähnen hatten; doch scheint es seinen gegenwärtigen Namen von dem rothen Thurme bekommen zu haben, den 1662 Elias Holl baute. — Die darauf befindliche Glocke ist aus dem ersten steinernen Rathhause, welches 1385 erbaut wurde, herübergebracht; ehedem hatte die Stadt nur ein hölzernes. — Die schöne Thorbrücke wurde erst 1777 erbaut. — An diesem Thore möchte wohl die stärkste Befestigung zu ersehen seyn; der zu seiner Rechten liegende hohe Wall wurde schon 1402 angelegt. — Seine letzte Befestigung erhielt er während des 30jährigen Krieges vor dem Einzuge der Schweden unter Gustav Adolph, um das Jahr 1622. Durch dieses Thor pflegten auch die Kaiser ihren Einzug in die Stadt zu halten, wie Karl V. mit seinem Bruder Ferdinand im Jahre 1530.*

Wir verfolgen unseren Weg um die Stadt, und kommen an das

Schwibbogen-Thor. *Dieses, welches uns der Künstler von der östlichen Seite zeigt, verdankt seine Erbauung dem Jahre 1306. — Es ist ein kleines Nebenthor und hatte in neuerer Zeit (jedoch vor dem Baue der Eisenbahn) von den von München kommenden Fremden starke Passage. Im Jahre 1364, als Wilhelm von Ochsenburg und Ritter von Villenbach die Stadt überfielen, wurde auf Befehl des Stadtrathes Alles, was nicht durch Mauern befestigt war, niedergerissen, und dieses geschah nun auch mit dem damals nur als Eingang zur Vorstadt bestehenden Schwibbogen-Thore, welches damals den Namen »Wagehals« führte.*

Durch eine schöne Allee längs des Wassergrabens gelangen wir an das

Vogel-Thor. *Auch seine Erbauung fällt in jene mehrmals erwähnte Zeit der Verbesserung und Verschönerung der Stadt, deren Wohlstand sich namentlich durch den Handel nach Italien sehr vermehrt hatte, auf das Jahr 1445. Das Ravelin wurde jedoch erst 1734 hergestellt. Die Architekten finden besonders in dem Bogen, auf denen das Thor ruht, Betrachtungswerthes. — Unter Napoleon ward es zugemauert.*

Dem Stadtgraben entlang, unseren Weg verfolgend, kommen wir an das

Jakober-Thor. *Von der auf dem Bilde vorgeführten westlichen Seite hatte die Stadt sich oft vor dem Feinde zu vertheidigen, wie 1373, als die Söhne Friedrichs von Teck über den Lech hereinbrachen; 1618 als die Schweden und Franzosen sie bestürmten, und 1792 als Franzosen und Kaiserliche die Lechbrücke abrissen und überhaupt große Verheerungen anrichteten. Diese günstige Lage zum Wahlplatze veranlaßte die Befestigung des Thores (im Jahre 1463), welches schon 1249 erbaut worden war. — Die Frequenz ist sehr lebhaft; einmal wegen der bayerischen Straße, die hier von den Dörfern Mühlhausen, Affing u. a. hereinführt, daher beständig von Landleuten befahren wird; dann von den Bewohnern der Jakober-Vorstadt, welche großentheils aus den Gewerbetreibenden besteht; endlich von den unmittelbar vor dem Thore gelegenen Fabriken, die hunderte von Menschen beschäftigen. — Auf der in der Nähe befindlichen Lechbrücke war ehemals die stärkste Verschanzung der Römer, doch findet sich davon nichts mehr, indem eine hölzerne Brücke an die Stelle jener Bollwerke getreten ist. Der früher vielfach im Kriege bedeutende Wall wird jetzt von Stadtleuten zu Sommerwohnungen benützt.*

Steffinger-Thor. *Ein kleines Nebenthor, das hauptsächlich wegen seiner frühen Erbauung (1304) zu berücksichtigen ist. — Jedoch unterlag dasselbe seit seiner Entstehung mehreren Veränderungen. Die Franzosen hatten es i. J. 1704 abtragen und der Mauer gleich machen lassen. — Napoleon, der auf Augsburg immer ein wachsames Auge hatte und einsah, daß die Stadt für Depots, Magazine, Spitäler die geeignetste Lage hätte, ließ es i. J. 1804 zumauern. Hier hört der Wassergraben auf, der von den Lustwandelnden immer mit Vergnügen verfolgt wird, zumal da jetzt im Verlaufe desselben mehrere Häuschen zum Aufenthalte für Wildenten und Schwäne angelegt sind, die ihn beleben.*

Wir haben nun den »Pfannenstiel« hinter uns und stehen vor dem **Wertachbrücker-Thor.** *Als das dem rothen Thor entgegengesetzte, bildet es den Eingang in die »untere Stadt« und wegen der bedeutenden Frequenz der zwei Straßen, die sich vor demselben (die eine von Ulm, die andere von Donauwörth her) begegnen, ist auch die Passage hier sehr lebhaft. Seiner Nachbarschaft wegen hieß es früher Oberhauser-Thor. Schon 1301 angelegt, ward es durch Holl 1605 um zwei Stockwerke erhöht.*

Am »Judenwall«, dem ehemaligen Begräbnißplatze derselben, vorüber, kommen wir an das

Klinker-Thor. *Erst seit dem Jahre 1839 ein Hauptthor. Es wurde schon im Jahre 1389 erbaut; zur Zeit der vielfachen Verbesserung im 15. Jahrhundert mehr befestigt und ihm eine gewölbte steinerne Brücke hinzugefügt. Von diesem Thore wurden die Verurtheilten ausgeführt, ein Verfahren das sich auch in der neueren Zeit, wenn auch Dank dem Himmel! selten, doch wiederholt hat. — Seinen gegenwärtigen Namen hat es von dem Umstande, daß man durch dieses Thor allein, nachdem man mit einer Klingel ein Zeichen gegeben hatte, eingelassen wurde. Auf der Seite gegen die Stadt zeigt es einen von dem in Fresko-Malereien berühmten Joh. Holzer gemalten Ecce homo, ein Bild, das jedoch schon vielen Schaden genommen hat.*

Wir gelangen von hier aus an das »alte Einlaßpförtchen«. Desselben bediente sich Kaiser Maximilian, wenn er Abends spät von der Jagd zurückkehrend die übrigen Thore gesperrt fand. Der Mechanismus ist ein sehr einfacher, durch einen leichten Druck vermag eine einzige Hand die schweren Thorflügel zu öffnen. Der gegenwärtige Besitzer des Gebäudes zeigt dasselbe gerne.

Von den abgebildeten Toren existieren heute noch das Jakober Tor, das Rote Tor, das Wertachbrucker Tor und das Vogeltor. Sie sind, bis auf das Rote Tor, durch Erweiterungen zugänglicher gemacht worden und konnten deshalb bis heute erhalten werden. Das Gögginger Tor wurde im Jahr 1862, das Schwibbogentor 1867 und das Klinkertor 1874 abgerissen. Das Stephingertor dürfte ebenfalls um diese Zeit niedergerissen worden sein. Das Halltor dagegen wurde erst im Jahr 1807 bei der Anlage der Hallbrücke am Westende der Hallstraße errichtet. Bei diesem Tor handelt es sich lediglich um zwei Pfeiler, wie aus der Abbildung hervorgeht, die gegen Ende des 19. Jahrhunderts beseitigt wurden.

104 AUGSBURG, UMGEBUNG I UND II *In der Nähe des Bahnhofes der Münchner-Augsburger Eisenbahn befand sich schon seit längerer Zeit die Platzwirthschaft*

zur goldenen Sonne, *ihrer freundlichen Lage und der guten Bewirthung wegen stets besucht. Die Hoffnung einer starken Frequenz durch die Eisenbahn machte alsbald zwei neue Wirthschaften entstehen, von denen*

die Platzwirthschaft von Goppelt *zuerst zu erwähnen ist. Das Gebäude war ehemals von Carlesches Eigenthum und man findet dort in prachtvoll ausgestatteten Zimmern stets treffliche Bedienung und schöne Gesellschaft. Die vor dem Hause befindliche Altane gewährt die Aussicht auf die Eisenbahn und lockt zur Zeit der Abfahrt viele Neugierige herbei. Beide Ansichten führt uns der Künstler von der östlichen Seite vor. Dieser und dem Anfange der Bahnlinie gegenüber sehen wir*

das Gasthaus von Rösch, *das nach Vollendung der Bahn neu gebaut wurde, und ebenfalls, besonders in wärmerer Jahreszeit, zahlreich besucht wird.*

Der Bahnhof, *gleichzeitig mit der Anlegung der Bahn entstanden, gewährt dem Reisenden alle Bequemlichkeiten. Neben den einfachen, zierlichen Lokalitäten für Abgabe von Paqueten und Lösung der Billets entstanden in neuester Zeit Bureaus für die Weiterbeförderung der Reisenden auf Stellwagen in die nächsten Städte, wie nach Ulm, Donauwörth, Dillingen, Neuburg u. s. w. — In geschmackvoll ausgestatteten mit Buffet's versehenen Sälen erwartet man das Zeichen zur Abfahrt, während alle Besitzer der bessern Gasthäuser der Stadt ihre Fremden auf eigenen Stallwagen zur Bahn befördern. Das eigentliche Bahnhofgebäude (zum Aufenthalte für die Wagen) ist von Ziegelsteinen gebaut und mit einem Thurm und einer Uhr versehen.*

Nimmt man den Weg der Bahnlinie entlang, so gewahrt man sogleich rechts den eine halbe Stunde von der Stadt entfernten, am Eingange eines Wäldchen gelegenen

Spickel, *auch* **Insel** *genannt, weil er rings vom Lech umflossen ist; ein Vergnügungsort, dessen interessante Lage uns der Künstler von der Nordseite zeigt. Hier vereinigt sich Alles, was Unterhaltung schaffen kann. Das Wirthschaftsgebäude ist gut eingerichtet, und neben ihm befindet sich ein Tanzplatz, eine Kegelbahn, Vorkehrungen zur Unterhaltung für Kinder, so wie Kähne für Wasserparthieen, auf welchen Abends bisweilen eine ganze Gesellschaft zur Stadt fährt. Seit dem Bestehen der Eisenbahn fährt man zur Sommerzeit auch mit Pferdekraft, in schönen Wagen, nach dem Spickel, und findet den Ort schon am frühen Morgen von frohen Gästen belebt.*

Wir eilen zum schönsten Platze dieser Umgebung, zum

Ablass *(wo die Flöße über die Wehre gelassen werden). Unter einer hohen Linde genießt man eine herrliche Aussicht den Lechstrom aufwärts, der bei seinem ziemlich hohen Fall (vom Künstler von der Nordseite aufgenommen) mächtig braust; er gewährt bei günstiger Witterung und hohem Wasserstande einen köstlichen Anblick. In dem nahe gelegenen Föhrenwäldchen findet man ein einsames Plätzchen,* *welches das Gärtchen eines hier ehemals lebenden Klausners gewesen seyn soll, und eine dicht bewachsene, früher durch eine klare Quelle belebte Grotte, wo sich die Wohnung des Einsiedlers befand.*

Aus dem Walde zurückkehrend, übersehen wir den ganzen bisher zurückgelegten Weg und wenden uns nun zur Linken nach der

Friedberger Brücke *(von der Südseite betrachtet). Sie ist seit 1835 vollendet, hat eine Länge von 372 Fuß ist 26 Fuß breit und verbindet Alt- und Neubayern. Auf dem Berge neben ihr liegt die alte, geschichtlich berühmte Stadt Friedberg. Ein anderer, kurzer Weg führt zum*

Siebenbrunnen Bade, *das seinen Namen den 7 Quellen verdankt, die dort entspringen und die Brunnenwerke Augsburgs treiben. Eine dieser Quellen ist reich an Kohlensäure, daher schon viele Kranke ihre Heilung in ihr gefunden haben. Die Badezimmer sind niedlich ausgemalt und mit allen Bequemlichkeiten versehen; eben so findet man im Wirthshause (das uns der Künstler von seiner Westseite zeigt), treffliche Bewirthung, wozu ein naher Forellenbach reiche Ausbeute liefert.*

Hotel Lutz. *Ein großartiges Gebäude (ehemals die ausgezeichnete Schüle'sche Fabrik), das vor dem Entstehen der Eisenbahn von dem gegenwärtigen Besitzer Caffetier Lutz zu Sommerwohnungen vermiethet, jetzt aber in einen prachtvollen Gasthof umgewandelt wurde, der selbst Reisende aus den höchsten Ständen gänzlich befriedigt. Das Haus stellt ein nach vorn geöffnetes Viereck vor, dessen eine Fronte der Künstler uns zeigt, und enthält nebst dem geräumigen, lichten, prachtvoll ausgestatteten Speisesalon eine Menge von Zimmern, großen Hofraum und einen Garten mit Springbrunnen.*

Oberhausen. *Die im Antiquarium Romanum zu Augsburg aufbewahrten Monumente und Münzen, die zum Theil erst im vorigen Jahrhundert ausgegraben wurden, beweisen, daß diese Straße (gegenwärtig die Poststraße nach Donauwörth) so ziemlich dem alten Römerwege folgt. Unter diesen Denkmälern erwähnen wir vornehmlich das, welches T. Fl. Martial seinen Eltern errichten ließ, und 1799 in Oberhausen aufgefunden wurde. Unter dem Schutze der in der Nähe befindlichen Fortifikationen auf dem Pfannenstiel und Luginsland entstanden ober der Wertach mehrere Häuser, und hievon ist wohl der Name des Dorfes abzuleiten, das gegenwärtig ein sehr besuchter Vergnügungsort der Städter ist. Unter den Gasthäusern zeichnen sich namentlich das Schlößchen (dessen Südseite der Künstler zeigt) wegen seiner schattigen Lindenbäume und geräumigen Tanzsaals aus, so wie die Sonne, erst seit einigen Jahren erbaut und geschmackvoll eingerichtet.*

Links von Oberhausen kommt man, auf der Poststraße nach Ulm, nach den Dörfern Kriegshaber und Steppach, und rechts von letzterem besteigen wir zwischen üppigen Feldern den Wallfahrtsort

Kobel, *wo der Spaziergänger die schönste Belohnung für eine kleine Anstrengung in der malerischen Ansicht von Augsburg und seinen Umgebungen findet, und so weit das Auge reicht, größere und kleinere Dörfer, ausgestreut in fruchtbaren Ebenen liegen sieht.*

Während des Sommers wallen viele Gläubige zu diesem Orte, der in dem niedlichen Kirchlein ein Mariabild enthält, welches als Geschenk von Langenmantel's von Westheim hieher gebracht wurde, und dem Orte sehr vielen Besuch schafft. Wir werden auf diesen, vielleicht schönsten Punkt um Augsburg bei einer andern Gelegenheit zurückkommen, nähern uns wieder der Stadt zunächst des von uns beschriebenen Pfannenstiels, dessen Ende bis an das Wertachbrücker Thor reicht, und woran 2 Platzwirthschaften (der innere und äußere Zoll) stoßen.

An diese reiht sich die erwähnenswerthe Gewürzmühle v. Bosch, deren wohlhabender Besitzer eine Molkenkuranstalt und ein Flußbad damit verband.

Außer einer Menge von Fabriken und Papiermühlen zeichnet sich unter den prächtigen Landhäusern zur Rechten das v. Wohnlich'sche aus, da auf dessen Stelle ein Tempel der Juno und Proserpina stand, welcher, wie eine Inschrift zeigt, von der Römerin Flavia Venerea Bassa erbaut wurde und vermuthlich die Begräbnißstätte der Römer enthielt. Zur Linken führt sodann ein angenehmer Fußpfad einer Grotte zu, worin der vielbesuchte

Gesundbrunnen *sich befindet; eine krystallene Quelle, die 1402 bei Aufwerfung des Stadtgrabens entdeckt, ihren Zulauf von Wassertrinkern einer glücklichen Kur an Kaiser Maximilian verdankt, so wie den im Jahre 1821 getroffenen Verbesserungen der Anlagen. Eine steinerne Platte mit einer Inschrift zeigt die Zeit der genannten Verbesserungen und ihr gegenüber stehen auf üppigem Grasboden Ruhebänke, auf welchen man an schwülen Sommertagen mit einem Glase des reinsten frischesten Wassers erquickt wird.*

Göggingen. *Außer den verschiedenen Landhäusern reicher Augsburger Familien schaffen dem ansehnlichen Markte die freundliche Lage, so wie die guten Gasthäuser, von denen namentlich das zum Ochsen und das zum Hasen Erwähnung verdienen, stets vielfachen Besuch.*

Vor dem Dorfe rechts führt ein Fußsteig einen kleinen Hügel hinab zu einer mit hohen Linden umschatteten Kapelle. — Das gegenwärtig der von Halder'schen Familie gehörige Schlößchen war 1506 Besitzthum der Fugger.

*

Wöllenburg. *Majestätisch thront es auf einer Anhöhe, weithin die Gegend beherrschend, und ist gegenwärtiges Besitzthum der Grafen Fugger von Babenhausen. Auch dieses Prachtgebäude (hier von der Nordseite betrachtet) läßt seinen großen Meister, Elias Holl nicht verkennen. In einem Saale findet man dort eine lange Reihe von Ahnenbildern der gegenwärtigen Besitzer.*

Rechts vom Schloße führt eine schöne Allee nach der ehemaligen Wallfahrtskirche der heiligen Radigundis. Von St. Radigundis gerade hinauf liegt an einem Waldberge, eine Stunde von Augsburg
Leitershofen. *Das Antiquarium Romanum zu Augsburg enthält verschiedene Denkmäler, welche dem Orte die Bedeutung einer der frühesten Ansiedelungen der Römer geben, wie unter andern im Jahre 1728 auf dem Kirchhofe die Ueberreste eines heidnischen Opfertisches ausgegraben wurden. Zwischen Leitershofen und dem nächst liegenden Orte Stadtbergen findet man in 4 Gruppen gegen 40 Grabhügel.*
Stadtbergen. *Die in der Stadt wohnenden Römer hatten hier ihre Landhäuser, daher der Name dieses Ortes, dessen frühes Entstehen überdieß noch dadurch bewiesen wird, daß eine römische Heerstraße durch dasselbe führte. Auch hievon befinden sich in dem oftgenannten Antiquarium Romanum vier Denkmale.*
Nimmt man nun den Weg durch die bereits beschriebenen Orte Steppach und Kobel, so bietet sich der Ueberblick über eine bedeutende Anzahl von Ortschaften in einem überraschenden Panorama.
Einen angenehmen Punkt dieser Parthie bildet das
Schmutterhäuschen, *(das uns der Künstler von der Ostseite zeigt); eine kleine, aber zum Besuche der Städter immer gut eingerichtete Wirthschaft, und wegen seiner freundlichen Lage ein sehr beliebter Vergnügungsort.*
Ein angenehmer Fußpfad führt hierauf durch das grüne Wiesenthal nach
Hainhofen. *In weiter Ferne glänzt schon das freundliche Schloß (ebenfalls von der Ostseite aufgenommen), um welches ein Graben gezogen ist. In alter Zeit gehörte das Gut verschiedenen Augsburger Kämmerern, wie dem Geschlechte der Portner, der Langenmantel und den verschiedenen Schwiegersöhnen dieser Familie, der Fugger, hierauf kam es an Wolfgang Paller, und endlich mit der Tochter des letztern durch Heirath an die gegenwärtigen Besitzer, die Freiherrn von Rehlingen, deren Familienbegräbniß in der Kirche zu Hainhofen, aus weißem Alabaster gefertigt, sehenswerth ist.*
Der Weg durch das fruchtreiche liebliche Schmutterthal, in welches wir schon mit Westheim gekommen, führt hierauf nach
Ottmarshausen. *Was der Ort in älterer Zeit für Besitzer hatte ist unbekannt, mit dem Jahre 1394 werden die Nachrichten gewiß, und Urkunden nennen schon damals die Langenmantel als Eigenthümer des Ortes eine Familie, die noch jetzt im Besitze des dortigen Schlosses ist.*
An dieses reiht sich nicht minder durch Anmuth ausgezeichnet
Hammeln. *Die reizende Lage des Ortes (wie das vorige von der Südseite betrachtet), sein prächtiges Schloß, und die treffliche Bewirthung veranlassen, daß man hier stets eine Menge von Gästen findet. Die gegenwärtigen Besitzer, von Stetten und Halder, lassen es an keinem Opfer fehlen, den Städtern das Vergnügen möglichst zu steigern, und ungeachtet sie selbst nur geringe Zeit sich hier aufhalten, so mangelt es doch nie an Verbesserungen, und überall erfreuen den Gast Lauben und Ruhebänke, von welchen aus man die Stadt, den Kogelberg und das ganze Schmutterthal übersieht.*

106 FRIEDBERG Die Stadt Friedberg war jahrhundertelang eine bayerische Grenzveste gegen das benachbarte Augsburg. Gemäß der Einigung König Konradins und Herzog Ludwigs des Bayern wurde zwischen 1264 und 1267 bei der Festung Friedberg eine Stadt gleichen Namens gegründet. Wie andere wittelsbachische Stadtgründungen dieser Zeit (Neustadt an der Donau, Kelheim, Landau an der Isar) wurde sie mit rechteckigem Grundriß angelegt. Den Bürgern und der Burgbesatzung oblag vor allem der Schutz der herzoglichen Zollstelle bei der Lechbrücke. 1270 erhielt die Stadt das Stapelrecht für Salz. Nachdem sie durch die Landesteilung von 1392 zum Teilherzogtum Ingolstadt gekommen war, verlieh ihr Herzog Ludwig der Gebartete 1404 ein neues Recht und bestimmte sie zum Sitz eines Gerichts. Von 1409 an wurde Friedberg zur Festung ausgebaut.
Nur wenige Städte hatten so viele Heimsuchungen zu erleiden wie Friedberg. 1296 wurde sie von den Augsburgern niedergebrannt, zum zweiten Mal im Städtekrieg 1372. 1541 legte ein Brand das Schloß in Asche. 1632 brannten die Schweden, 1646 die Franzosen die Stadt nieder. So geht der heutige Baubestand von Burg und Stadt erst auf die Zeit nach diesen großen Zerstörungen zurück. Der mächtige Turm des Schlosses trägt die Jahreszahl 1552, die übrigen Teile stammen im wesentlichen aus der Zeit nach 1646. Das heutige Rathaus mit seiner schönen, erkerbesetzten Giebelfront geht auf die erste Hälfte des 17. Jahrhunderts zurück. Die Pfarrkirche wurde nach 1700 wieder aufgebaut. Der Turm, der damals erhöht worden war, stürzte 1868 wegen zu schwacher Gründung ein und beschädigte die Kirche so schwer, daß man 1871 einen größeren neuromanischen Bau an ihre Stelle setzte. Auch im 18. Jahrhundert wurde die Stadt wiederholt beschossen und geplündert. Dennoch erlebte Friedberg damals eine Blütezeit. Bekannt wurde die Stadt durch die Herstellung von Uhren und Fayencen.

107 FÜSSEN Der Name Füssen leitet sich von der römischen Siedlung Foetibus ab, die auf dem Schloßberg lag. Um 725 gründete der Glaubensbote Magnus eine Zelle, aus der sich im 9. Jahrhundert das Benediktinerkloster Sankt Mang entwickelte. Zu Ende des 10. Jahrhunderts entstand eine neue Kirche. Von ihr hat sich die ehemalige Ostkrypta, die »Magnuskrypta«, erhalten. Von der Kirche

des 12. Jahrhunderts — sie wurde 1143 geweiht — hat sich der Unterbau des Turms und der Westchor erhalten. Sie bestimmte die Anlage des barocken Neubaues, mit dem Johann Jakob Herkomer zu Beginn des 18. Jahrhunderts sein erstes großes Werk geschaffen hat. Auch die Klostergebäude entstanden um diese Zeit unter seiner Leitung. Damit hatte das Kloster das Aussehen erlangt, wie es der Stich rechts unterhalb der Burg zeigt. Seit der Auflösung des Klosters dient seine Kirche als Pfarrkirche; im Klostergebäude sind das Rathaus und andere öffentliche Einrichtungen untergebracht.
Neben dem Kloster Sankt Mang entwickelte sich eine bürgerliche Siedlung, die wahrscheinlich im 13. Jahrhundert Stadtrecht erlangt hat. 1322 gelangte der Schloßberg an das Hochstift Augsburg, das dort das Hohe Schloß errichtete und zu Ende des 15. Jahrhunderts weiter ausbauen ließ. Es zählt zu den bedeutendsten mittelalterlichen Burganlagen in Schwaben. Der Friede von Füssen vom Jahr 1745 — unterzeichnet im Hohen Schloß — beendete den Österreichischen Erbfolgekrieg. Seit dem Übergang Füssens an Bayern ist das Hohe Schloß Sitz staatlicher Behörden; in einem Flügel ist eine Gemäldegalerie eingerichtet.
Die bürgerliche Siedlung zwischen Schloßberg und Lech wurde im 14. Jahrhundert befestigt und später erweitert. Sie entwickelte sich zu einem Handelsplatz, doch Freiheitsbestrebungen der Bürger ließ das Hochstift nicht aufkommen: Füssen blieb eine bischöfliche Landstadt. 1597 wurde ein Jesuitenkloster gegründet, das aber 1627 nach Kaufbeuren verlegt wurde. An seine Stelle trat 1629 ein Franziskanerkloster (auf dem Stich im Hintergrund). Die Kirche links neben der Lechbrücke ist die Spitalkirche aus der Mitte des 18. Jahrhunderts, die Kirche rechts neben der Brücke ist die Mariahilfkirche (Frau-am-Berg-Kirche), erbaut von 1683 bis 1685 von dem Wessobrunner Baumeister Johann Schmutzer. Das schmale spitzgiebelige Haus neben ihr war das ehemalige Leprosen- oder Siechenhaus. Es wurde 1969 abgebrochen. Von den zwei großen Häusern im Vordergrund war das rückwärtige mit dem großen Walmdach die alte Papiermühle und das vordere mit dem Zeltdach die ehemalige Stadtmühle. Die Häuser wurden in den Jahren 1870 und 1929 abgebrochen. An ihrer Stelle stehen heute die Fabrikgebäude der Hanfwerke Füssen.

108 Harburg Die Harburg liegt auf einem niedrigen Bergrücken über dem gleichnamigen Städtchen an der Wörnitz, die hier, aus dem Ries kommend, den Jura durchbricht. Die erste urkundliche Erwähnung der Harburg stammt aus dem Jahr 1093. Sie diente dem Schutz der von Nördlingen nach Donauwörth führenden Reichsstraße. 1295 kam sie an die Grafen von Oettingen, deren Linie Oettingen-Wallerstein 1774 in den Fürstenstand erhoben worden ist. 1808 wurde die Harburg Sitz eines Justizamts, 1818 eines Herrschaftsgerichts, 1848/52 einer Gerichts- und Polizeibehörde. 1948 wurden die bedeutenden »Sammlungen Oettingen-Wallerstein« vom Kloster Maihingen in die Harburg verlegt.
Die Harburg zählt zu den größten und besterhaltenen deutschen Burgen. Die Hauptburg ist durch einen Mauerring geschützt, der durch sechs Türme bewehrt ist. Sie besteht aus vielen verschiedenartigen Baukörpern, wie sie vom 12. bis zum 18. Jahrhundert den jeweiligen Bedürfnissen entsprechend zusammengefügt worden sind. Die nachmittelalterlichen Bauten haben ihr Erscheinungsbild von der wehrhaften Burg zum repräsentativen Wohnschloß gewandelt.
Die Pfarrkirche des zu Füßen der Burg liegenden Städtchens Harburg stammt aus der Zeit um 1612.

109 Mindelburg und Mindelheim Die Mindelburg bestand schon vor dem Jahr 1256, in dem der benachbarte Ort Mindelheim erstmals als Stadt erwähnt wird. Ihr heutiger Bau enthält vor allem im Palas noch romanische Bauteile. In ältester Zeit war sie im Besitze der Herren von Mindelburg, im 14. Jahrhundert kam sie mit der Stadt Mindelheim an die Hochschlitz, von 1467 bis 1568 gehörte sie den Frundsberg. 1473 wurde der kaiserliche Feldhauptmann Georg von Frundsberg, der »Vater der deutschen Landsknechte«, in der Mindelburg geboren. 1617 fielen Burg und Stadt an Bayern; die Burg wurde Sitz eines Pflegers. 1618 gründete Herzog Maximilian I. anstelle des erloschenen Augustinerklosters am Unteren Tor ein Jesuitenkolleg; der Ordensbaumeister Johannes Holl baute dafür die Augustinerkirche zur Jesuitenkirche um. 1646 wurde die Mindelburg durch die Schweden zerstört. Notdürftig instandgesetzt, diente sie seitdem als Kornspeicher, bewohnt war nur der zugehörige, heute Sankt Georg benannte Weiler. 1705 erhielt der englische Oberbefehlshaber John Churchill, Herzog von Marlborough, als Sieger von Höchstädt im Spanischen Erbfolgekrieg, Stadt und Herrschaft als Reichsfürstentum. Er setzte in Mindelheim einen Pfleger ein und erbaute 1712/13 eine neue Stadtpfarrkirche. Schon 1714 wurde die bayerische Herrschaft wiederhergestellt. Seit 1802 ist Mindelheim Sitz eines bayerischen Landgerichts, das später zum Bezirks- und Landratsamt umgebildet worden ist. Die Burg aber kam 1878 in bürgerlichen Besitz. Der alte Wohnbau zwischen dem Palas und dem runden Wartturm wurde abgebrochen, die übrigen Teile wurden umgebaut und neu eingerichtet. 1927 erwarb die Stadt Mindelheim die Burg.
Allein die Trinkhallen und Prunkgemächer der Mindelburg, der Turniersaal und die stillen Kammern der edeln Burgfrauen sind längst

ausgebrochen und unkenntlich geworden. Der hohe Fallthurm in dessen Tiefen so mancher Elende seine Lebenskräfte verseufzte, entbehrt schon seit 1646 des schützenden Daches, die Hälfte seiner herrlichen Mauerkrone ist längst in die Tiefe gestürzt, er selbst nur noch auf Leitern zugänglich. Die unterirdischen Gänge, deren einer im ehemaligen Rathause der Stadt Mindelheim ausgemündet haben soll, sind verschüttet oder unauffindbar geworden, die großartige Küche, das geräumige Burgverlies in Ställe für die Giltbauern umgewandelt, die Zugbrücke außerhalb der Schloßpforte durch einen Erddamm ersetzt, der Söller, (dessen Spuren an der nordwestlichen Seite der Burg noch immer sichtlich), längst in den Schloßzwinger herabgefallen, und bald wird die alte, einst so wichtige Burg wohl nur noch eine Zufluchtsstätte der Raben und Eulen seyn, zumal das Ablösungsgesetz vom Jahre 1848 sie auch noch als Kornspeicher entbehrlich gemacht hat.

Nur die Kapelle zum heiligen Georg, deren Vermögen seit 1818 die Gemeinde verwaltet, und das mittelalterliche Wohnhaus des Benefiziaten, dessen geringe Pfründe immer einem Emeriten verliehen werden muß, haben alle Leiden einer langen, schwerbewegten Zeit überdauert. Sie allein von dem alten Herrenschlosse stehen noch aufrecht — ein Symbol der Religion, die auch dann noch allen Stürmen trotzen wird, wenn einst die alte Mindelburg nur noch als dachlose und zerbröckelte Ruine ins freundliche Mindelthal hinausblickt. Sic transit gloria Mundi!

110 Aufsess Die Burg Aufseß liegt auf einer Felsnase, die sich über dem Tal des Baches erhebt. Sie befindet sich seit dem Hochmittelalter in den Händen des Edelgeschlechts von Aufseß. Die erste urkundliche Erwähnung eines Aufseß stammt aus dem Jahr 1114. Auf dieses Jahrhundert gehen die ältesten erhaltenen Teile der Burg zurück, der viereckige Bergfried und das an ihn angebaute »Meingotzhaus«. 1430 wurde die Burg von den Hussiten, 1525 von den Bauern und 1633 von den Kroaten heimgesucht. 1677 erhielt sie dann im wesentlichen ihre heutige Gestalt. Die Burgkapelle, die zugleich den evangelischen Bewohnern der talwärtigen Siedlung als Pfarrkirche diente, wurde 1750/52 neu erbaut. Sie ist mit kostbaren Kunstwerken ausgestattet.

Im Jahr 1690 trennte sich der protestantische Carl Heinrich von Aufseß von seinem katholischen Bruder Friedrich und ließ etwas oberhalb des alten Schlosses ein neues Schloß erbauen. Seither unterscheidet man oberes und unteres Schloß, welches der Stich zeigt.

Viele Mitglieder der Familie von Aufseß hatten hohe weltliche und geistliche Stellen inne. Hans von Aufseß gründete im 19. Jahrhundert das Germanische Nationalmuseum in Nürnberg.

111 Bamberg, Dom Von 1004 bis 1012 wurde in Bamberg der erste Dom errichtet. Ab 1215 trat der heutige Bau an seine Stelle. Er ist eine Gewölbebasilika mit zwei Chören (Altarräumen): dem Peterschor im Westen und dem Georgenchor im Osten. Beide Chöre werden von je zwei Türmen flankiert.

Der Stich zeigt den Blick vom Georgenchor aus zum Peterschor. Der Bamberger Dom ist eines der großartigsten Denkmäler spätstaufischer Kunst. Er ist vor allem auch wegen seiner hervorragenden Steinbildwerke berühmt. Im Laufe der Jahrhunderte kamen zur ursprünglichen Ausstattung des Innenraums viele neue Kunstwerke hinzu. Die von König Ludwig I. veranlaßte Purifikation des Doms hat viele »Verunstaltungen« beseitigt.

Mit Entrüstung sah unser kunstliebender König Ludwig schon als Kronprinz diese Verunstaltungen, und nicht lange nach seiner Thronbesteigung, unterm 7. August 1828, erließ er den Befehl, daß die Kirche, indem sie sich unter allen byzantinischen Bauwerken möglichst in allen ihren ursprünglichen Formen erhalten hat, in ihrer Reinheit wieder hergestellt und alle fremdartigen Zusätze daraus entfernt werden sollen. Den ehrenvollen Auftrag der Ausführung erhielt der bamb. Architekturmaler und Kupferätzer Friedrich Karl Rupprecht, und nach dessen 1831 erfolgtem Tode der Architekt Heideloff zu Nürnberg; später wurde die gänzliche Vollendung der Restauration dem kgl. Oberbaurath v. Gärtner zu München übertragen. Um ungestört arbeiten zu können, wurde die Kirche am 14. Nov. 1836 geschlossen und am 22. August 1837 von dem Erzbischof Jos. Maria v. Fraunberg feierlich wieder eingeweiht. Unter der Leitung des k. Bau-Inspektors Popp wurde 1839 auch die Sepultur im altdeutschen Styl wiederhergestellt. — Am 21. Dezember 1841 hielt der genannte Hr. Erzbischof seine feierliche Jubelmesse im Georgenchor; leider wurde er bald danach, schon am 21. Januar 1842, im rechten Seitenschiff der Kirche begraben.

112 Bamberg, Kloster Michelsberg und das Hospital Auf dem Hügel nördlich des Doms erhebt sich als zweiter Höhepunkt des Siedlungsbildes das ehemalige Benediktinerkloster Sankt Michael, gegründet im Jahr 1015. Die erste, schon 1021 geweihte Klosterkirche wurde im Jahr 1117 durch ein Erdbeben zerstört. An ihre Stelle trat eine dreischiffige Basilika mit östlichem Querschiff und zwei Westtürmen. Schiff und Querschiff dieses Neubaues haben sich als Kern der heutigen Anlage erhalten. Nach 1475 trat der heutige gotische Altarraum an die Stelle des kleinen Altarraums der romanischen Anlage. Der Brand von 1610 führte zur Erneuerung der Obergeschosse der Türme. Zur gleichen Zeit wurde auch der Innenraum umgestaltet. Anstelle der alten Flachdecke zog man die jetzige Tonne ein. Um 1697 blendete Johann Leonhard Dientzenhofer die Westfassade vor. In den darauffolgenden Jahren entstanden auch die anderen der noch bestehenden Baulichkeiten des Klosters, so um 1720 die barocken Anbauten des gotischen Altarraums, Sakristei und Grabkapelle, ausgeführt nach den Plänen von Johann Dientzenhofer. Der Innenraum erhielt eine vorzügliche Rokokoausstattung. Die Säkularisation setzte zu Beginn des vorigen Jahrhunderts dem benediktinischen Leben auf dem Michaelsberg ein Ende. Heute dienen die Klostergebäude als städtisches Bürgerspital.

Am Fuße unseres Berges liegt das allgemeine Krankenhaus. Dieses vortreffliche Institut schuf und gründete der alles Gute erfassende und fördernde Fürstbischof Franz Ludwig v. Erthal. Er erkaufte 1786 für 10,000 fl. den gräflich Stadion'schen Garten mit den zwei großen Gebäuden, welche zum Theil die jetzigen Seitenflügel ausmachen. Der Grundstein zu dem mittlern Hauptgebäude wurde am 19. Mai 1787 gelegt, und schon am 11. Nov. 1789 erfolgte die feierliche Einweihung. Den Bau leitete der Bamberger Hofarchitekt Fink und der Würzburger Baumeister Geigel. Er kostete mit der inneren sehr zweckmäßigen Einrichtung 60,000 fl., welche der Fürst aus seiner Privatkasse bestritt. Die innere Einrichtung wurde von Zeit zu Zeit noch mehr vervollkommnet, so daß diese Anstalt unter die vorzüglichsten dieser Art in ganz Deutschland zu zählen ist. Daher wurde dieselbe sowohl im Inlande als im Auslande schon mehrmal bei Gründung ähnlicher Anstalten zum Vorbild gewählet, wie dieß erst jüngst wieder bei Anlegung eines Spitals in Jassy der Fall war.

Im Hintergrund über dem Krankenhaus auf dem Stich ist die Kirche der Propstei Sankt Getreu angedeutet, die 1124 gestiftet wurde und früher zum Kloster Michelsberg gehörte.

113 Bamberg, Obere Pfarrkirche Die bestehende Kirche, eine dreischiffige Basilika, wurde um 1290 am Platz einer älteren begonnen. In den ersten Jahrzehnten des 14. Jahrhunderts wurde der Bau hochgeführt, um 1360 der Altarraum wieder abgebrochen. An seine Stelle trat der hohe Chor, dessen Dach das des Langhauses beträchtlich überragt. Seine Weihe erfolgte 1387; die Einwölbung war erst 1421 vollendet. Sein steiles Satteldach stammt aus dem 18. Jahrhundert. Um 1360 wurde gleichzeitig mit dem neuen Altarraum an der Nordseite des Langhauses die Ehe-Pforte (auf dem Stich links) und an seiner Südwestseite der Turm hochgeführt. Statt der geplanten Bekrönung des Turms durch einen Spitzhelm setzte man im 16. Jahrhundert auf das fünfte Turmgeschoß eine Türmerwohnung mit einer kleinen Kuppel auf. Dieser Turmabschluß war als Provisorium gedacht, wurde aber beibehalten. 1502 setzte man dem nördlichen Seitenschiff die feingliedrige Ölbergkapelle vor. Der großartige Chor und der reichverzierte Turm sind offenbar unter dem Einfluß der böhmischen Baumeisterfamilie Parler entstanden. Von 1711 bis 1713 wurde der Innenraum barockisiert.

An der sehr frequenten Straße nach Würzburg, auf der Abdachung des sogenannten Kaulbergs, dessen schon in Urkunden von 1174 unter dem Namen Monte globorum erwähnt wird, erhebt sich die Marienkirche, auch Kirche zu Unserer Lieben Frau, gewöhnlich aber nur die obere Pfarrkirche genannt.

Sie ist theilweise im reinsten deutschen Spitzbogenstyl erbaut, der sich am Chor und an dem Thurme noch vollständig rein erhalten hat. Der Chor hat 10 schlanke, schön verzierte Fenster. Alles ist mit einer solchen Zierlichkeit und Leichtigkeit ausgeführt, wie an der bekannten herrlichen Kirche zu Oppenheim. Die fünf Stockwerke des Thurmes tragen an jedem Absatze nach oben an Reichthum der Ausschmückung immer zunehmende Verzierungen, die an den obern zwei Stockwerken aus gitterartig sich kreuzenden mit Weinlaub besetzten Stäben bestehen; der geschmacklose, etwas vorspringende letzte Stock desselben, so wie die Bedachung gehören aber dem vorigen Jahrhunderte an. Die Ehethüre hat, wie auf der beigegebenen Abbildung an der langen Seite der Kirche zu sehen ist, über der Treppe ein steinernes, auf zwei Säulen ruhendes Vordach; in den Nischen neben derselben sind, schön gearbeitet, die fünf weisen und die fünf thörichten Jungfrauen, und über der Thüre die Vermählung Christi mit der Kirche angebracht. Diese Werke entstanden alle in der besten Zeit der deutschen Baukunst. Denn der Grundstein zur Kirche wurde im Jahre 1320 gelegt, und zwar auf derselben Stelle, wo schon im zwölften Jahrhundert eine Marienkapelle stand. Der Bau nahm indessen einen etwas langsamen Fortgang, indem nicht, wie es damals bei Kirchenbauten gebräuchlich war, in ganz Deutschland dafür gesammelt, sondern derselbe lediglich aus den von der Bürgerschaft dazu geleisteten Mitteln bestritten wurde; daher konnte die Einweihung auch erst 1387 statt finden. Sie wurde am Sonntage nach Christi Himmelfahrt, durch den aus dem Elsaß gebürtigen Bamberger Bischof Lambert von Brunn feierlich vorgenommen. Im Hintergrunde rechts auf der Abbildung zeigt sich die protestantische Pfarrkirche; dieselbe gehörte früher zu dem Collegiatstift St. Stephan, und wurde von Kaiser Heinrich II. und Kunigunde in den Jahren 1008 bis 1020 erbaut. Aus dieser Zeit ist noch ihr Thurm mit seinen Verzierungen im byzantinischen Style. In der ersten Hälfte des 17ten Jahrhunderts wurde die alte Kirche abgebrochen und von den Baumeistern Bonalino und Joh. Petrini dafür die neue (1628 bis 1686) im neurömischen Style aufgeführt. 1803 wurde das Stift selbst aufgelöst, und 1807 die Kirche der protestantischen Gemeinde eingeräumt.

114 Bamberg, Kirche Sankt Jakob 1072 wurde westlich des Doms außerhalb der Stadt das Chorherrnstift gegründet. Die 1109 dem heiligen Jakob geweihte Kirche dieses Stifts hat sich im wesentlichen erhalten. Sie ist eine dreischiffige Basilika mit zwei Chören und Krypten und einem westlichen Querschiff. In der ersten Hälfte des 13. Jahrhunderts erhielt sie zwei Osttürme, von denen aber nur noch einer steht. 1491 wurde der westliche Chor neu gebaut; der Stich zeigt eines seiner hohen, spitzbogigen Fenster. 1771 beseitigte Franz Ignaz Neumann den Ostchor und blendete die Barockfassade vor. Den Südturm trug man bis zur Dachhöhe ab; anstelle der romanischen Flachdecke zog man ein Lattengewölbe ein. Die Säkularisation beendete das klösterliche Leben des Stifts. Von 1867 an wurde die Kirche einer Purifizierung unterzogen. Das barocke Lattengewölbe wurde bis auf die Flachkuppel der Vierung wieder entfernt, die barocke Ausstattung durch neugotische Stücke ersetzt. Dennoch zählt der Innenraum dieser Kirche bis heute zu den großen Leistungen der hochromanischen Baukunst. — Im Hintergrund des Stichs erscheint die Altenburg.

115 Bamberg, Schloss Altenburg Die Altenburg bei Bamberg mit ihrem 33 Meter hohen Bergfried krönt eine östliche Randhöhe des Steigerwalds, die schon in vorgeschichtlicher Zeit befestigt war. Unter ihrem jetzigen Namen erscheint sie schon in der ersten Hälfte des 12. Jahrhunderts. Im Mittelalter war sie ein Vorwerk der Burg auf dem Domberg. Seit der zweiten Hälfte des 13. Jahrhunderts bis zum 16. Jahrhundert war sie die zeitweilige Residenz der bischöflichen Landesherren. Der Markgrafenkrieg vom Jahr 1553 legte die Burg in Asche, anschließend wurde sie wieder aufgebaut. Der auf dem Stich wiedergegebene Torbau und die Steinpfeiler der Brücke stammen aus dieser Zeit. Seit 1816 gehört sie dem Altenburgverein, der 1901/02 den neuen Palas aufführen ließ, in dem ein Café eingerichtet ist. Von diesem Neubau abgesehen stammt der Baubestand der Burg im wesentlichen aus dem 15. und 16. Jahrhundert. Im nördlichen Mauerturm ist die E.T.A.-Hoffmann-Klause eingerichtet, ein Zimmer, in dem der Dichter öfters wohnte.

Im Jahre 1738 ließ der kunstliebende Fürstbischof Friedrich Karl von Schönborn den runden Wartthurm mit einer sogenannten welschen Haube bedecken, welche aber am 11. Mai 1790 der Blitz zerstörte. Auch das Uebrige der Burg ließ er in guten Stand setzen, und die Befestigungswerke, um die Debringer Straße bestreichen zu können, nach der neuern Art herstellen. Diese Bauten, geleitet von dem Hauptmann Küchel, wurden aber so schlecht und schwerfällig ausgeführt, daß nach ungefähr 30 Jahren die Festungswerke sammt dem Fürstenbau während eines nassen Winters einstürzten. Die Kosten desselben beliefen sich, obwohl Stadt- und Landbewohner die Schanzarbeiten umsonst besorgen mußten, auf 9000 fl.

Gegen Ende des vorigen Jahrhunderts erhielt Dr. Marcus, der Leibarzt des Fürsten, die Altenburg von diesem zum Geschenk. Unter ihm gewann die Burg bedeutend an Verschönerungen. Sie war sein Lieblingsaufenthalt; auf die Verschönerungen des Baues selbst, so wie auf schöne Anlagen, verwendete er bedeutende Summen, und schrieb auch auf derselben die meisten seiner gehaltvollen medicinischen Werke.

Nach seinem i. J. 1816 erfolgten Tode wurde sie von einem Verein patriotisch gesinnter Männer 1818 angekauft, dessen damaliger Vorstand, der königl. Postmeister v. Grafenstein, sich bedeutende Verdienste um die Erhaltung und Verschönerung der Burg erwarb, so daß er die ihm neben dem Eingange in die Kapelle gesetzte steinerne Tafel mit einer sein Andenken ehrenden Inschrift mit Recht verdient.

Der jetzige Vorstand des Vereins, der königliche Forstmeister v. Stengel steht seinem Vorgänger in diesem rühmlichen Streben nicht zurück. Unter seiner einsichtsvollen Leitung entstanden die neuen zweckmäßigen Bauten und Anlagen.

116 Bamberg, Rathaus Der linke Regnitzarm trennt die geistliche von der bürgerlichen Stadt. Die Brücke, welche die beiden Stadtteile verbindet, wird 1157, der Torturm auf einem Pfeiler derselben 1321 erstmals bezeugt. 1386 ist ein erstes Mal die Rede von der ganzen Baugruppe: vom Rathaus (auf dem Stich rechts vom Torturm), vom Torturm selbst und dem Rottmeister-Häuslein (auf dem Stich links neben ihm). Nach einem Brand von 1440 wurde die ganze Baugruppe neu aufgeführt. Die bis dahin hölzerne Brücke wurde bis 1456 durch die im Kern noch erhaltene Brücke aus Stein ersetzt. 1467 war auch der Neubau des Rathauses vollendet. Von 1744 bis 1756 erhielt die Baugruppe nach den Plänen von Johann Jakob Küchel ihre seitherige, auf dem Stich wiedergegebene Erscheinungsform. Der gotische Mauerbestand der unteren Bauteile wurde übernommen, die oberen Geschosse neu aufgeführt. Bonaventura Joseph Mutschelle gestaltete die reiche Bauplastik des Turmes. Die drei freien Seiten des Rathauses wurden durch Fresken geschmückt.

Nach Beseitigung der Kriegsschäden — eine Sprengung hatte 1945 den östlichen Bogen der Brücke schwer beschädigt — bildet das Alte Rathaus wieder eine Baugruppe von großer Schönheit.

117 Bamberg, Ludwigsbrücke *Die Ludwigsbrücke stellt die Verbindung zwischen demjenigen Arm des Regnitz-Flußes her, welcher die Stadt Bamberg von der Vorstadt Steinweg trennt. Obgleich dieser Arm meistens nur wenig Wasser führt, so schwillt er doch* bei Hochwässern ausserordentlich an; vorzüglich sind die Eisgänge sehr verheerend. Früher stand an dieser Stelle eine massive steinerne Brücke, ein mit vielen Verzierungen geschmücktes Bauwerk, unter dem Namen Seesbrücke, mit vier Bogen Oeffnungen, welche von dem Fürstbischof Johann Philipp Anton im Jahr 1752 erbaut und am 27. Februar 1784 ein Raub des damals furchtbar tobenden Flußes wurde.

Im Jahre 1809 erbaute man eine hölzerne Brücke in einem einzigen Bogen, die jedoch nicht einmal das halbe Alter ihrer steinernen Schwester erlebte, da man sie schon im Jahre 1826 wieder abtragen mußte.

Die Schwierigkeiten, welche das Terrain in Beziehung auf eine dauerhafte Fundamentirung von Mittelpfeilern darbot, und die deßhalb gemachten Erfahrungen, riethen bei Erbauung einer neuen Brücke für eine einzige Ueberspannung und als am zweckmäßigsten für eine Kettenbrücke.

Die größte Schwierigkeit bei Erbauung der massiven Stützpfeiler dieser Brücke bot die an dieser Stelle in dem Fluß begrabene steinerne Brücke. Dieses alte Mauerwerk mußte am linken Ufer 17mal und am rechten Ufer 46mal durchbohrt werden, um die Grundpfähle durch diese Bohrlöcher einrammen zu können. Auf den massiven Stützpfeilern stehen die Pilonen, welche die Brücken-Ketten tragen.

Die feierliche Einweihung und Eröffnung der Brücke geschah am 31. Dezember 1829 und Se. Majestät, der König von Bayern, genehmigten, daß dieselbe nach Allerhöchst ihrem Namen Ludwigs-Brücke genannt werden durfte.

Die Ludwigs-Kettenbrücke tat ihren Dienst bis 1891, dann wurde sie durch eine Fachwerk-Bogenbrücke ersetzt.

118 Bamberg, Umgebung **Theresienhain.** Er bildet den nächsten, angenehmsten und besuchtesten Spaziergang der Bamberger. Früher war er nur unter dem Namen »Buchenwald«, wegen der dort befindlichen vielen Buchen, und »Mühlwörth«, wegen des oberen, den Stadtmüllern gehörigen, von ihnen zu unterhaltenden Wehrs, bekannt. Seine jetzige Benennung erhielt er am 20. Februar 1816 zum Andenken an die damalige Kronprinzessin, jetzige Königin von Bayern, Theresia. Er ist Staatseigenthum, und wurde schon 1804 von dem kunstsinnigen und selbst kunstgewandten Verschönerer Bambergs, dem Generalkommissär Stephan Freiherrn von Stengel, umgewandelt und nach Art eines englischen Gartens angelegt. Unter Bambergs Vergnügungsplätzen nimmt dieser Lusthain den ersten Rang ein, und mit Recht kann er den vorzüglichsten derartigen Anlagen in Deutschland an die Seite gestellt werden. Denn hier hat die Natur alles selbst geschaffen, und die Kunst brauchte nur wenig nachzuhelfen. Umflossen von der Regnitz und einem Arm derselben, bietet er in üppiger Vegetation reiche und malerische Baumgruppen und tiefen kühlen Schatten dar. Ausblicke auf die nahen und fernen anmuthigen Hügel und mit Burgruinen gekrönten Berge, und aus blauem Dunst vorschimmernde ferne Dörfer und Kirchthürme überraschen an mehreren Stellen den Wandelnden. Von der Stadt aus führen zwei Alleen zum Haine; die eine, rechts, beginnt bei der letzten Schleuße des Ludwigkanals; die andere, links, bei dem städtischen Schießhause. Im Hain selbst sind zwei geschmackvoll angelegte Tempel, ein 1815 erbautes Badhaus, und ein um dieselbe Zeit aufgeführtes Wirthschaftsgebäude, welches die Abbildung zeigt. Früher erstreckte sich die Anlage nur bis zu dem oben erwähnten kleinen Abfluß der Regnitz, der dieselbe von dem oberen Haine trennt, mit welchem sie aber mittels einer Brücke verbunden ist. Dieser ist seit 1821 städtisches Eigenthum, und wird zum Andenken der Frau Herzogin Louise in Bayern auch Louisenhain genannt.

Fischerhof. Dieses Gut gehörte bis zur Säcularisation zu der Abtei Michelsberg. Gumbert, auch Gumbold genannt, welcher von 1094 bis 1112 derselben vorstand, ließ die hier entspringende, starke, frische Quelle fassen und mehrere kleine Weiher oder Fischbehälter dabei anlegen. Später wurden allda auch einige Gebäude aufgeführt, wodurch der Name Fischerhof entstand. Hier hielten sich häufig zu ihrem Vergnügen die Geistlichen dieser Abtei auf. In dem 16ten und 17ten Jahrhundert wurden daselbst öfter Festlichkeiten und Feuerwerke veranstaltet, und 1685 gab der Rath der Stadt Bamberg hier ein großes Gastmahl, welchem auch der Fürst beiwohnte. Der vorletzte Abt, Gallus Brockard, ließ 1765 das jetzige sogenannte Schlößchen oder größere Wirthschaftsgebäude errichten. Nach der Säcularisation ging der Fischerhof in Privatbesitz über. Die jetzige Gartenanlage, die Vereinigung der kleinen Weiher in einen einzigen, welcher derselben ein malerisches Ansehen gewährt, wurde 1814 nach dem Plan des Zeichnungslehrers Geibel ausgeführt.

Gaustadt mit einer 1808 neu aufgeführten Kapelle, zwei guten Brau- und Wirthshäusern, nämlich dem oberen gleich beim Eingange auf einer kleinen Anhöhe, und dem unteren; ersteres zeigt die Abbildung links vor der Kapelle. Von demselben bietet sich dem Auge eine sehr reizende weite Aussicht auf die Regnitz und den Main, und schon in beträchtlicher Ferne erblickt man hier die ankommenden Dampfschiffe. Tiefer unten am Ecke dieses Wirthshauses, wo ein Vicinalweg nach Kolmsdorf, Lisberg etc. führt, steht eine steinerne Säule (hier zu Land Marter genannt) mit der Jahrszahl 1652. Von derselben hat sich die Sage erhalten, daß in diesem Jahre eine pestartige Seuche fast alle Einwohner in dem unteren Theil des Ortes hinwegraffte, und nur die auf der Anhöhe wohnenden verschont blieben, weßhalb sie hieher gesetzt worden sey. Urkundlich kommt Gaustadt zuerst 1136 vor, in welchem Jahre der Probst Uzilin im Kloster Michelsberg einen Jahrtag stiftete, und dazu eine »Manse bei Guhstat« gab. 1652 ließen die nach *der Seuche noch am Leben gebliebenen Einwohner aus Dankbarkeit, zu Ehren des heil. Sebastian eine Kapelle erbauen. — Auf der andern Seite des Regnitzgrundes, am Ende des Haupts-Moors, und zwar an der Landstraße nach Bayreuth, befindet sich das ehemals fürstliche Lustschloß*

Seehof. *In früheren Zeiten hatte daselbst die Familie v. Rotenhan zu Rentweinsdorf mehrere Weiher mit einem Hause, das Seehaus genannt. Veit von Rotenhan verkaufte diese Besitzung 1489 an den Fürstbischof Heinrich Groß von Trockau. Der Fürstbischof Johann Georg Zobel von Giebelstadt, welcher von 1577 bis 1580 regierte, ließ einen großen Theil derselben zu einem Garten anlegen, und ein neues großes Haus aufführen, wodurch dann der Name Seehof entstand. In den Stürmen des dreißigjährigen Krieges ging aber diese Schöpfung zum größten Theil wieder ein. Erst der Fürstbischof Marquard Sebastian Schenk v. Stauffenberg, ein leidenschaftlicher Jagdfreund, faßte den Plan, hier ein Schloß zu erbauen. Im Jahre 1686 wurde der Grundstein gelegt und schon 1690 war es vollendet. Es ist im französischen Geschmacke aufgeführt, und liegt, wie die Abbildung zeigt, höchst malerisch. Der Garten wurde in gleichem Styl angelegt; erst seine Nachfolger, die baulustigen Fürstbischöfe Lothar Franz und Georg Karl v. Schönborn ließen das Innere des Schlosses reich ausstatten, und die Gartenanlagen vollenden. Der lebenslustige und prachtliebende Fürstbischof Adam Friedrich v. Seinsheim ließ während seiner Regierung von 1757 bis 1779 den Garten gänzlich umändern, die großartigsten Wasserkünste errichten, überall von M. Dietz und F. Trautmann gefertigte Statuen anbringen, und überhaupt Alles auf das Vorzüglichste herstellen, was eine Ausgabe von 3,000,000 fl. verursachte, wozu freilich auch die Kosten für die von ihm daselbst veranstalteten großen Feste gerechnet sind; denn er erhielt häufig Besuche von regierenden Häuptern und anderen hohen Personen. Nur wenige Ueberreste sind von diesen Anlagen noch vorhanden. Zu Seehof wohnte die Sommermonate über der Herzog Wilhelm in Bayern, nachdem er bei Abtretung des Herzogthums Berg an Napoleon, durch den Prinzen Murat von seinem geliebten Düsseldorf und Benrath plötzlich verdrängt, i. J. 1806 in Bamberg seine Residenz genommen hatte. Die schöne Lage dieser Stadt und die Liebe ihrer Bewohner, welche sich der ehrwürdige Fürst bald gewann, machten ihm auch den neuen Aufenthalt bald lieb und angenehm und er fühlte sich desto leichter daselbst heimisch, als er sich besonders zu Seehof gefiel, wo er sieben Sommer mit dem größten Theil seiner Hofhaltung zubrachte, bis er die Herrschaft Banz kaufte und dann alljährlich die ganze schönere Jahreszeit auf dem romantisch liegenden Schlosse Banz verlebte. Seehof hatte für den hochgebildeten und der geselligen Welt gewohnten Fürsten ausser der anmuthigsten Natur, die ihn hier umgab, auch den Vortheil der Nähe Bambergs, das mit seinen sieben Hügeln im Hintergrunde einer reichen Landschaft liegt, die man gegen Südwest von den Thürmen dieses freundlichen Lustschlosses aus überblickt. — Die ganze Besitzung ging 1840 käuflich an den Obristen, Freiherr von Zandt über, welcher aber schon am 5. März 1841 in diesem Schlosse gestorben ist. Jetzt bewohnt dasselbe zeitweise seine hinterlassene Wittwe.*

Wildensorg. *Dieses Oertchen mit 280 Seelen, 103 Gebäuden und zwei Wirthshäusern, welche während des Sommers von den Städtern sehr häufig besucht werden, liegt sehr romantisch in einem Halbzirkel zerstreut, am Fuße des Berges der Altenburg gegen Abend. Es entstand erst 1435. In diesem Jahre erhielten nämlich Burkard Hetzer und Konrad Partengeyer von dem Fürstbischofe Anton von Rotenhan die Erlaubniß, bei ihrem Weinberge hinter der Altenburg zwei Häuser und ein Kelterhaus zu bauen, gegen die jährliche Abgabe einer Fastnachtshenne, und Leistung des Waffendienstes auf der Altenburg. Gleiche Begünstigung wurde 1462 Konrad Schad, Klaus Richard und Hans Lintlein, und 1467 Johann Eulengraber zu Theil. Durch diese Ansiedelungen entstand allmählich das Dörfchen.*

119 BANZ Auf dem Banzer Berg haben sich die Reste eines frühmittelalterlichen Ringwalls erhalten, einer sogenannten »Volksburg«. Im 10. Jahrhundert entstand auf der Spitze des Bergsporns, unmittelbar am Abfall zum Maintal, eine neue Burg, Gräfin Alberada von Schweinfurt verwandelte 1069 ihre Burg Banz in ein Benediktinerkloster.

Der auf dem Bild dargestellte, erhaltene Baubestand stammt aus der Barockzeit. Johann Leonhard Dientzenhofer leitete von 1695 an den Bau der weitläufigen Klostergebäude. Das Abteigebäude — das langgestreckte, der Kirche vorgelagerte Gebäude mit dem Mittelrisalit — entstand zwischen 1701 und 1704. Die Kirche mit ihren zwei kuppelbekrönten Türmen baute Johann Dientzenhofer von 1710 bis 1719. Seit 1752 war Balthasar Neumann mit dem Bau der Klosteranlage betraut; nach seinem Tod führte Jakob Michael Küchel Neumanns Pläne aus. Auf der dem Main abgekehrten Nordseite entstanden vor dem Abtbau und einem Hof die niedrigeren — auf dem Stich im Vordergrund der Gesamtanlage dargestellten — Wirtschaftsgebäude. 1772 vollendete Küchel die Bauten. Das Abteigebäude hat nun den Mittelrisalit und die große Treppenanlage davor erhalten sowie als neuen Haupteingang den schönen Rokoko-Torbau, der die Neumannschen Wirtschaftsgebäude miteinander verbindet.

Die Klostergebäude haben die Säkularisation überstanden und gingen 1814 in den Privatbesitz des bayerischen Königshauses über. Später wurde in Banz ein Trappistenkloster eingerichtet. Seit 1933 ist das ehemalige Kloster im Besitz der »Gemeinschaft von den heiligen Engeln e.V.«.

120 Bayreuth Der Name der Stadt deutet auf eine Rodungstätigkeit bayerischer Siedler. 1194 wird der Ort »Baierrute« erstmals urkundlich genannt. Im frühen 13. Jahrhundert erwächst unter der Obsorge der bayerischen Grafen von Andechs-Meranien neben einer dörflichen eine städtische Siedlung. Ihr Mittelpunkt war die heutige Evangelische Stadtkirche (die zweitürmige Kirche auf dem Stich rechts). 1248 gelangte die Stadt aus dem Erbe der Grafen von Andechs-Meranien an die Burggrafen von Nürnberg, die sich seit ihrem Einzug in die Mark Brandenburg Markgrafen nannten. Sie waren Herren der Stadt Bayreuth, bis sie 1806 an Bayern fiel.

Die Markgrafen waren sehr auf die Förderung der Stadt bedacht. 1283 wird sie Zollstelle, 1361 erhält sie das Münzrecht. Markgraf Albrecht Alcibiades von Kulmbach, der »fürstliche Condottiere der Reformationskriege« verlegte 1542 die Kanzlei des markgräflichen Hofes von Kulmbach nach Bayreuth. Nach 1603 wurde auch die Kulmbacher Hofhaltung hierher verlegt, nachdem das alte Schloß der Meranier von 1565 an restauriert worden war. Der hohe, achteckige Treppenturm, der für das Bild der Stadt seither bestimmend ist — auf dem Stich links neben der Stadtkirche —, wurde bald nach 1600 hinzugefügt. Nachdem das Potsdamer Edikt von 1686 die Ansiedlung von Hugenotten-Flüchtlingen aus Frankreich in den Territorien der Hohenzollern ermöglichte, entstand in der Vorstadt Sankt Georgen, die erst 1811 mit Bayreuth vereinigt wurde, eine Hugenottenstadt. Die Wandlung zur barocken Residenzstadt begann 1667 mit dem Ausbau des Alten Schlosses. Die wesentlichsten Werke dieses markgräflichen Bayreuth entstanden während der Zeit des Markgrafen Friedrich »des Vielgeliebten« († 1763) und seiner Gemahlin Wilhelmine († 1758), der Schwester Friedrichs des Großen: das Rokokotheater ab 1744, das Neue Schloß der berühmten Eremitage ab 1749, das neue Stadtschloß ab 1753 und die Schloßkirche mit der Gruftkapelle des Markgrafenpaares, vollendet 1756.

1769 erlosch mit dem Tod des Markgrafen Friedrich Christian die Bayreuther Linie der Hohenzollern. Die Stadt gelangte an die Ansbacher, 1791 an Preußen, 1807 an Frankreich und 1810 an Bayern.

Der langgestreckte niedrige Baukomplex am linken Bildrand (rechts neben dem höheren der zwei alleinstehenden Bäume) ist die 1945 zerstörte Alte Mainkaserne. Die linke Anhöhe im Hintergrund ist der Ochsenkopf, die rechte ist die Königsheide. Die Kapelle im Vordergrund rechts ist die Gottesackerkirche.

121 Bayreuth, Sonnentempel in der Eremitage 1666 legte Markgraf Christian Ernst nordöstlich der Stadt einen »Tiergarten« an. Später fügte er ein Grotten- und Brunnenhaus hinzu und Markgraf Georg Wilhelm schuf sich eine Einsiedelei. Von 1715 bis 1718 baute Johann David Ränz das Alte Schloß der Eremitage, das in seinen verschiedenen Bauteilen den Anschein frei gewachsener Felsen erwecken will. Von 1749 bis 1753 baute Joseph Saint-Pierre das Neue Schloß der Eremitage, auch »Orangerie« oder »Menagerie« genannt. Der Stich zeigt dieses Neue Schloß: Von dem achteckigen Sonnentempel gehen zwei viertelkreisförmige Flügel aus. Vor ihnen liegt ein Teich, aus dem ursprünglich 58 Fontänen in die Höhe schossen.

Dieses beschwingte Märchenschloß, in dem sich die Geisteshaltung der Markgräfin Wilhemine Ausdruck verschaffte, ist im Zweiten Weltkrieg ausgebrannt. Nur seine Architektur blieb erhalten.

122 Giech 1125 benannte sich Wilhelmus de Gieche nach der auf einer beherrschenden Höhe nahe Bamberg gelegenen Burg. Sie ging an die Herzoge von Andechs-Meranien über, nach deren Aussterben 1248 an das Haus Truhendingen. 1390 kam Giech an die Bischöfe von Bamberg. Im Hussitenkrieg 1430 und im Bauernkrieg 1525 wurde Giech abgebrannt, aber wiederum aufgebaut. Markgraf Alcibiades zerstörte die Burg 1553 wieder. Der umfassenden Wiederherstellung durch den Bamberger Fürstbischof Johann Philipp von Gebsattel von 1599 bis 1609 verdankt der heutige bauliche Bestand der Ruine — vom romanischen Bergfried abgesehen — sein Aussehen. Nach dieser Wiederherstellung überstand die Burg sogar den Dreißigjährigen Krieg, doch nach der Säkularisation führte man ihren Verfall 1808 durch die Abtragung der Dächer absichtlich herbei.

Heute ist die Ruine in Privatbesitz; 1945 erlitt sie erneut Kriegsschäden.

Nahe der Burg Giech liegt die dem heiligen Pankratius geweihte Wallfahrtskirche Gügel. Sie stammt aus der Zeit um 1400 und bezeichnet den Platz einer damals abgegangenen Burg. 1612 wurde sie verändert und neu ausgestattet.

Der Gügel wird eine kleine Filialkirche der Pfarrei Scheßlitz, dem heiligen Pankratius gewidmet, genannt. Sie liegt in einer sehr romantischen Gegend auf einem Bergrücken, dem Giechschlosse gegenüber, und ist im deutschen Spitzbogenstyl erbaut. Das Merkwürdigste dieser Kirche ist, daß das Schiff und der Thurm auf einem frei emporstrebenden Felsen ruhen. An demselben ist der Chor angebaut; ein Eingang führt auch durch diesen Felsen in die Kirche. An der Emporkirche ist das Bamberger Landeswappen, das Wappen des Fürstbischofs Lambert von Brunn und des Fürstbischofs Albert von Wertheim, an dem Thurm das Wappen des Fürstbischofs Anton von Rotenhan, an der Seitenmauer des Fürstbischofs Heinrich Groß von Trockau, sämmtlich aus Stein.

123 Gössweinstein Die erste Nachricht über die Burg Gößweinstein stammt aus dem Jahr 1076. Im 12. Jahrhundert gehörte die Burg dem Hochstift Bamberg, das in ihr einen Burgmann sitzen hatte, der dem Bischof zu militärischer Dienstleistung verpflichtet war. Vom 14. Jahrhundert bis zum Jahr 1780 war die Burg Sitz des bischöflichen Vogteiamts. Im Bauernkrieg von 1525 wurde sie großenteils zerstört, doch 1532 war sie wieder aufgebaut. Nach ihrer Übernahme durch den Bayerischen Staat nahm die Burg das Rentamt Pottenstein (seit 1859 Rentamt Gößweinstein) auf. Nach der endgültigen Verlegung des Rentamts nach Pottenstein verkaufte der Staat zu Ende des 19. Jahrhunderts das Schloß an Private. Diese ließen es nach 1890 im Sinne der Neugotik mit überragendem Turmgeschoß, Zinnenkranz und Treppengiebel versehen.
Mittelpunkt des zu Füßen des Burgberges gelegenen Marktes Gößweinstein ist seit dem Mittelalter die Wallfahrtskirche zur heiligen Dreifaltigkeit. Die jetzige Kirche wurde von 1730 an nach den Plänen von Balthasar Neumann erbaut. Sie ist bis heute das Ziel Tausender von Wallfahrern.

124 Höchstadt an der Aisch Der Ort wird schon um 900 genannt. Nach dem Tod des letzten Pfalzgrafen von Stahleck und Herrn von Höchstadt kam die Burg 1157 mit allem Zubehör an das Hochstift Bamberg. 1348 ist Höchstadt befestigte Stadt und Sitz eines Amtes. Im Laufe des 15. Jahrhunderts entstand eine Vorstadt, die dann in den Mauerring einbezogen wurde. Im Wirtschaftsleben der Stadt stand Jahrhunderte hindurch das Ackerbürgertum im Vordergrund. Die Aufgaben als Amtssitz und als örtlicher Warenumschlagsplatz traten in den Hintergrund. Erst der Bahnanschluß vergrößerte das wirtschaftliche Einzugsgebiet der Stadt im mittleren Aischgrund.
Mit dem Hochstift Bamberg kam auch Höchstadt an Bayern. Die Stadt ist bis heute Behördensitz und hat ihr historisches Stadtbild, wie es der Stich zeigt, in weitem Umfang bewahrt. Noch heute spannen sich die Bögen der alten steinernen Brücke über die Aisch und noch heute ziert der steinerne Nepomuk ihre Brüstung. Auch das Schloß, erbaut um 1590, zeigt sich heute wie ehedem; desgleichen die vor ihm liegende Stadtmühle mit dem schönen barocken Dach. Jenseits der Brücke steht noch der Türmersturm. Der Turm links von ihm mit Zwiebel und doppelter Laterne gehört zur Pfarrkirche Mariä Himmelfahrt, einem spätgotischen, barock veränderten Bau.

125 Lichtenfels Im 12. Jahrhundert gehörte Lichtenfels zu den Hauptburgen Oberfrankens. Nach dem Aussterben der bayerischen Grafen von Andechs-Meranien kam sie 1248 an das Hochstift Bamberg. Zu Füßen der Burg, die auf dem erhöhten Rand der Altstadt lag, entstand im 12. Jahrhundert die bürgerliche Siedlung. Auf der linken Seite des Stichs ist der Obere Torturm dargestellt, neben ihm die spätgotische Stadtpfarrkirche Mariä Himmelfahrt. Rechts von ihr ragt das Satteldach des Roten Turmes auf, daneben steht der beherrschende Bau des ehemaligen Kastenbodens. 1555 für Kaspar von Sternberg errichtet, diente er seit Mitte des 17. Jahrhunderts als Getreidespeicher. Ganz rechts sieht durch die zwei Baumkronen die geschweifte vierseitige Haube des Bamberger Tores hervor, ob ihrer eigenartigen Form ein Wahrzeichen der Stadt. Auf dem Höhenrücken im Hintergrund sind die beiden Türme der Wallfahrtskirche Vierzehnheiligen erkennbar.

126 Lisberg Der Ort Lisberg wird schon im 9. Jahrhundert, die Herren von Lisberg als die Eigentümer der Burg im Jahr 1200 urkundlich erwähnt. Schon vor dem Aussterben des Geschlechts im Jahr 1522 hatten sich mehrere Mitbesitzer an Burg und Gütern Anteil verschafft. Nach wiederholtem Besitzwechsel gelangte die Burg, welche die Unbilden der Zeit besser überstanden hat als die meisten anderen Burgen der Gegend, an die Fürsten Castell. Der Bergfried und mehrere Gebäudeteile der Hauptburg stehen noch. Die Gebäude der Vorburg, die von der Hauptburg durch einen Graben getrennt ist, beherbergen heute Wirtschaftsgebäude.
Nur wenige Schlösser Oberfrankens haben sich in ihrer alterthümlichen Bauart so gut erhalten, wie Lisberg. Von welchen der vier Weltgegenden man herkommen mag, wird man von dessen weitläufigen Gebäulichkeiten und dessen großem rundem Wartthurm angenehm überrascht.
Auf einer fruchtbaren, reich mit Obstbäumen bepflanzten Anhöhe am östlichen Saume des Steigerwald-Gebirges, ungefähr 2½ Stunden von Bamberg entfernt, erhebt sich das Schloß Lisberg, umgeben von den Dörfern Ober-, Mittel- und Unter-Lisberg mit 470 katholischen und protestantischen Einwohnern. Vor dem Schlosse steht die im neurömischen Styl aufgeführte, am 16. März 1756 eingeweihte katholische Curatie-Kirche; wenige Schritte von ihr führt eine steinerne, in älteren Zeiten zum Aufziehen gerichtete Brücke über den äußeren Schloßgraben in den ersten Schloßhof. Ueber dem Eingang des Thorhauses mit seinen Staffelgiebeln befindet sich eine Inschrift in Stein aus der Zeit der Erbauung der Burg (von der aber die erste Zeile fehlt), welche besagt, daß Kumet von Giech und seine Gemahlin Anna von Streitberg dieses Haus 1530 für sich und ihr Geschlecht erbaut, wer es aber zerstöre, vermaledeit seyn solle. An einer seitwärts von dem Thorhaus sich hinziehenden Mauer steht noch ein alter, runder Vertheidigungsthurm. Der sehr geräumige Hof ist von mehreren Oekonomie-

gebäuden umgeben; rechts steht das Amthaus, gleichfalls mit staffelförmigen Giebeln. Diese Vorgebäude werden von den eigentlichen Haupt-Schloßgebäuden durch einen zweiten breiten Graben getrennt, über welchen in älteren Zeiten eine Aufziehbrücke führte. Jetzt ist die Verbindung durch eine steinerne, mit den Statuen der schmerzhaften Maria und des h. Johannes von Nepomuk gezierte Brücke hergestellt. In dem Erdgeschoße des zweiten Thorhauses war ehedem eine Kapelle. An dieses Thorhaus schließt sich in dem inneren zweiten Hofe rechts der große, runde, aus unbehauenen Steinen massiv erbaute Wartthurm an, eine Bauart, welche in Franken selten anzutreffen ist.

127 MUGGENDORF *Nicht nur der Reichthum an Naturschönheiten, noch weit mehr die Merkwürdigkeiten, die einer Vorzeit — einer Urwelt — angehören, machen diese Gegend zu der interessantesten unseres Vaterlandes, die deshalb auch von Freunden der Geschichte und der Natur, so wie von Künstlern unausgesetzt besucht wird, da sie als eine überaus reiche Quelle des Forschens und des Wissens einem Jeden den mannichfaltigsten Reiz gewährt. Hieher gehört zunächst als Mittel- und Hauptpunkt das so merkwürdige, eine Stunde von Streitberg entfernte Muggendorf mit seinen 24 Höhlen und den Schätzen von Petrefakten und Tropfsteingestalten, welche der Bergrücken der ganzen Kette in der Form von Frugiten, Ammoniten, Pectiniten, Terrebratulen, Echiniten in sich birgt. — Muggendorf ist ein schöngebauter Marktflecken, ungefähr 1752 Fuß über dem Meere, am Fuße der Berge, mit 54 Wohnhäusern, worunter 17 Wirthshäuser, mit 346 Einwohnern. Die berühmtesten Höhlen sind: die Gailenreuther-, Rosenmüllers-, Oswalds-, Gaislach-, Wunder- und Wundershöhle. In grotesker Riesenhaftigkeit erscheint hier die Natur, und man schaut nicht ohne bebende Verwunderung die Werke der großen Erdrevolutionen an, wodurch, wie in der Geschichte die Ereignisse, in der Natur sich die Umwandlungen bilden.*

128 POMMERSFELDEN 1710 gelangte die Herrschaft der Truchsesse von Pommersfelden an den Grafen Lothar Franz von Schönborn, Kurfürst von Mainz und Fürstbischof von Bamberg. Nachdem sein Baumeister Johann Dientzenhofer den Umbau des alten Wasserschlosses (heute Ruine) verworfen hatte, ließ er von ihm von 1711 bis 1716 zur fürstlichen Repräsentation den Prunkbau des Schlosses Weißenstein bei Pommersfelden errichten. Auf die Pläne dieses Neubaus hat Johann Lukas von Hildebrand noch entscheidenden Einfluß genommen.
Maximilian von Welsch entwarf die Pläne für den Park, der 1786 zum Naturpark englischen Stils umgestaltet wurde.
Der monumentale Komplex ist in einer der Vornehmheit des Außenbaus gemäßen Weise ausgestattet. Er ist Ausdruck des Prunkwillens und des Mäzenatentums der Dynastie Schönborn, in deren Besitz sich das Schloß noch heute befindet.

130 POTTENSTEIN Die Burg Pottenstein ist seit Anfang des 12. Jahrhunderts in bischöflichem Besitz. Mit Gößweinstein zählt sie zu den ältesten Bamberger Burgen. Nach 1227 hielt sich die ungarische Königstochter und damalige Landgräfin Elisabeth von Thüringen, die schon zwei Jahre nach ihrem frühen Tod heiliggesprochen worden ist, in der Burg Pottenstein auf. Im 15. Jahrhundert kam zu der auf hohem Fels gelegenen Oberburg noch die Unterburg hinzu. Nach wiederholten Zerstörungen wurde die Burg seit dem Ausgang des 18. Jahrhunderts zur Ruine. Man trug die baufälligen Gebäude ab und beseitigte die Außenmauer. Um das Baumaterial für das neue Amtsgerichtsgefängnis zu erhalten, wurde 1816 der Huptturm des Schlosses abgetragen. Heute stehen noch zwei Gebäude auf dem hohen Dolomitfels, der alte Palas und der Zeughausbau. Ihre Erhaltung ist dem Nürnberger Apotheker Dr. Kleemann zu danken, der sie 1878 erworben und dem weiteren Verfall entrissen hat.

131 QUACKENSCHLOSS UND RIESENBURG *Eine der schönsten Gegenden der fränkischen Schweiz ist gewiß diejenige, in welcher das Dorf Engelhardsberg oder Engelsberg, Landgerichts Ebermannstadt, hoch auf dem Gebirge gelegen und umgeben von riesigen Felsenmassen, wie der Adlerstein, die Riesenburg, das Quackenschloß und die Schaudersmühle sind, sich dem überraschten Blick des Reisenden zeigt.*
Hart an diesem Thal (dem Engelhardsberger Tal) aber erhebt sich eine riesige Felsenmasse, welche von der Ferne gesehen einem Schlosse gleicht, und aus einer Steinart besteht, die viele versteinerte Conchylien, Chamiten und Korallen enthält. Da die Bewohner dieser Gegend diese schloßähnliche Felsenmasse Wacke nennen, erhielt sie den Namen Wacken- oder Quackenschloß. Prächtig ist die Aussicht, welche man auf demselben genießt. Man übersieht Heiligenbühl, Brünnberg, Wöllm, Kohlstein, die Schloßfelsen bei Tüchersfeld, das Pottensteiner Schloß, Gößweinstein, die Pfälzer Gebirge, Leutsdorf, Gailenreuth, Wichsenstein, Mockas, Kleingailenreuth, Wormuthsgeseß, Trainmaisel, Neideck, Streitberg etc., fast so viele Orte als uns der Adlerstein überblicken läßt. Dem Reisenden ist der Besuch des Wiesentthales und des

Quackenschlosses von großem Interesse, und es verdient dasselbe gewiß mit Recht hier einer Erwähnung.
Die Riesenburg, früher Gaiskirche genannt, ist unstreitig eine der schönsten Felsenparthien der fränkischen Schweiz, und besteht in einer aus kolossalen Felsenstücken von der Natur selbst gebildeten Burg, welche den Namen Riesenburg wohl verdient. Sie liegt, wie schon erwähnt, im Engelhardsberger Thal zwischen dem Engelhardsberger Brunnen und der Schaudersmühle, ungefähr eine Stunde von Muggendorf entfernt, woher auch der gewöhnliche Weg über Engelhardsberg dahin führt. Die Ansicht, wie sich die Burg vom Thal aus zeigt, ist nicht minder entzückend, als die freie Aussicht, welche uns die Burg selbst wieder von ihrer Höhe herab in das Thal gewährt. Ein gigantisches Felsenthor bildet den Eingang in die Riesenburg, und führt uns zu einem zweiten von der Natur mit riesenhafter Gewalt hingeworfenen Felsenportal, auf welches zwei andere Triumphbögen ähnlich gebildete Thore folgen, die uns das ganze von der Wiesent durchflossene Thal überblicken lassen. Von einem dieser Bögen kann man zum andern hinübergehen, und die herrlichste Aussicht erfreut uns auch von diesem Platze aus. Graf Erwein von Schönborn kaufte im Jahre 1828 die Burg von der Gemeinde Engelhardsberg, und ließ zur größeren Bequemlichkeit der vielen Fremden, welche diese Gegend besuchen, die Wege, welche zu ihr führen, in bessern Stand setzen, Treppen und Geländer anbringen und unter die Felsenthore selbst Sitze schaffen, so daß sie vom Thal aus eben so leicht wie vom Berg aus zu besteigen ist.

132 RABENSTEIN Die älteste Nachricht über die Burg Rabenstein stammt aus dem 12. Jahrhundert. Ehedem Sitz von Dienstmannen der Edelfreien von Schlüsselberg ging sie 1349 an den Burggrafen von Nürnberg über und wurde zum Sitz eines kleinen burggräflichen Amtes. 1400 verkaufte sie der Burggraf unter Zusicherung des Öffnungsrechts und der Lehenschaft an Konrad von Aufseß. Nach wiederholtem Wechsel der Besitzer ging sie 1745 durch Kauf an die Grafen von Schönborn über, die sie heute noch innehaben.
Nach zwei Zerstörungen im Mittelalter wurde sie nach der tiefgreifenden Zerstörung im Dreißigjährigen Krieg nur zum Teil wieder aufgebaut; von der Hauptburg hat man nur einige Gebäude wieder errichtet (auf dem Stich links), der Rest blieb bis heute Ruine (auf dem Stich rechts). Der zwischen diesen Ruinen von den Grafen von Schönborn angelegte Blumengarten ist eine besondere Sehenswürdigkeit. Der Vorhof wurde erst nach dem Dreißigjährigen Krieg angelegt; er ist bis auf wenige Reste verschwunden. Die letzten baulichen Veränderungen wurden um die Mitte des 19. Jahrhunderts durch die Grafen von Schönborn an der Hauptburg vorgenommen.

133 SCHESSLITZ Man nimmt an, daß der Ort auf eine der zum Bistum Würzburg gehörigen vierzehn Slawenkirchen Karls des Großen zurückgeht. Zu Ende des 8. Jahrhunderts wird er erstmals urkundlich erwähnt. Im 12. und 13. Jahrhundert gehörte Scheßlitz den Herzogen von Andechs-Meranien, nach deren Aussterben 1248 fiel die Stadt und die benachbarte Burg Giech an das Haus Truhendingen, im 14. Jahrhundert an das Hochstift Bamberg. Die Bischöfe von Bamberg förderten den Ort. 1395 stifteten sie das Spital, 1406 ließen sie die schon früher gebauten Mauern verstärken; im 15. Jahrhundert entstand die heutige Pfarrkirche Sankt Kilian. 1633 wurde Scheßlitz von den Schweden besetzt; die untere Stadt brannte nieder.
Mit dem Hochstift Bamberg kam auch Scheßlitz zu Beginn des vorigen Jahrhunderts an Bayern.

134 SCHLÜSSELAU Um 1260 stiftete Eberhard von Schlüsselberg dem Bistum Bamberg Grund und Ausstattung zur Gründung des Zisterzienserinnenklosters Schlüsselau. Die vor 1300 begonnene und zu Anfang des 14. Jahrhunderts vollendete Kirche ist ein typischer Bau dieses Ordens. Schon im Mittelalter hatte sie sich zu einem Wallfahrtsheiligtum zur Schmerzensreichen Dreifaltigkeit entwickelt. 1525 wurde das Kloster durch die aufständischen Bauern, 1553 erneut durch Markgraf Albrecht Alcibiades verwüstet. Der Geist der Reformation lichtete den Konvent, und nach dem Tod der letzten Nonne 1554 fielen die Liegenschaften an Bamberg. 1603 stellte Fürstbischof Johann Philipp von Gebsattel die frühgotische Nonnenkirche wieder her.
Seit 1949 wirken beschuhte Karmeliterinnen in Schlüsselau.

135 STREITBERG Seit dem 12. Jahrhundert treten Herren von Streitberg auf. 1285 erscheint die gleichnamige Burg erstmals als Besitz der Edelfreien von Schlüsselberg. Nach dem Erlöschen dieser Linie fiel Streitberg 1347 zunächst zu gleichen Teilen an die Bischöfe von Bamberg und Würzburg. Später wechselte sie wiederholt ihre Besitzer. Seit 1538 gehörte sie den Markgrafen von Bayreuth. Im zweiten bundesständischen Krieg von 1553 wurde die Burg geplündert und niedergebrannt. Der Baumeister der Plassenburg über Kulmbach, Kaspar Fischer, stellte sie von 1563 bis 1565 wieder her.
Nachdem das markgräfliche Amt Streitberg an Bayern gekommen und das bayerische Rentamt Streitberg 1811 nach Ebermannstadt verlegt worden war, wurde die Burg größtenteils abgebrochen. 1910, 1928 und 1961 sind größere Mauerpartien eingestürzt. Erhalten sind nur noch Reste: das Eingangstor mit dem markgräflichen Wappenstein, eine daran anschließende Bastei und an deren Nordostecke die Reste eines

mächtigen Kanonenturms. An der Ostseite sind noch größere mittelalterliche Mauerteile erhalten, über denen Kaspar Fischer seinen Neubau errichtet hatte.

Die Ruinen lassen gewahren, daß die Burg mit einem Graben und einer Mauer mit Thürmen von einer Seite umgeben war, von der andern Seite war die Veste durch die bis zum Fuße des Berges reichenden Felsen geschützt. Innerhalb des Burgthores, in dem ehemaligen Zwinger, ist gegenwärtig ein Gebäude neuerer Zeit, die Wohnung des Försters; ein zweiter Eingang führte in die Burg und den Burghof. — Noch sind die Ruinen dieser stattlichen Veste bedeutend, und Zeugen ihrer einstigen Größe.

Reizend ist die Aussicht von dem höchsten Punkte des Berges. Zu den Füßen liegt das freundliche Dörfchen Streitberg mitten in Obstgärten mit einer schönen Kirche und 48 meist ansehnlichen Häusern, welche durch das von dem wackern Arzte Dr. Briegleb neu errichtete sehr stattliche Molkenkur-Anstalt-Gebäude eine neue Zierde erhalten hat. Gegenüber die Ruine von Neideck mit der ganzen Fernsicht auf den Wehrberg, Rückstein, Adlerstein, das Quackenschloß, den Reisberg, Unterföllendorf, Ehrenberg, Ebermannstadt, Pretzfeld und noch viele der übrigen Dörfer in diesen fruchtbaren Thälern, welche jene Gegend beleben, die unter dem Namen der »fränkischen Schweiz« zu den schönsten Deutschlands gezählt wird.

136 VIERZEHNHEILIGEN Ein Schäferjunge des Klosters Langheim namens Hermann hatte 1445 und 1446 auf einem Acker des Klosterhofes in Frankenthal zwei Erscheinungen. Einmal erschien ihm das Jesuskind im Kreis von vierzehn Kindern, die als die »Vierzehn Nothelfer« verehrt sein wollten. An der Stelle der Erscheinungen entstand 1448 eine Wallfahrtskapelle; 1466 errichtete das Kloster Langheim neben ihr zur Betreuung der Wallfahrt unter dem Namen »Vierzehnheiligen« eine Propstei. Im Bauernkrieg von 1525 wurde die Kapelle zerstört, 1543 die neue Kapelle geweiht. Der Zustrom der Wallfahrer veranlaßte das Kloster Langheim im 18. Jahrhundert zur Planung eines Neubaues. Seit 1738 leitete der weimar-eisenachische Landbaumeister Gottfried Heinrich Krohne den Neubau der Langheimer Klosterbaulichkeiten. Für die neue Wallfahrtskirche Vierzehnheiligen fertigte Balthasar Neumann im Auftrag des Bamberger Fürstbischofs Friedrich Carl von Schönborn einen Entwurf. Nach ihm wurde ab 1743 die Kirche gebaut, doch die Ausführung des Baues Krohne übertragen. Er verkürzte eigenmächtig den Altarraum, so daß der Gnadenaltar nicht unter der Vierungskuppel hätte aufgestellt werden können. Da griff Fürstbischof Friedrich Carl von Schönborn nochmals ein und verfügte die Fertigstellung des Baues durch Jakob Michael Küchel nach dem berühmten zweiten Plan Balthasar Neumanns, der nun das Langhaus in drei große Ovale aufteilte. Dieser Plan ermöglichte die Verwendung der bereits aufgeführten Bauteile und entsprach auch den liturgischen Erfordernissen. 1772 wurde die Kirche geweiht.

Der Stich zeigt die Kirche mit den Turmhelmen, die den Türmen nach dem Brand von 1835 aufgesetzt worden waren. Erst zu Beginn unseres Jahrhunderts wurden die Türme wieder mit Helmen der alten Form versehen. Gegenüber der Chorpartie der Kirche liegt das Propsteigebäude, das ebenfalls von Balthasar Neumann entworfen ist. Im Hintergrund rechts das Kloster Banz.

137 ZWERNITZ Die Burg Zwernitz wurde im 12. Jahrhundert von dem edelfreien Geschlecht der Walpoten erbaut. Sie ging 1290 in den Besitz der Burggrafen von Nürnberg über und wurde Sitz eines burggräflichen Amts. Im zweiten bundesständischen Krieg 1553 zerstört, war sie erst 1570 notdürftig wiederhergestellt. Im Dreißigjährigen Krieg wurde sie in Brand gesteckt; 1708 schlug der Blitz in den Bergfried. Von 1745 bis 1748 ließ die Markgräfin Wilhelmine von Bayreuth, Schwester Friedrichs des Großen, den nahen Felsenhain unter Einbeziehung der Burg in einen Felsenlandschaftsgarten umgestalten. Deshalb wurde auch die Burg selbst 1746/47 als romantische Staffage dieses Felsengartens weiter instand gesetzt. 1746 gab Markgraf Friedrich von Bayreuth dem ehemaligen Burgort und Sitz des gleichnamigen Amtes Zwernitz den Namen »Sanspareil«.

Die Anregung zur Anlage dieses zum Teil noch erhaltenen Landschaftsgartens hatte der Erziehungsroman des französischen Dichters François Fenelon »Die Abenteuer des Telemach« gegeben. Die natürlichen Felsgruppen wurden mit Grotten, Gartenarchitekturen und Skulpturen zu Szenen dieses Romans gestaltet. 1830 zerstörte der Blitz den Äolustempel; bis 1840 waren die meisten Bauten abgebrochen worden. Erhalten sind noch der Hainbau, der Küchenbau und das Felsentheater. Seit 1942 wird der Felsengarten vom bayerischen Staat verwaltet, der 1951 die Gartenanlagen instand setzen und den Hainbau restaurieren ließ.

Die Burg selbst besteht aus Ober- und Unterburg. Von der Oberburg haben sich an alten Bauteilen der Bergfried, das sogenannte Archivgewölbe und ein Wohnbau erhalten. Von der Unterburg steht noch ein Wohnbau und die profanierte Burgkapelle.

138 ANSBACH, JOHANNISKIRCHE UND LUDWIGSKIRCHE Die evangelische Pfarrkirche Sankt Johannis in Ansbach ist eine dreischiffige spätgotische Hallenkirche, begonnen um 1410. 1435 waren Westgiebel und Langhausdach vollendet; 1441 wurde der

Grundstein zum Altarraum gelegt. Die beiden ungleich hohen und verschiedenartig abgeschlossenen östlichen Türme sind in dieser Eigenart für das Stadtbild wesentlich. Die barocken Anbauten wurden im 19. Jahrhundert abgebrochen.

*

Das Zentrum der zwischen Bahnhof und Altstadt liegenden, im 18. Jahrhundert angelegten »Markgrafenstadt« südlich der Promenade, bildet der stille Karlsplatz. An seiner Südseite steht die eigenartige Ludwigskirche, erbaut von 1834 bis 1840 von König Ludwig I. im »dorischen Stil«.

Die kathol. Pfarr- oder St. Ludwigskirche erhebt sich — eine herrliche Zierde desselben — auf dem geräumigen, regelmäßigen Karlsplatz, an der Stelle eines vormaligen Cavalleriestalles, 160 Fuß in der Länge, 60 Fuß in der Breite und 64 Fuß bis zum First des flachen mit Eisenblech gedeckten Daches messend. Der Künstler führt uns in seinem Blatte vor die südliche Fronte des Gebäudes mit der Haupttreppe und seinem 144 Fuß hohen, eine zierliche Kuppel und ein großes, vergoldetes Kreuz tragenden Thurm. Außer diesem, dem Haupteingange, führen zwei Seitenthüren in das Innere des Tempels, und ein vierter Eingang zu den beiden Sakristeien und dem von ihnen eingeschlossenen Presbyterium.

Die Ludwigskirche zeigt sich noch so, wie sie auf dem Stich dargestellt ist. Das Gebäude links von der Kirche, das sogenannte Mardefeldsche Palais, ist hingegen im Zweiten Weltkrieg fast vollständig den Bomben zum Opfer gefallen.

139 Eichstätt Drei mächtige Baukomplexe erheben sich über die bürgerliche Siedlung und bestimmen das Bild der Stadt: der Dom, das Kloster Sankt Walburga und die Willibaldsburg.

Auf römischer Grundlage entwickelte sich die talwärtige Siedlung schon im frühen Mittelalter. Um 741 erhob Bonifatius das von seinem Landsmann und Zeitgenossen Willibald gegründete Kloster zum Bischofssitz. Der heutige Dom ist ein hochmittelalterlicher Bau. Seine zwei Türme stammen aus der Mitte des 11. Jahrhunderts. In der zweiten Hälfte des 13. Jahrhunderts kam der West-(Willibald-)Chor hinzu. Im 14. Jahrhundert entstanden der heutige Ostchor und das Langhaus.

Das Kloster Sankt Walburga (der große eintürmige Bau links neben dem doppeltürmigen Dom) ist entstanden, als gegen Ende des 9. Jahrhunderts der Körper der heiligen Walburga, der Schwester des Bischofs Willibald, nach Eichstätt übertragen wurde. Die heilige Walburga galt als Wundertäterin; ihr Kult war im Mittelalter weit verbreitet, und noch heute nimmt man sich als Andenken an einen Besuch des Walburgaklosters ein paar Fläschchen Walburgisöl mit nach Hause. Am Ort der Walburga-Reliquien entstand ein Kanonissinnenstift; 1035 wurde es in ein Benediktinerinnenkloster umgewandelt. Die heutige Kirche des erhöht und wirkungsvoll gelegenen Klosters wurde um 1630 von Domenico Barbieri erbaut; die oberen Teile des Turmes kamen im 18. Jahrhundert hinzu. 1803 wurde das Kloster Sankt Walburga aufgehoben, 1835 wieder errichtet.

Mit der auf einem Höhenrücken über der Stadt gelegenen Willibaldsburg hatten sich die Bischöfe im 14. Jahrhundert eine landesherrliche Zwingburg und Residenz geschaffen. Zu Beginn des 17. Jahrhunderts trat der heutige Renaissancebau mit den zwei großen Ecktürmen an die Stelle der gotischen Burg. Die Pläne für diesen Neubau stammen von dem Augsburger Baumeister Elias Holl.

Im Umkreis um Dom und Sankt Walburga war schon gegen Ende des 9. Jahrhunderts eine bürgerliche Siedlung erwachsen. Schon im 10. Jahrhundert wurde dem Bischof durch König Ludwig das Kind ein königlicher Markt mit Münz- und Zollrecht verliehen. Doch erst nach dem Aussterben der Grafen von Hirschberg, der Vögte des Hochstifts, im Jahr 1305 wurden die Bischöfe die alleinigen Herren der Stadt. Ein Freiheitsbrief regelte das Verhältnis zwischen Bischof und Bürgern. Als Zeuge der Gegenreformation gilt die ehemalige Jesuitenkirche, ein vornehmer Bau aus dem 17. Jahrhundert (auf dem Stich links neben dem Dom).

Da die Stadt 1634 von einer Feuersbrunst heimgesucht wurde, ist ihr heutiges Erscheinungsbild durch die große Zahl barocker Neubauten bestimmt.

140 Ellingen Walther von Ellingen gründete als letzter seines Stammes ein Spital und stellte es unter kaiserlichen Schutz; 1216 schenkte Kaiser Friedrich II. das Spital dem Deutschen Orden. Dieser richtete in Ellingen zunächst eine Kommende ein; später nahm der Landkomtur der Ballei Franken des Deutschen Ordens dort seinen Sitz. Er baute ihn zu einer großartigen geistlichen Residenz aus. 1715 begann der Bau des heutigen Schlosses. Seine auf dem Stich dargestellte Hauptfassade — der Südflügel — wurde zwischen 1718 und 1720 von Franz Keller erbaut. Vom kurz zuvor entstandenen Neubau des Schlosses Pommersfelden beeinflußt, erhielt dieser Hauptbau zwei Eckpavillons mit den originellen Hauben und dem kraftvollen Mittelrisalit. Eine besondere Sehenswürdigkeit des Schlosses ist das große, reich stuckierte Treppenhaus des Südflügels und seine Kirche. Sie schließt den Baukomplex nach Norden zu ab und zeigt ihre Hauptfassade dem Innenhof, also der Südseite. Die Spitze ihres Turms, der sich hinter einem Mittelrisalit erhebt, ist auf dem Stich noch angedeutet. Die dreiflügeligen niedrigen Brauereigebäude, die der Südfassade vor-

gelagert und auf dem Stich wiedergegeben sind, bilden mit den beiden Toren einen Ehrenhof. Nördlich vom Schloß stehen die Reitschule und die Wirtschaftsgebäude. Die Vollendung dieser Nebengebäude zog sich bis 1775 hin. 1788 zog der Deutschmeister im Schloß Ellingen ein. 1796 ergriff Preußen von Ellingen Besitz, 1806 kam es an Bayern. König Maximilian I. gab das Schloß 1814 als Thronlehen an den Feldmarschall von Wrede. Von dessen Familie hat es der bayerische Staat 1939 erworben.
Die nahe Stadt Ellingen hat sich in Abhängigkeit vom Ordenssitz entwickelt, zu dem sie von 1216 bis 1796 gehört hatte. Ihr heutiges architektonisches Gepräge erhielt sie im 18. Jahrhundert, vor allem durch den aus Wien stammenden, dekorationsfreudigen Baumeister und Stukkateur Franz Joseph Roth, der auch an der Ausgestaltung des Schlosses maßgeblich beteiligt war.

141 ERLANGEN 1361 verkaufte das Hochstift Bamberg den Ort Erlangen an Kaiser Karl IV., der ihn zu einer kleinen Stadt erweiterte. Sein Sohn, König Wenzel, überließ sie 1402 den Burggrafen (seit 1415 Markgrafen) von Nürnberg. Sie waren Herren der Stadt, bis 1792 die fränkischen Markgrafschaften Ansbach-Bayreuth an Preußen kamen, das sie 1810 an Bayern überlassen mußte. Im Dreißigjährigen Krieg wurde die Stadt niedergebrannt. Entscheidend für die fernere Entwicklung wurde der Entschluß des Markgrafen Christian Ernst, den aus Frankreich ihres Glaubensbekenntnisses halber ausgewanderten Hugenotten Zuflucht zu gewähren. 1686 ließ Markgraf Christian Ernst südlich der 1528 der lutherischen Reformation erschlossenen Altstadt Erlangen eine Neustadt anlegen, zu deren Besiedlung er französische Hugenotten rief. Später siedelten sich auch deutsche Auswanderer aus der Pfalz in Erlangen an. Südlich der französischen Neustadt entstand um 1700 eine zweite, deutsche Neustadt. Diese hieß von 1701 bis 1812 »Christian-Erlang«.
Der Thüringer Johann Moritz Richter hatte für sie einen rechtwinkelig-regelmäßigen, symmetrischen Bebauungsplan entworfen, ein beachtliches Beispiel einer barocken Stadtanlage. Die Straßenseiten wurden mit zweigeschossigen einheitlich gestalteten Häusern besetzt; dreigeschossige Eckhäuser, sogenannte »Richthäuser«, setzten Akzente. 1700 wurde nach den Plänen des Italieners Antonio della Porta der Bau des Schlosses begonnen; 1704 hat es Gottfried von Gedeler vollendet. 1814 zerstörte ein Brand die Ausstattung des Schlosses; zwischen 1821 und 1825 wurde es wiederhergestellt. 1826 zog die Universität ein, die aus der 1701 gestifteten Ritterakademie und aus der 1743 von Bayreuth nach Erlangen verlegten »Bayreuther Akademie« hervorgegangen ist. Die von 1718 bis 1732 errichtete lutherische Neustädter Kirche dient seit 1837 auch als Universitätskirche.
Nach einem Brand der Altstadt von 1706 wurde diese nach den Plänen Gottfried von Gedelers als Barockstadt wieder aufgebaut und so der Neustadt angeglichen. Auch die Dreifaltigkeitskirche der Altstadt erhielt um diese Zeit ihr barockes Gepräge.
Die evangelisch-reformierte Kirche (bis 1922 französisch-reformierte Kirche) war noch von Markgraf Christian Ernst von 1686 bis 1693 erbaut worden, der östlich vorgesetzte Turm kam nach 1732 hinzu.
Die Siedler der Neustadt hatten viele neue Gewerbe aus Frankreich mitgebracht. Sie begründeten damit die heutige wirtschaftliche Stellung der Stadt Erlangen.
Der Stich zeigt die Stadt von Norden, vom Burgberg aus. Das große Gebäude mit dem Walmdach am linken Bildrand gehört zur Heil- und Pflegeanstalt des Bezirkes Mittelfranken, die Kirche rechts daneben ist die evangelisch-lutherische Neustädter Pfarr- und Universitätskirche. Zwischen ihr und der rechts daneben dargestellten französisch-reformierten (heute evangelisch-reformierten) Kirche am Hugenottenplatz ist das Theater- und Redoutengebäude erkennbar, rechts neben der letztgenannten Kirche das Rathaus, neben ihm der Wasserturm, dessen Obergeschoß mitsamt dem Türmchen 1876 abgetragen wurde. Am rechten Bildrand ist die evangelisch-lutherische Altstädter Pfarrkirche (Dreifaltigkeitskirche) sichtbar.

142 ERLANGEN, SCHLOSS *Das Schloß zu Erlangen hat, wenn auch eine weniger praktische Bestimmung, wie der Geschäftsmann sagen würde, erhalten, aber nach der Ansicht des Gelehrten eine desto edlere und würdigere. Wo sonst der Jubel des Tanzes und der Bankette rauschte und tobte, herrscht jetzt tiefes Schweigen, das Schweigen des Ernstes und der Würde der Wissenschaft, anstatt des heimlichen, süßen Liebesgeflüsters auf schwellenden Divans hinter verhüllenden schweren Gardinen, ertönt jetzt alljährlich nur einigemale in feierlicher Versammlung die mahnende Ansprache des Obersten der hohen Schule, oder geben Reden die Resultate der gepflogenen Studien und anstatt des Rauschens der Hofschleppen schallt in den Corridors der kecke, zukunftssichere Tritt des Studenten wieder. Das Schloß ist zum Universitätsgebäude umgewandelt worden, nachdem es vom Jahre 1701 dem Jahre seiner Grundsteinlegung an durch mehr als ein Jahrhundert ein fürstlicher Sitz gewesen, und seine verschiedenen gekrönten Herrn nacheinander alle beherbergt hatte.*

143 ERLANGEN, KANALMONUMENT *Der Kanal mündet vom Bette des Mains bei Bamberg aus, geht mit freundlichen Anlagen und seinen äußerst nett gebauten Lager- und Betriebsgebäuden, 23 1/2 deutsche Meilen bis Kelheim wo er sich in die Donau ergießt. Er wurde im Jahre 1836 begonnen; am 5. Mai 1843 lief auf der eröffneten Strecke zwischen Nürnberg und Bamberg das erste, festlich mit Kränzen und Wimpeln geschmückte Schiff in den Erlanger Kanalhafen ein, und zwei Jahre später war die ununterbrochene Wassercommunikation zwischen Kelheim und Bamberg bereits hergestellt. Der erste Transportgegenstand waren die von Schwanthalers Meisterhand aus dem Jurakalkstein des Altmühlthales gefertigten Standbilder für das Kanalmonument.*

Wende deinen Blick von den grünen Fluthen. Du stehst vor dem Werke, das die Vereinigung der Donau mit dem Maine feiert, vor dem genialen Werke Schwanthalers, das in majestätischer Ruhe, plastischer Schönheit aus der frischgrünen Blätterfülle seines Laubhintergrundes herrlich hervortritt.

Das Werk hatte seine Geschichte, lange zuvor, ehe es in's Dasein gerufen ward. Man erwog und schwankte zwischen vielen und mancherlei Entwürfen, so sollten an die Stelle der beiden weiblichen Eckfiguren die Statuen Karls des Großen, des Begründers, und Ludwigs I., des Vollenders, zu stehen kommen; aber abgesehen, daß die Verschmelzung des Historischen mit dem Mythos den Grundsätzen der Kunst entgegen ist, so entschied sich der König, und dieß ist ein abermaliges Zeugniß der edelsten Selbstverläugnung, für Schwanthalers Idee, nach der wir es vor uns ausgeführt sehen. Der unvergeßliche Meister wollte im Anfange die beiden Figuren in eine andere Stellung zu einander versetzen, ungefähr wie wir es auf dem Blatte von Marx pittoresken Ansichten des Ludwigskanals sahen, wo die beiden Sitzfiguren sich unthätig von einander abkehren, bis sich dem Meister die viel bedeutungsvollere Idee des Händereichens als Symbol der Vereinigung aufdrang. Welche Wandlungen muß ein Kunstwerk in der Idee des Schöpfers durchmachen, welche Geisteskämpfe muß es in diesem hervorrufen, bis es in der Pracht und Fülle künstlerischer Vollendung vor unsere Augen kann hingestellt werden! Und trotzdem ist das Vergnügen und selbst die Begeisterung aller Beschauer zusammen nicht mit der vollen seligen Freude zu vergleichen, mit der die Schöpfung aus dem Geiste des Künstlers sich herausdrängte.

Das Denkmal ist an der sehr günstigen Stelle, wo sich Wasser- und Landstraße berühren, an der westlichen Abdachung des Burgberges errichtet, der, um Raum und Halt für die Stützmauern zu erhalten, in die erforderliche Tiefe zurückgedrängt wurde. Auf den Stützmauern lagert sich der colossale längliche Würfel, die eigentliche Basis des Ganzen. Die beiden vorderen Eckseiten desselben nehmen die weiblichen allegorischen Figuren des Handels und der Schifffahrt mit ihren Attributen ein. In der Mitte zwischen beiden über zwei umgestürzten Urnen, deren Wasser in einander fließen, reichen sich in sitzender Stellung die Nymphe der Donau und der Gott des Maines die Hände, jene charakterisirt durch die Aehren des reichen gold'nen Donaulandes, die sich um ihr Haupt schlingen, dieser durch den Kranz aus Weinlaub und Trauben seiner reizenden Ufergelände. Was die Figuren symbolisch ausdrücken, das besagt die Inschrift des Würfels in einfachen Worten.

Tiefer aber, als in den Stein, wird sich die Bedeutung und das Verständniß dieser Worte in die Zukunft eingraben, deren schöne Aufgabe es bleibt, dem gold'nen Schatz, der durch die Verbindung der Nordsee mit dem schwarzen Meere in diese stillen Wellen versenkt ist, aufzufinden, dem großen Werke seine echte Würdigung zu geben, und den Ruhm dessen, der das Werk versucht und dessen, der es vollendet, bis in die fernsten Zukunftszeiten hinüberzutragen.

Bei der Neuanlage der Bayreuther Straße im Jahr 1938 wurde das Kanaldenkmal von der Straßenmitte gegen den Berg zurückversetzt. Die auf der rechten Seite des Stichs dargestellte Kanalschleuse und das Häuschen, das der rechte Bildrand anschneidet, sind nicht mehr vorhanden. Das Kanalbett ist zugunsten der neuen Straße zugeschüttet. Die in der Bildmitte dargestellte ehemalige Gastwirtschaft »Neue Windmühle« steht noch als Wohnhaus. Im Hintergrund dieses Hauses ist links die evangelisch-lutherische Altstädter Kirche und rechts die Martinsbühler Kirche auf dem Altstädter Friedhof angedeutet.

144 ERLANGEN, TUNNEL *Das Werk wird nicht, wir wissen nicht zu dem wievielsten Wunder der Welt gezählt werden; dazu wird es an colossaler Kühnheit bei weitem von seinem Stammvater, dem Londoner Tunnel übertroffen und so manchen andern Werken auf deutschen Bahnstrecken. Als ein Werk von großer Mühe sowohl des berechnenden Geistes als auch der ausführenden Kräfte, als ein Werk, das gleichsam wie durch die Rache zürnender Erdgeister nicht ohne Menschenopfer zu Stande kam, als das erste und einzige dieser Art in Bayern verdient es aber immerhin unsere Aufmerksamkeit und unsere Achtung. Der Tunnel läuft durch eine ziemlich bedeutende Anhöhe ungefähr eine Viertelwegstunde von der Stadt Erlangen entfernt.*

Zu beiden Seiten der Portale lagern mächtige Figuren nach Halbigs Modellen in Jurakalkstein gehauen, an dem der Stadt Erlangen zugekehrten Hauptportale zwei Löwen, und zwei Sphinxe an dem Hinterportale, welches unser Bild zeigt und welches wie ersteres den Beginn des Tunnelbaues besagt, die Jahreszahl von dessen Vollendung trägt. Begonnen wurde er 1840, beendet 1842.

Mit der Vollendung dieses ältesten bayerischen Bahntunnels wurde 1844 die Bahnlinie Nürnberg-Bamberg eröffnet. Das Profil dieses Tunnels hat die Form eines stehenden, im unteren Viertel abgeschnittenen Ovals. Bei der Elektrifizierung der Strecke 1938 wurde der Tunnel erhöht. Heute führen zwei Gleise und die elektrischen Oberleitungen hindurch. Die Steinfiguren, die als Torwächter vor den beiden Eingängen des Tunnels stehen, betonen den denkmalsähnlichen Charakter dieser technischen Architektur.

145 Fossa Carolina und Marmorsteinbruch bei Solnhofen

Der Karlsgraben — auch Fossa Carolina genannt — bei dem Ort Graben im Landkreis Weißenburg ist der letzte sichtbare Rest einer der größten Ingenieurplanungen des Abendlandes. Einhard, der Biograph Karls des Großen, berichtet über dieses Unternehmen des Jahres 793: »Von einigen, die sich darüber unterrichtet zu haben behaupteten, wurde er (der Kaiser) zu der Überzeugung gebracht, daß man mit Hilfe eines zwischen den Flüssen Rezat und Altmühl anzulegenden schiffbaren Grabens leicht von der Donau in den Rhein müsse fahren können, da der eine von den Flüssen zu der Donau, der andere zum Maine fließt. Daher brach er sogleich mit seinem ganzen Gefolge zu dem betreffenden Orte auf, er sammelte eine große Menge von Menschen um sich und verwandte den ganzen Herbst auf die Arbeit. Zwischen den genannten Flüssen wurde ein Graben von 2000 Schritt Länge und 300 Fuß Breite angelegt, jedoch vergeblich. Denn infolge unaufhörlicher Regengüsse und der durch zuviel Feuchtigkeit naturgemäß unvollkommenen Beschaffenheit des sumpfigen Erdreichs konnte das in Angriff genommene Werk nicht vollendet werden. Was nämlich am Tage von den Arbeitern geschaffen worden war, stürzte des Nachts durch Zusammensinken des Bodens wieder ein.« — Im Herbst des Jahres 793 ist das Werk eingestellt und nicht mehr fortgeführt worden. Diesen erhaltenen Abschnitt des Karlsgrabens gibt der Stich wieder.

*

Längst ist die Gegend und namentlich das Dorf Solnhofen durch den Marmorschiefer berühmt, der hier in unerschöpflicher Menge gefunden wird.

Der große Bruch zwar, von dem wir auf dem Bilde etwa den zwanzigsten Theil erblicken, ist dermalen beinahe schon ganz ausgebeutet, an seiner Statt sind indessen zur linken Hand gegen das Dorf zu, viel ausgedehntere Anlagen neu eröffnet, und die ganze Strecke von dem Dorfe Mühlheim bis unterhalb Eichstädt hinab in einer Länge von acht und einer wechselnden Breite von einer bis zu drei Stunden enthält gewiß mehrere hundert theils größerer theils kleinerer Brüche dieses so merkwürdigen Gesteins.

Doch ist der unsrige, einzeln genommen, immer der größte, er wurde im Jahre 1738 eröffnet, und zwar nahe an der Spitze eines ganz mit Wald bewachsenen hohen und steilen Berges westlich vom Dorfe, der jetzt zur Hälfte abgegraben mit seinen beinahe senkrecht abfallenden Schuttwällen einer großen Festung gleicht.

Der Platz war Gemeindeeigenthum, er wurde mit Bewilligung der damaligen Markgräflich Ansbach'schen Regierung in der Art an die 64 Gemeindeberechtigten des Dorfes vertheilt, daß jeder eine Breite von 12 Fuß erhielt, innerhalb deren er sofort in die Tiefe und vorwärts, so weit die Formation sich erstreckte, arbeiten durfte. Eine eigene Bergordnung wurde vorgeschrieben und ein eigenes Berggericht niedergesetzt. Im Verlaufe der Zeit baute jeder Besitzer auf seinen Antheil ein kleines Haus zum Schleifen und Bearbeiten der gewonnenen Steine, so daß der Bruch im Innern wieder als ein ansehnliches Dorf erscheint. Beim ersten Angriffe waren die Schichten des Schiefers nach der Höhe des Berges aufsteigend — bald darauf fanden sie sich vollkommen horizontal gelagert, jetzt fallen dieselben nach der entgegengesetzten Richtung ab, und lassen damit das an einigen Stellen auch wirklich schon gefundene Ende der Formation erkennen, die sich sohin wohl ohne Zweifel über einen urweltlichen Hügel im Grunde eines großen Binnenwassers hier niedergeschlagen hatte. Der Marmorschiefer, der auf unserm Bruche gefunden wird, ist blaßgelb, in den verschiedenen Brüchen der Umgegend herrscht bald dieselbe, bald die graue, blaue oder weiße Farbe vor, wahrscheinlich durch den Einfluß bedingt, den die besondere Beschaffenheit des Bodens auf den aufgelagerten weichen Kalkschlamm geäußert hatte. Er bricht von der Dicke eines Kartenblatts bis zu der von 6—8 Zollen und wird zu Grabsteinen, Fußböden, Fenstergesimsen, Ofensteinen, Tisch- und Dachplatten und in seinen dickeren und reinsten Schichten hauptsächlich von blauer Farbe zur Lithographie verwendet.

Der Absatz ist höchst bedeutend; — vorzüglich seitdem die dünneren Schichten in die Form von Dachziegeln gebracht, gebohrt und chemisch gefärbt, und so anstatt der viel theurern, schwereren und weniger haltbaren gebrannten Steine fast allgemein zur Dachbedeckung verwendet werden. Man darf annehmen, daß auf sämmtlichen Brüchen der Formation täglich über 3000 Menschen beschäftigt sind, und daß ebenso jeden Tag über 1400 Zentner geformter Steine aller Art nach allen Richtungen hin abgefahren werden.

Für den Augenblick noch geht der größere Theil der geringeren, zur Lithographie untauglichen Sorten, von dem nahe gelegenen Stepperg aus die Donau abwärts nach Wien, Ungarn und in die Türkei; vermittelt aber erst eine Eisenbahn auf sichere und wohlfeile Art die Verbindung der Formation mit dem Ludwigskanale bei Nürnberg, so wird der Absatz derselben nach Nord und West voraussichtlich noch viel bedeutender werden, als in jener Richtung, da es nicht zu bezweifeln ist, daß der reinliche Rheinanwohner und Holländer das saubere, gefällige und feuersichere Material zu Bedachungen und Fußböden bald mehr noch suchen werde, als dieß für jetzt bei den Ungarn, Wallachen und Türken der Fall ist.

146 Gnadenberg bei Altdorf und Pillenreuth bei Nürnberg 1426 stiftete Pfalzgraf Johann I. von Neumarkt das Birgittenkloster Gnadenberg als Doppelkloster für Mönche und Nonnen; die Leitung des Klosters oblag einer Äbtissin. 1451 begann der Bau der heute in Ruinen liegenden Kirche, 1483 wurde sie geweiht, zwischen 1515 und 1518 wurde unter der Äbtissin Barbara Fürer das Gewölbe eingezogen. Albrecht Dürer, der mit der Familie Fürer befreundet war, lieferte ein Gutachten über die Erstellung des Dachstuhls.

Nach der Reformation wurde das Kloster aufgelöst; 1635 wurde es von den Schweden in Brand gesteckt und nicht mehr aufgebaut. Die Kirchenruine zählt zu den größten und eindrucksvollsten Deutschlands.

Noch zeugen die Trümmer vom ehemaligen ungeheuern Umfang. Das Dach fehlt gänzlich, die Seitenwände zum größeren Theil, doch stehen noch viele, reich mit Skulptur verzierte Säulen, die weiland das Schiff der Kirche ausmachten. Feste Gewölbe, hohe Bogenfenster trotzen noch der Zerstörung. Alles deutet auf hohe geistliche Pracht. Deutlich unterscheidet man noch die Stelle wo sonst der Hochaltar war, auch wo die Kreuzgänge, das Refektorium, der Versammlungssaal. Ueber den Gräbern der fürstlichen Stifter, der Ritter und Edlen, der Mönche und Nonnen, wuchert das Gras und liegt tiefer Schutt. Aber frischer Epheu umschlingt die verwitternden Pfeiler und kleidet sie in die Farbe der Hoffnung, Sträuche nicken aus den hohen Bogenfenstern und von den Kapitälen der Säulen. In der Kirche wandelt man unter dem Schatten hoher Bäume. Ueberall neues Leben der Natur, das an die Stelle der vergänglichen Werke von Menschenhand getreten ist.

*

Der kaiserliche Reichsschultheiß von Nürnberg Konrad Groß, der Stifter des Heilig-Geistspitals in Nürnberg, stiftete 1345 zur Gründung einer Klause für Frauen den Hof zu Pillenreuth; Kaiser Ludwig der Bayer bereicherte die Stiftung durch Schenkungen. 1356 entstand eine Kirche; 1378 nahmen die Klausnerinnen die Ordensregeln des heiligen Augustinus an.

Die Reichsstadt Nürnberg übte die Schutzherrschaft über die nunmehrige Propstei aus. Eine vier Meter hohe Mauer umschloß die zahlreichen Baulichkeiten des Klosterbereichs. Die Reformation beendete das klösterliche Leben in Pillenreuth; 1552 wurde das Kloster durch Markgraf Albrecht Alcibiades zerstört. 1808 gingen die Ruinen an private Eigentümer über. Der Stich zeigt eines der beiden noch bestehenden Tore des Klosterbereichs.

147 Hohenstein Die Burg Hohenstein war vermutlich im 11. Jahrhundert als Sitz eines Vogtes der Grafen von Sulzbach gegründet worden; die erste schriftliche Nachricht über sie stammt aus dem 12. Jahrhundert. 1188 ging die Burg an das Kaiserhaus der Hohenstaufen über. Nach dem tragischen Ende des letzten Hohenstaufen Konradin in Italien 1268 fiel sie an seine Oheime, an die bayerischen Herzoge Ludwig II. und Heinrich XIII. Nach öfterem Besitzwechsel kaufte die Reichsstadt Nürnberg, die während des Landshuter Erbfolgekrieges von 1504 Hersbruck und einige weitere benachbarte Orte erobert hatte, 1505 die Burg von dem Münchner Herzog Albrecht IV. Im zweiten markgräflichen Krieg von 1553 wurde die Burg von Markgraf Albrecht Alcibiades von Kulmbach erobert und ausgebrannt. Im 17. Jahrhundert wurde sie zum Teil wiederhergestellt. 1809 zerstörte ein Blitz den hohen Bergfried. Nachdem Nürnberg und dessen Gebiet, damit auch Hohenstein, 1806 mit Bayern vereinigt wurde, trug der bayerische Staat 1840 und 1864 wesentlich zur Erhaltung der Burg bei. Dennoch sind heute im wesentlichen, neben Resten der Wehrmauer, nur mehr der Palas und die Burgkapelle erhalten.

In Frankens südlicher Gebirgskette, verzweigt mit den südwestlichen Ausläufern des Fichtelgebirges zwischen der Regnitz und Pegnitz, erhebt sich der Hohenstein östlich vom Dorfe Steinsittenbach an 2000 Fuß über der Meeresfläche. Eine noch theilweise gut erhaltene Burgruine krönt seine felsige Höhe, zu der man nur mühsam emporklimmt. Die Wände, die Thüren- und Fensteröffnungen bezeichnen die einst bewohnbaren Räume. Noch im Jahre 1808 stand auf der nördlichen Seite ein Thurm der St. Georgs-Schloßkapelle, dessen Glocke am Morgen, Mittag und Abend die Andächtigen in weiter Ferne zum Gebete erinnerte.

Indeß dient gegenwärtig Hohenstein bei der trigonometrischen Landesvermessung als Hauptpunkt, und sonach wurde erst im vorigen Jahre ein steinerner Thurm von ohngefähr 30 Fuß Höhe mit einer Brustwehr und einer Bedachung aufgeführt.

Eine der seltensten und ausgedehntesten Fernsichten — ein wahres Panorama sonder Gleichen — über den größten Theil von Ober- und Mittelfranken und die Oberpfalz, nach dem Fichtelgebirg und dem böhmischen Waldgebirg bis nach Pilsen eröffnet sich hier dem Blicke. Die Ruinen der Bergschlösser Riegelstein, Hartenstein, Ruprechtstein, Breitenstein, Hauseck, Stierberg, Betzenstein, Leyenfels, Reicheneck u. m. a. ragen rings auf steilen Felsgipfeln empor.

148 Nürnberg, Burg Die Burg liegt auf einer Anhöhe am nördlichen Rand der Altstadt. Infolge des glanzvollen Aufstiegs der Stadt stand sie öfters und länger im Mittelpunkt der Reichsgeschichte als irgendeine andere deutsche Burg. Ihre Erstanlage, die einstige Königs- und Burggrafenburg, entstand nach Gründung von Stadt und Burg durch Kaiser Heinrich III. um 1040. Sie diente als Sitz eines königlichen Beamten, dem ihre Verteidigung und die Ver-

waltung des zugehörigen Reichsgutes oblag. Aus seinen Aufgaben ging das Burggrafenamt hervor, das seit 1192 die Hohenzollern bekleideten. Von dieser Anlage steht nur noch der Fünfeckige Turm, ihr alter Bergfried, der durch einen massiven Mauerfortsatz zu seiner fünften Ecke gelangte.
Die Zweitanlage der Burg, die Kaiserburg mit Vorburg, stammt aus der ersten Hälfte des 12. Jahrhunderts. Konrad III. hatte nach seiner Besteigung des deutschen Königsthrons 1138 den Entschluß gefaßt, die Nürnberger Burg nach Westen zu erweitern. Die wichtigsten Neubauten waren Palas, Wehrturm und Kapelle. Erhalten hat sich davon nur das Untergeschoß des Heidenturms, in den die Altarräume der Doppelkapelle hineinragen, und der Unterbau des Bergfrieds, des runden »Sinnwellturms«, der im 16. Jahrhundert seinen auskragenden Kopf erhielt.
König Konrads III. Neffe und Nachfolger, Kaiser Friedrich I. Barbarossa, erneuerte die Burganlage abermals. Diese dritte Bauperiode zog sich bis nach 1200 hin. An den Heidenturm lehnte sich nun die Kaiserkapelle, daneben lagen Palas und Frauenbau. Der Palas wurde im 15. Jahrhundert umgebaut; auch der Frauenbau wurde später verändert.
Seit 1313 ging die Burg bei Königsvakanz in die Obhut der Stadt über. Kaiser Sigismund übertrug der Stadt auch den baulichen Unterhalt. In geringer Entfernung vom Fünfeckigen Turm ließ der Rat der Stadt 1337 zur Beobachtung der Vorgänge in der Burggrafenburg den Turm »Luginsland« erbauen. Ein Bombenvolltreffer hat ihn 1945 zerstört; jetzt ist er wieder hergestellt.
1388 eroberten die Nürnberger die Burggrafenburg und zerstörten sie; ihre Ruinen verkauften die Burggrafen dann an die Stadt. 1494 errichtete die Stadt zwischen dem Fünfeckigen Turm und dem Luginsland die Kaiserstallung, die, 1945 ausgebrannt, jetzt wieder hergestellt ist und als Jugendwohnheim und -herberge dient.
Im 16. Jahrhundert ließ die Stadt die Burgbefestigung verstärken. Die neugotische Einrichtung der Räume von 1834 wurde 1934 beseitigt. Die im Zweiten Weltkrieg sehr schwer beschädigte, nun wieder hergestellte Kaiserburg bildet wieder das bekrönende Wahrzeichen der Altstadt.

149 Nürnberg, Landauer Kapelle und untere Burgkapelle Zu Ende des 14. Jahrhunderts stiftete Konrad Mendel d. Ä. ein Almosen für zwölf alte, kranke Bürger, die sich nicht mehr durch eigene Arbeit ernähren konnten. Die Mendelsche Zwölfbrüderstiftung wurde zum Vorbild für eine Reihe weiterer Brüderhäuser in Bayern. In Nürnberg selbst stiftete der Schmelz- und Hüttenherr Matthäus Landauer 1510 nach diesem Vorbild des Mendelschen Brüderhauses bei der Zwölfbotenkapelle ein Brüderhaus und eine allen Heiligen geweihte Kapelle für zwölf alte Männer weltlichen Standes. Wie den Brüdern der Mendelschen Stiftung war auch ihnen eine besondere Tracht vorgeschrieben. Sie trugen gegürtete Kutten verschiedener Farbe mit einer schwarzen Gugel und einen flachen Filzhut. Später veränderte sich die Tracht dem Zeitgeschmack entsprechend. 1807 wurden beide Stiftungen dem Heilig-Geist-Spital einverleibt.
Bei der Wiederherstellung der Kapelle nach den Zerstörungen des letzten Krieges wurde das Grab des Stifters wieder aufgefunden.

*

Die Kapelle der Kaiserburg und der mit ihr verbundene Heidenturm sind Werke der späten Stauferzeit, entstanden während der Regierung Kaiser Heinrichs VI. (1190 bis 1198). Die Kapelle ist nach Art der Hofkapellen doppelgeschossig: zwei Kapellen liegen übereinander; durch eine quadratische Öffnung im Mitteljoch sind sie miteinander verbunden. Die Altarräume sind in den Heidenturm hineingebaut. Die Gewölbe beider Kapellen werden von reich ausgebildeten Säulen getragen. Die kryptenartige, der heiligen Margarethe geweihte Unterkapelle ist von schwerem, gedrungenem Bau; sie war für die Gefolgschaft bestimmt. Die Säulen sind durch prächtige Kapitelle verziert. In der Kapelle wurden zeitweilig die Kroninsignien und die Heiltümer des Reichs aufbewahrt. Die im Gegensatz zur unteren Kapelle hohe Oberkapelle besitzt schlanke, lichtgraue Marmorsäulen. Sie diente dem königlichen Burgherrn und seinem Gefolge. Für ihn erhielt sie eine Westempore, die vom Palas her zugänglich ist. Beide Kapellen sind mit Altären und Bildwerken des 15. und 16. Jahrhunderts ausgestattet.

150 Nürnberg, Marktplatz Der »Schöne Brunnen« auf dem Hauptmarkt in Nürnberg wurde nach der Mitte des 14. Jahrhunderts auf Veranlassung Kaiser Karls IV. von einem Meister Prager Schulung errichtet. Er zählt zu den bedeutendsten mittelalterlichen Brunnen. Aus dem achteckigen Becken wächst ein 18½ Meter hoher gotischer Turm, der mit vierzig Steinfiguren geschmückt ist. Steinschäden zwangen zu wiederholten Erneuerungen; 1902/03 wurden große Teile in Muschelkalk neu hergestellt; 1956 wurde er letztmals restauriert. Wenngleich aus diesem Grund von der ursprünglichen Substanz nur mehr wenig erhalten ist, so ist ihm noch die ursprüngliche Form eigen. Die erhaltenen originalen Figuren befinden sich im Germanischen Nationalmuseum.
So steht nun dieser schönste Brunnen Nürnbergs wieder in seiner alterthümlichen Schönheit in unveränderter Gestalt als die höchste Zierde des Marktplatzes, auf dem einst die Schranken zum Turniere errichtet waren, der jedoch heut zu Tage in seiner Mitte drei Reihen von hun-

dert Buden mit Arkaden, ein gegen Süden zu offenes Viereck bildend, enthält, und somit diesem sehr großen und schönen Platze ein anderes charakteristisches Gepräge verleiht.
An der Ostseite des Hauptmarkts, des alten, 1348 niedergelegten Judenviertels, steht die gotische Frauenkirche, eine dreischiffige Halle von nahezu quadratischem Grundriß, als Stiftung Karls IV., 1361 vollendet. Wie der Schöne Brunnen ist der Bau stark von der böhmischen Bauweise der Zeit beeinflußt. Die auf dem Bild dargestellte Westfassade ist sehr reich gestaltet. Auf der Kaiserbalustrade zeigte sich Kaiser Karl IV. mit den Reichskleinodien. Zwischen 1506 und 1508 erneuerte Adam Kraft das Michaels-Chörlein, das sich über der Portalhalle erhebt. In seinem Giebel ist das berühmte »Männleinlaufen« angebracht. Durch ein Uhrwerk getrieben, umschreiten täglich um zwölf Uhr die sieben Kurfürsten Kaiser Karl IV. Dies ist eine Erinnerung an die Goldene Bulle Kaiser Karls IV. vom Jahr 1356, die bestimmte, daß jeder deutsche König seinen ersten Reichstag in Nürnberg abhalten sollte.
Die sehr schweren Schäden, welche die Kirche im letzten Krieg erlitten hat, sind behoben. Ihr Innenraum beherbergt wieder einige Hauptwerke Alt-Nürnberger Kunst, allen voran den Tucherschen Altar aus der Zeit um 1440. Die Bombenangriffe haben auch die Umgebung der beiden bedeutenden mittelalterlichen Monumente grundlegend verändert.

151 Nürnberg, Sankt Sebaldskirche Um 1230 begann man am Platz einer älteren Peterskapelle eine große dreischiffige Pfeilerbasilika mit einem Querschiff und zwei Chören zu erbauen. Da sich zu der niedergerissenen Peterskapelle der Kult des Pilgerheiligen Sebald entwickelt hatte, weihte man diesem Heiligen den Ostchor; der Westchor wurde dem alten Patron Sankt Peter geweiht. 1273 war die Kirche fertiggestellt. Von 1309 an verbreiterte man die Seitenschiffe auf die Ausdehnung der Querschiff-Flügel.
Von 1361 bis 1379 entstand anstelle des Ostchors der gewaltige spätgotische Hallenchor des Meisters Heinrich Parler. Nachdem die Türme schon 1345 um ein Geschoß erhöht worden waren, erhielten sie 1481 ihre endgültige Gestalt.
Von 1888 an beseitigte man die schwere barocke Ausstattung der Kirche. 1945 brannten die oberen Teile der Türme nieder; der Baukörper selbst wurde schwer beschädigt. Die schwersten Beschädigungen erlitt der Ostchor. Doch diese Schäden sind großenteils wieder behoben.
Der Stich zeigt den Blick zum Westchor. Sein Vorjoch wird noch von dem »Engelschor« überspannt. Der Raum ist mit kostbarsten Kunstwerken ausgestattet. Das berühmteste von ihnen ist das im Vordergrund wiedergegebene Sebaldusgrab des Rotschmieds Peter Vischer. Ihm wurde 1488 diese sehr schwierige Aufgabe übertragen, doch erst ab 1508 hat er sie in Angriff genommen und 1519 zusammen mit seinen Söhnen Peter und Hermann vollendet.

152 Nürnberg, Egidienplatz und Euchariuskapelle Das älteste von den acht mittelalterlichen Klöstern der Stadt Nürnberg war das Benediktiner-Schottenkloster Sankt Egidien, in das König Konrad III. 1140 Benediktiner aus dem Regensburger Schottenkloster berief. Im 16. Jahrhundert kam das klösterliche Leben zum Erliegen; in den Gebäuden wurde ein Gymnasium eingerichtet. 1696 legte ein Brand Kirche und Kloster in Asche. An die Stelle der alten Kirche trat von 1711 bis 1718 der Neubau von Gottlieb Trost, den das Bild zeigt. Im Krieg wurde die Kirche weitgehend zerstört. Sie wurde mit einem vereinfachten Innenraum wiederhergestellt. Erhalten hat sich die Euchariuskapelle. Sie stammt aus dem 12. Jahrhundert; um 1215 wurden die Gewölbe eingezogen. Zwei Säulen tragen sie. Die Kapelle zählt zu den bedeutenden romanischen Bauten der Stadt Nürnberg. Auch die angebaute gotische Kapelle — der auf dem Stich dargestellte Durchgang führt hinein — ist erhalten. Diese Kapelle wurde um 1345 von der Patrizierfamilie Tetzel gestiftet und enthält zahlreiche Totenschilde dieser Familie vom 14. bis 18. Jahrhundert.
Unter den großen Plätzen dieser Stadt aber ist der an den ehemaligen Heumarkt, der seit 1833 Theresienplatz umgetauft worden ist, anstoßende Aegidienplatz oder Dielinghof, besonders deßwegen auszuzeichnen, weil er nicht nur rings mit stattlichen Gebäuden umgeben, sondern auch ohne gleich von Anfang an zu einem bestimmt wiederkehrenden Gebrauche z. B. einem Markte bestimmt zu seyn, dennoch von Anfang an schon so groß und geräumig als er ist, gelassen worden war. Der Nürnberger Marktplatz nemlich, der ihn freilich an Umfang übertrifft, ist bekanntlich erst durch das Niederreißen der Judenhäuser gebildet worden, die einen großen Theil von ihm einnahmen. Der Aegidienplatz dagegen ist ursprünglich schon so gewesen, wie er ist, so weit nämlich unsere Kenntniß von Nürnbergs Vergangenheit zurückgeht.
Dieser alte Text ist richtig: Die Beschriftung des Stichs ist falsch. Der Stich stellt nicht, wie seine Unterschrift irrtümlich besagt, den Theresienplatz dar, sondern den Egidienplatz. Früher nach dem Schottenkloster »Egidienberg« genannt, erhielt er 1809 den Namen »Egidienplatz«, den er bis heute trägt. Der Theresienplatz, der bedeutend kleiner ist, schließt südlich unmittelbar an den Egidienplatz an. Er hieß einst Heumarkt; 1833 wurde er zu Ehren der Gemahlin König Ludwigs I. in Theresienplatz umbenannt.
Die alte Bebauung des Egidienplatzes ist dem Bombenkrieg zum

Opfer gefallen. Von ihr steht streng genommen überhaupt nichts mehr. Wiedererstanden sind aus einem fast hoffnungslosen Ruinenzustand bis 1963 die barocke Egidienkirche, bis 1956 die frühklassizistische Fassade des Tucherpalais (im Bild Mitte links; heute stark verändert) und, bis 1957, vom alten Pellerhaus (Mitte oben, mit dem Prachtgiebel) der Rustikasockel des Erdgeschosses, an den sich die Vorhalle mit Sterngewölbe und ein prächtiger Laubenhof, ebenfalls in alter Gestalt wieder hergestellt, anschließen. Über diesen alten Resten aus dem Anfang des 17. Jahrhunderts erhebt sich jetzt der Neubau von Stadtbibliothek und Stadtarchiv. Die übrige Bebauung des Platzes ist modern.

154 NÜRNBERG, RATHAUSSAAL Im Jahr 1332 kaufte der Rat der Stadt Nürnberg gegenüber dem Chor von Sankt Sebald vom Kloster Heilsbronn ein Anwesen und ließ hier von 1332 bis 1340 durch den Stadtbaumeister Philipp Groß den ehrwürdigen Saalbau errichten, eine außerordentliche Leistung des 14. Jahrhunderts, und auch später Kernstück des Rathauskomplexes. Im Erdgeschoß waren Läden eingebaut; im Obergeschoß lag der später mehrmals erweiterte große Saal, der seine hölzerne Tonnendecke weit in den Dachstuhl hineinwölbte. Er war für große repräsentative Veranstaltungen bestimmt und hat für viele glanzvolle Kaiserempfänge und Reichstage einen würdigen Rahmen gebildet. Er war durch Kunstwerke aus mehreren Jahrhunderten geschmückt: durch gotische Bildhauerarbeiten und Glasgemälde und durch ein großes Wandgemälde von Albrecht Dürer aus dem Jahr 1518, das einen Triumphzug zu Ehren Kaiser Maximilians I. darstellte. 1613 erhielt der Saal seine gewölbte hölzerne Decke und den großen hölzernen Leuchter.

Die neueste Zeit des Saales beginnt mit dem Uebergang der Reichsstadt an die Krone Bayern. Man hat sich mit gebührender Ehrfurcht vor den Ueberresten einer großartigen Vergangenheit darauf beschränkt, diese zu bewahren und zu erhalten, was namentlich an dem großen Wandgemälde mit Erfolg geschehen ist. Gegenwärtig dient der Saal zu großen Gesangproduktionen und Konzerten, zu den Preisevertheilungen des Gymnasiums, zu dem Schlußakt der deutschen Schulvisitationen, zur Versammlung der zu amtlichen Umzügen oder andern Zwecken zusammentretenden Individuen, zur Ziehung der Nürnberger Zahlenlotterie. Schon im vorhergegangenen Zeitraum wurde er stets zu wichtigen und bedeutenden Anlässen verwendet. So bei dem schon erwähnten Fest 1496, wo er zu Fackeltänzen und Gelagen seine Pforten aufthat. Eine ganz andere Versammlung fand sich 1525 daselbst ein, als auf Befehl des Raths ein Religionsgespräch gehalten wurde. Als 1541 sich Karl V. von der Stadt huldigen ließ, wurde an dem mittlern Rathhaussaalfenster, gegen St. Sebald zu, ein Balkon gebaut, auf den der Kaiser aus dem Saal heraustrat, und die Huldigung der vor dem Hause versammelten Menge in Empfang nahm. Das große Friedensmahl am 25. September 1649, welches Sandrart in einem wohlbekannten Gemälde verewigt hat, fand ebenfalls in diesem Saale statt. Wrangel schoß damals seine Pistole mit den Worten: Jetzt brauch ich kein geladenes Gewehr mehr, weil der Friede geschlossen ist, durch das oberste Erkerfenster ab. Unter den in neuester Zeit nicht seltenen Verwendungen dieses Saales dürfte vorzüglich das Jahr 1828 (Ostern) herauszuheben seyn, als zur Feier der Grundsteinlegung des Albrecht Dürer Denkmals in dem Saal eine Reihe von Gemälden, die des Künstlers Lebensfata darstellten, aufgerichtet waren. Unstreitig gehört er unter die schönsten Zierden der Stadt Nürnberg, ein bemerkenswerthes Kunstwerk für sich, und eine gewaltig mahnende Erinnerung an dahingeschwundene Zeiten.

Mit dem Rathaus brannte 1945 auch der Rathaussaal völlig aus.

155 NÜRNBERG, JOHANNISFRIEDHOF Der Johanniskirchhof in Nürnberg und der Petersfriedhof in Straubing gelten als die schönsten Totenhaine, die es in unserem Land gibt.

Der Anblick des St. Johanniskirchhofs mag für die meisten ihn besuchenden Fremden zunächst etwas sehr Auffallendes haben, da die gegen vierthalbtausend Gräber fast alle mit fünf Fuß langen in der Regel von West nach Ost gelegten Sandsteinen gedeckt sind, was aus der Entfernung etwas eintönig erscheint. Aber diese Eintönigkeit verschwindet, so wie man diese Gräber der näheren Betrachtung unterwirft, und man wird gestehen müssen, daß diese Stadt der Todten ausser dem Memento mori, das jede solche Stätte dem Besuchenden zuruft, zunächst kostbare geschichtliche Erinnerungen aufbewahrt, wie sie schwerlich ein anderer Ort in reicherem Maße gewährt. Durch einen eigenen Akt sinniger Frömmigkeit ist nemlich der Kirchhof zu der Stadt in dasselbe Verhältnis der Entfernungen gesetzt worden, in welchem die Schädelstätte nebst den übrigen durch Christi Leiden verherrlichten Orten zu Jerusalem steht. Ein Nürnberger von gutem Geschlecht, Martin Ketzel, hatte auf einer im Gefolge des Herzogs Albrecht von Sachsen 1477 gemachten Pilgerfahrt nach dem gelobten Lande die Entfernungen alle genau abgemessen, war aber so unglücklich gewesen dieses Maß zu verlieren, so daß er 1488 mit dem Pfalzgrafen Otto zum zweitenmal die Reise machte. Dießmal war er glücklicher oder vorsichtiger, brachte das Maß wohlbehalten nach Nürnberg, und so sind nun die Entfernungen von dem sogenannten Pilatus-Haus mit dem geharnischten Mann, nemlich dem Ritter St. Georg, am Thiergärtnerthor, S. 439, bis an den Kirchhof, wo Christi Leiden auf Golgatha vorgestellt ist, und zu dem sogenannten Oelberg unter der Veste gleich denen von Jerusalem, und die einzelnen Punkte sind durch

die sogenannten Stationen bezeichnet, die man wohl auch anderwärts findet, die aber gerade hier durch Adam Kraft's kunstreiche Hand einen besonderen Werth erhalten haben. Freilich sind besonders die allein und freistehenden Bilderwerke, Christus und die Jünger am Oelberg und Christus mit den Schächern am Kreuze, durch die Zeit und durch die Rohheit des Pöbels fast ganz zertrümmert und auch die eigentlichen Stationen, deren sieben sind, zum Theil sehr beschädigt worden; doch hat man durch den geschickten Burgschmiet das Meiste des Zertrümmerten oder Abgeschlagenen wieder herstellen lassen. Leider würde die völlige Restitution der am ärgsten beschädigten Gruppen am sogenannten Calvarienberg selbst, der dicht am östlichen Eingang des Kirchhofs steht, zu viel gekostet haben; man hat sich daher begnügt, sich hierin zu beschränken und an den Fuß des Kreuzes, wo früher auch der römische Hauptmann und Kriegsknechte zu sehen waren, nur die Bilder der Maria und des Johannes zu stellen.
Aber nicht diese Bildhauerarbeit allein, der man auch noch bei der im Hintergrunde unserer Abbildung sichtbaren Holzschuher-Kapelle begegnet, welche, um die ganze Leidensgeschichte zu vervollständigen, das Grab Christi vorstellt und welche uns auch in andern Leistungen späterer Zeit, namentlich dem im Vordergrund stehenden Wolfgang Münzer'schen Monumente entgegentritt, sondern noch mehr sind es die metallenen Epitaphien, welche die Aufmerksamkeit der Besuchenden fesseln. Sie sind erstens gültige Zeugnisse über die Kunstfertigkeit der Vorzeit, als gewöhnliche Handwerker ohne den Titel und die Privilegien der Künstler, diese zierlichen und sinnigen Verzierungen schufen; zweitens aber geben sie in vielen Fällen, wo andere Stimmen schweigen oder längst verstummt sind, unzweifelhaften Bericht über geschichtliche Thatsachen. Bei weitem der größte Theil dieser Gräber trägt in den Epitaphien die Angabe des Namens, Standes, Geburts- und Todesjahrs eines darin bestatteten Individuums, zuweilen mehrerer; in manchen Fällen finden auch reichlichere Angaben statt. Nicht bloß die Geschlechtergeschichte, auch Kunst, Handel, Gewerbe werden durch sie aufgeklärt und bestätigt. Wie der zum rathsfähigen Geschlecht Gehörende, oder wer sonst Wappengenosse war, sein genau bestimmtes, entweder aus uralter Zeit ererbtes oder durch kaiserlichen Wappenbrief gegebenes Wappen besaß, so ließ der gemeine Mann wenigstens die Sinnbilder seines Gewerbes oder Geschäftes auf dem Grabe, das er für sich und die Seinigen schon bei Lebzeiten erwarb, anbringen, und die Erfindungskraft des Künstlers fand hier oft Gelegenheit sich zu bewähren.

156 NÜRNBERG, HÖFE IM KRAFFTSCHEN UND IM TUCHERSCHEN HAUS Als bemerkenswerte Alt-Nürnberger Patrizierbauten werden hier die Höfe des Krafftschen Hauses in der Theresienstraße und des Tucherschen Hauses in der Hirschelgasse vorgestellt. Das Krafftsche Haus (»Haus zur goldenen Rose«, »Welser Haus«; Theresienstraße Nr. 7) war im 16. Jahrhundert im Besitz der Welser, die es um diese Zeit neu erbauten, dann der Pfinzing. 1812 kam es an Philipp Casimir Krafft aus Offenbach, der in dem Hause eine Tabakfabrik einrichtete.

*

Das Tuchersche Haus (Hirschelgasse Nr. 11) stammt ebenfalls aus dem 16. Jahrhundert; Lorenz II. Tucher hatte die Anregung für die eigenartige Architektur dieses Hauses an den großen Geldmärkten und Stapelplätzen Lyon und Antwerpen empfangen.
Beide Häuser wurden im letzten Krieg auf das schwerste beschädigt. Das Areal des Krafftschen Hauses wurde nach dem Krieg von der Stadt übernommen, in den Rathauskomplex einbezogen und bis 1963 wieder aufgebaut. Dabei wurde die im Bild dargestellte Hofpartie im alten Zustand wieder hergestellt; die Straßenseite des Hauses trägt jetzt eine moderne Fassade. Das Tuchersche Gartenanwesen wurde aus Privatmitteln der Familie Tucher von Simmelsdorf mit allem historischen Zubehör bis 1969 restauriert und dient jetzt vornehmlich musealen Zwecken.

157 NÜRNBERG: KANALHAFEN, KRAN AM KANALHAFEN UND DOOSER BRÜCKKANAL *Nachdem der Kanal in der Hauptsache vollendet und auch mit den nothwendigsten Lagerhäusern, Krahnen, Waagen und sonstigen Erfordernissen für den ersten Betrieb ausgestattet worden, war unterm 9. Januar 1842 die Kanalordnung erlassen und die königliche Verwaltung eingesetzt, und dann der Kanal zunächst in der Strecke zwischen Nürnberg und Bamberg eröffnet. Dies geschah am 5. Mai 1843. An diesem Tage fuhr das erste Schiff festlich geschmückt unter angemessenen Feierlichkeiten und Kanonendonner auf dem Ludwigskanale von Bamberg nach Nürnberg ab. Es waren die Boote des Schiffermeisters Sieber von Bamberg und des Frachtfahrers und Kanalboten Messerer von Nürnberg. Eine Deputation des Magistrats und mehrere Mitglieder der Handelskammer von Oberfranken gaben den Schiffen das Geleite. Auf der ganzen Linie bis Nürnberg hatten sich an den Ufern und Häfen des Kanals eine Menge Neugieriger versammelt, namentlich in Nürnberg, wo noch so viele an der Ausführbarkeit des Unternehmens bis auf den letzten Augenblick gezweifelt hatten. Aber ein freudiges Erstaunen erfaßte sie Alle, als sie nun das Schiff wirklich in den Hafen eingleiten sahen. Ihm folgten schon bis zum 27. Mai 31 Schiffe mit einer Gesammtfracht von 5,551 Zentner. Ueberhaupt fuhren diese Strecke in den ersten sechs Monaten 2,195 Schiffe mit einer Ladung von 395,324 Zentner. Den ersten Versuch von Nürnberg aufwärts machte der Bauunternehmer*

Wadenklee mit seinem Schiffe bis Wendelstein, der auch überall von den Landesbewohnern mit freudiger Begrüßung empfangen wurde. Im Juni aber des darauffolgenden Jahres 1844 fuhr der Bauherr selber, König Ludwig, auf dem Kanal von Nürnberg nach Bamberg, und zum Erstenmale flaggten die Wimpel aller Zollvereinsstaaten im Hafen von Nürnberg. Endlich erfolgte die ununterbrochene Wasser-Kommunikation in der ganzen Längenausdehnung des Kanals am 25. August 1845, und der erste Gegenstand des Transport waren die Standbilder des Kanal-Monuments von Schwanthaler aus dem Jurakalkstein des Altmühlthales. Das erste Schiff aber, welches aus dem Main eine Ladung nach Regensburg brachte, war das des Schiffers Seelig von Bamberg.

Die Frankfurter Aktiengesellschaft für die Dampfschlepp-Schifffahrt zwischen Rotterdam und Frankfurt ließ darauf in Amsterdam ein eigens aus Eisen construirtes Schiff, das eine Tragkraft von etwa 1,700 Zentner besaß, mit 1,000 Zentner befrachten und dasselbe sofort die Durchfahrt bis nach Wien versuchen. Das Schiff fuhr ab von Amsterdam am 18. Juni 1845 und kam am 8. August in Wien an. Somit war der Beweis gegeben, daß ein neuer Verbindungsweg eröffnet sei zwischen dem Abendlande und Morgenlande. Am 18. Mai des darauffolgenden Jahres 1846 bereiste zu Schiffe eine Ausschußkommission der Aktiengesellschaft mit der königl. Bauinspektion die ganze Linie des Kanals und nahm eine genaue Besichtigung desselben vor, wobei sie nur unbedeutende Anstände zu machen Gelegenheit hatte. Am 2. Juli geschah die Uebergabe des Kanals an die Aktien-Gesellschaft, und endlich zum Schluß und zur Krönung des ganzen Werks, die Enthüllung des Kanal-Monuments, eines Geschenkes des Königs, bei Erlangen am Burgberg, am 25. August.

Nach dieser allgemeinen Geschichte des Kanals müßen wir nun wohl unsern Stahlstichen noch eine besondere Aufmerksamkeit widmen. Sie versetzen uns alle in die Nähe von Nürnberg an den Kanalhafen, und einer davon zeigt uns denselben in seiner Länge von Osten nach Westen; das zweite Bild zeigt uns den großen Krahnen an demselben und das ganze gesellschaftliche Leben eines Hafens um denselben; das dritte endlich zeigt uns den Dooser Brückkanal, ungefähr eine Stunde vom Hafen nordwestwärts nach Erlangen hin entfernt mit der Aussicht auf die zwei Eisenbahnen, die hier die Gegend durchziehen.

Der Hafen, dessen Umfang bereits 1840 angelegt worden, liegt dicht an der Vorstadt Gostenhof an der Südseite der Stadt, ist 1000 Fuß lang und 300 Fuß breit, und bietet Raum wohl für 20 Schiffe mit einer Ladungsfähigkeit von 1500 bis 2000 Zentnern, so daß also im Hafen selbst 30—40,000 Zentner ein- und umgeladen werden können. Der ganze Kanal ist umgefriedigt, und unmittelbar mit der Eisenbahn in Verbindung gesetzt, die hier von Nord und Süden ganz Deutschland durchzieht. Auf der rechten Seite des Hafens befinden sich zur Unterbringung der abgelagerten Güter einige hölzerne Lagerschoppen, die, verschaalt und versperrbar, bis zur Herstellung der projektirten Betriebsgebäude und Lagerhäuser hinreichend dem Zwecke entsprechen; es sind damit einstweilen auch die Geschäftslokale verbunden. Mechanische Hebvorrichtungen sind am Hafen überall, wo es für nöthig erachtet wurde, angebracht. Außer dem großen Krahnen, den wir hier auf dem Bilde sehen, und der eine tragbare Kraft von 100 Zentnern besitzt, gibt es noch zwei andere, von denen jeder 1000 Gulden kostete und 300 Zentner hebt. Decimal-, Druck- und Brückwaagen von 30 Zentner Tragkraft dienen zur Kontrolirung der Gewichtsangaben und zum Gebrauch des Publikums. Zur Besorgung der Vermittlungs- und Transportgeschäfte ist überall das nöthige Personal angestellt.

Der Hafen gewährt während der Fahrzeit einen lebhaften Anblick; fortwährend kommen und gehen beladene Schiffe, auf den Mastbäumen flattern lustig blaue Wimpel, geschäftig eilen Lader, Schiffer und Fuhrleute, welche die Waaren weiter schaffen, hin und her, während die Hafenbediensteten auf alle Vorgänge ihr Augenmerk richten. Besonders werden Massen von Holz vom südlichen Arm des Kanals herbeigeführt und auf der südlichen Seite des Hafens aufgeschichtet, ein höchst erfreulicher Anblick für alle Diejenigen, die erfahren haben, wie die Preise des Holzes in den letzten Jahren schon bedeutend gestiegen waren, da die nahen Reichswälder Lorenzi und Sebaldi schon längst nicht mehr das nöthige Holz für die Stadt und Umgebung haben liefern können. Auch große Stöße von Brettern harren ihrer Absendung nach dem Rheine, wo besonders die schmalen, zum Gebrauch schon zugerichteten, eine gesuchte Waare sind. In Folge dieses bedeutenden Holzhandels ist der Werth der Wälder um den südlichen Arm des Kanals höchst bedeutend, man kann sagen um Millionen gestiegen. Dagegen kommt auf dem nördlichen Arm des Kanals eine Menge Steinkohlen, die vor einigen Jahren den Feuerarbeitern und Fabriken in Nürnberg und dessen Umgebung fast noch unbekannt waren.

Erblicken wir nun auf unserm Hauptbilde unmittelbar an der Umfriedung des Kanalhafens den vorbeieilenden Eisenbahnzug, und, den ganzen Hintergrund ausfüllend, die Stadt Nürnberg mit ihrer Burg und ihren Thürmen, so berechnen wir unwillkührlich im Geiste, welchen Einfluß alle diese Verbindungsmittel auf die alte Stadt haben werde, und gerne denken wir uns denselben als einen besonders segensreichen. Nürnberg, jene Stadt, die, wie kaum eine andere in Deutschland, Jahrhunderte lang der Mittelpunkt des Handels, der Kunst und der Gewerbe im weitesten Umkreise war, kam als eine gefallene Größe in unser Jahrhundert herein, und nicht durch eigene Schuld. Man hatte sie, dieses kräftige Glied des gemeinsamen Vaterlandes, immer mehr durch Zollschranken umschlossen, und so vom gemeinsamen Körper abgebunden, daß sie nicht mehr frei sich bewegen konnte und so nothwendig herunterkommen mußte. War sie doch in der Mitte des vorigen

Jahrhunderts bereits so herabgekommen, daß ihre Kaufleute dem Rathe der Stadt die Erklärung machten, wie sie auswandern müßten, um noch ihre letzte Habe zu retten: von den Werkstätten war die Hälfte eingegangen und in demselben Grade die Zahl ihrer Einwohner gesunken.

Die erste Hoffnung ging wieder auf, als die Republik endlich zu Grabe ging, die Stadt einem größeren Lande einverleibt wurde und sie wieder einen Herrn und König erhielt, und sichtbar ist sie auch seit dieser Zeit wieder erstarkt. Da kamen nun auch der Kanal und die eisernen Verbindungslinien, neue Pulsadern, um ihr neues Leben zuzuführen. Es erstreckt sich auch bereits wieder die Verbindung ihrer Kaufleute auf die meisten europäischen Länder, in neuerer Zeit auch wieder auf Spanien, sie schicken Waaren in die Länder nach der untern Donau, nach Konstantinopel, nach der Levante, nach Nord- und Südamerika. Man darf annehmen, daß jährlich über 500,000 Zentner Handelsgüter in regelmäßigem Zuge, vermittelt durch Frachtfuhrwerk, durch Nürnberg gehen, zugleich werden jährlich von der Stadt an 30,000 Zentner Manufakturwaaren, 30,000 Zentner Blättertabak und etwa 20,000 Zentner Hopfen versendet. Die Gesammtzahl der in Fabriken und Werkstätten allein für den Ausfuhrhandel beschäftigten Arbeiter beläuft sich wohl auf 10,000, die sich in 72 Gewerbe vertheilen, unter welchen die Rothschmiede mit 193 Meistern besonders zu erwähnen sind, welche die messingen Waaren in allen Formen und Größen fabrikmäßig verfertigen. Und mit dem Abschluß des neuen Handelsvertrags zwischen Oesterreich und den Zollvereinsstaaten haben sich auf's Neue ihre Hoffnungen erweitert. Immer größer wird die Verbindung mit dem Osten, immer lebhafter der Verkehr auf der Donau, und indem wir dieses niederschreiben, durchfuhren seine Wellen mehr denn 80 Dampfschiffe von beinahe 10,000 Pferdekraft und bei 3,500 Schiffe. Aber welche Aussicht eröffnet sich erst für die Zukunft, wenn die Eisenbahn zwischen München nach Salzburg und also nach Triest vollendet und endlich die Eisenbahn auf dem Isthmus von Suez oder ein Durchstich desselben ausgeführt sein wird. Dann ist der alte Handelsweg von Europa nach Indien wieder hergestellt, mitten durch das Herz von Europa gehend, das Herz Europa's ist aber Deutschland, und mitten in Deutschland liegt Nürnberg mit seinem Eisenbahnhof und seinem Kanalhafen. Solche Sterne leuchten aus diesen Bildern für Nürnberg auf.

Einen besonders interessanten Punkt bietet uns zuletzt in dieser Beziehung das dritte Bild dar, das den Dooser Brückkanal darstellt, nur eine Stunde nordwestwärts vom Nürnberger Kanalhafen entfernt. Wo sonst nur eine schlechte Holzbrücke, blos für den Verkehr der Landleute dienend, die beiden Ufer der Pegnitz verband, überspringen jetzt zwei hochgewölbte Brücken den Fluß, um die Welt in ihren weitesten Fernen zu verbinden, die eine für die Ludwig-Süd-Nord-Eisenbahn, die andere für den Ludwigs-Kanal, dessen Wasser sie über den untern Strom hinüberleitet. Der Brückkanal selbst ist eines der wichtigsten Gebäude des Kanals, 60 Fuß weit und 30 Fuß hoch, sein Gewölbebogen ist 50 Schuh weit. Dieser Bogen wurde vom Maurermeister Jordan so gut gebaut, daß er sich nicht um einen Zoll setzte, nachdem das Gerüst entfernt worden war. Er war bereits 1839 vollendet und kostete 32,063 Gulden. Rechts im Hintergrunde sehen wir die Fürther-Nürnberger Eisenbahn, die erste Deutschlands, wie sie sich an der Fürther Straßenallee hinzieht und sich mit unsern beiden Straßen kreuzt; links im Hintergrund liegt das Oertchen Doos, das schon seit alter Zeit durch seine Mühlwerke, Folienhammer und Ausschleifen bekannt ist. Im fernsten Hintergrunde aber sieht die hohe kaiserliche Burg in ehrwürdiger Majestät über die weite Ebene hin! tausend Jahre schauen von ihr herab: — möge sie bald Zeugin neuer Herrlichkeit des deutschen Vaterlandes werden, jener ähnlich, in der es einst erglänzte, als noch die Hohenstaufen von ihr aus das Reich regierten und zusammenhielten!

Der Nürnberger Hafen des alten Ludwig-Donau-Mainkanals, der in den dreißiger Jahren noch benützt wurde, ist wie der Kanal selbst während des Krieges und nachher völlig verödet. Das ausgetrocknete Becken ist zwar heute noch in seinem alten Umfang sichtbar; es wird aber demnächst dem Ausbau der Schnellstraße Nürnberg—Erlangen weichen müssen. Einer der Kranen — es gab früher deren zwei — ist in stark zerstörtem Zustand noch vorhanden.

Die Kanalbrücke bei Doos wurde im Zusammenhang mit dem Ausbau der erwähnten Schnellstraße im Jahr 1964 abgerissen.

160 Nürnberg, Umgebung I und II *Man muß bei dem Besuch der Nürnberger Umgegend nicht den Maaßstab anlegen, den man von andern von der Natur besser begünstigten Orten mitbringt. Wie schon Nürnbergs älteste Urkunde von 1219 seine Lage an einem sandigen und unfruchtbaren Orte erwähnt, durch welche die Einwohner hauptsächlich auf Handel und Gewerbfleiß angewiesen sind, so kann man auch noch heutzutage, zumal wenn man andere Städte eben erst besucht hat, an der Umgegend der alten Reichsstadt nur allmählig Behagen finden. Nicht als wenn es nicht einzelne liebliche und anmuthige Punkte gäbe, nicht als wenn es an Wasser, an Schatten absolut gebräche, nein! nur ein Hauptmangel ist es, über den man sich, kommt man zumal von Baireuth, von Ansbach oder ähnlichen Städten her, am wenigsten zufrieden geben kann, der fast totale Mangel schattiger Spaziergänge. Nur ein Platz nämlich dicht bei Nürnberg, die sogenannte Hallerwiese, kann sich dieses Vorzuges rühmen, denn die erst seit 1817 angelegten Spaziergänge rings um die*

Stadt sind in ihrem besuchtesten Theil zwischen dem Spittler- und Thiergärtner-Thor, durch Schuld der hier fast stets sehr zusammengedrängten Straße, so gut wie ohne Schatten; die Platners Anlage ist, so hübsch sie ist, doch sehr beschränkt, die Anlage vor dem Frauenthor, die einzige von bedeutendem Umfange, welche zu beiden Seiten der Chaussee fortlief, hat seit Februar 1843 dem großen Bahnhof der Leipzig-Augsburger-Eisenbahn Platz machen müssen; was sich aber sonst an Alleen findet, ist so unbedeutend, oder — wie der Judenbühl — so abgelegen, daß es gar nicht in Betracht kommen kann. Es ist vielleicht eine Folge der früheren Kriegszeiten, der Belästigung durch die zur Zeit der Reichsstadt üblichen Thorsperre, der Gewohnheit endlich, in dem Sande zu waden, der rings um die Stadt sich herzieht, daß, im Ganzen genommen, der Nürnberger das Vergnügen des bloßen Spaziergehens nicht sonderlich anschlägt. Zu einer Zeit, in welcher die Stadt ihr kaiserliches, der Markgraf sein fürstliches Recht mit größter Eifersucht aufrecht hielten, war es sehr natürlich, daß weder Wege gemacht noch Alleen gepflanzt wurden; Nürnberg, das bis in die neueste Zeit für eine feste Stadt gehalten wurde, war es in früherer Zeit wirklich; und in den unruhigen Zeiten, die erst mit 1815 ein Ende nahmen, würde jeder Versuch, die Umgegend durch Anlagen und Alleen zu verschönern, vergeblich und lächerlich gewesen seyn. Erst seit dieser Zeit wurde, zuerst von dem verstorbenen Kaufmann Bestelmeier, angefangen, Bäume zu pflanzen, die Wege zu ebnen, für Schatten- und Ruheplätze zu sorgen, und wenn man weiß, wie theils unzeitige Sparsamkeit, theils verkehrter Geschmack überall — nicht etwa in Nürnberg allein, — selbst bei dem besten Willen zum Vorschein kommt und mehr hindert als fördert, so muß man in der Erinnerung, wie die frühere Umgebung Nürnbergs beschaffen war, welche Steppen von Sand, welche Haufen von Schutt, welche üppige Felder von Disteln und Unkraut jedem Spaziergänger im Wege standen, allerdings einräumen, daß recht Vieles bereits geschehen ist und die neuere Verschönerungs-Commission mit großem Eifer ihre Aufgabe zu erfüllen bemüht ist. Indessen beschränkt sich ihr Wirkungskreis nur auf das Weichbild der Stadt, und so wie wir über die Markung Nürnbergs hinaustreten, sind wir der natürlichen Sterilität und Dürftigkeit des Bodens, die nun einmal nicht zu ändern ist, wieder völlig Preis gegeben. Denn das Besetzen der Chausseen mit Schatten gebenden Bäumen ist eine so langsam fortschreitende und mit so vielen Hindernissen, insbesondere dem Baumfrevel, kämpfende Aufgabe, daß es wohl noch lange dauern möchte, bis es auch nur einen benachbarten Ort gibt, zu welchem eine durch breitwipflige Bäume beschattete Allee führte.

Wohin uns daher von den vier Hauptbildern des ersten Blattes der Weg führen möge, nach Erlenstegen, Mögeldorf, dem Schmaußenbuck oder auf die alte Veste, so haben wir Sonnenhitze und Staub im Uebermaaße zu genießen, um zu der Erquickung, welche diese Oasen darbieten, zu gelangen. Etwas über eine Poststunde von Nürnberg auf der Straße nach Amberg liegt das Dorf:

Erlenstegen *oder* **Erlastegen,** *dessen Name unstreitig von dem Erlengebüsch herkommt, welches sowohl an der Pegnitz, die ganz nahe am Orte vorbeifließt, als auch an einem nördlich hinter dem Dorfe herfließenden und eine Fabrikmühle in Bewegung setzenden Bache in großer Menge wächst. So staubig und sonnenheiß auch die Chaussee ist, so verkürzt doch den ohnehin nicht weiten Weg die stete Abwechslung, welche erst die Gärten der Stadt, dann der Rechenberg, die Kirche St. Jobst, nach welcher Erlenstegen gepfarrt ist, endlich der Thumenberg dem Wanderer gewähren, und die angenehme Aussicht, die man von der hochgelegenen Landstraße auf die nach dem Flußbett der Pegnitz sich senkenden Felder und Wiesen auf das malerisch gelegene Mögeldorf mit dem Schmaußenbuck im Hintergrunde, und endlich auf das fernere Pegnitzthal selbst, hinter dem sich der St. Moritzberg mit dem weithinsichtbaren Haimendorf erhebt, stets vor sich hat. In früherer Zeit hatte es sieben Herrensitze, sogenannte Schlößlein, und auch ein Forstbeamter hatte bis vor wenigen Jahren seinen Sitz daselbst. Da nun diese Schlößlein wenigstens im Sommer von ihren Besitzern für einige Zeit besucht wurden, eines derselben das ganze Jahr bewohnt war, Erlenstegen selbst aber gewissermassen den Mittelpunkt macht von den umliegenden Orten St. Jobst, Mögeldorf, Ober- und Unter-Bürg, Hammer, Laufamholz, Peringersdorf, so bildete sich hier von selbst eine Gesellschaft, die auch schon vor dem Jahr 1828 von der Stadt aus fleißig besucht wurde. Da seit dem angegebenen Jahre an die Stelle der früher oft schlechterdings bodenlosen Landstraße eine gute Chaussee getreten ist, so ist der Besuch des Ortes viel frequenter geworden, und es ist nur zu bedauern, daß das in der Mitte des Dorfes gelegene Wirthshaus, von welchem man einen sehr erquicklichen Blick auf die grünen Ufer der Pegnitz genießt, weder einen Garten noch einen Grasplatz besitzt, der die Gäste im Freien aufnehmen könnte, sondern daß, wer frische Luft genießen will, diese nur mit einer tüchtigen Dosis Straßenstaub versetzt einnehmen muß.*

Denjenigen Herrensitz, der am nächsten gegen Nürnberg liegt, hat der Advokat Dr. Toussaint erkauft und, veranlaßt durch das vortreffliche daselbst hervorsprudelnde Wasser, im Jahre 1840 eine Wasserheilanstalt daselbst begründet. Die Nähe der unmittelbar an seinem Besitzthum vorbeifließenden Pegnitz hat es möglich gemacht, auch Flußbäder einzurichten, und die ganze Anstalt scheint bei der günstigen Lage in dem anmuthigen Dorf, das doch auch nur in geringer Entfernung von der Stadt ist, und bei der übrigen von dem Unternehmer darauf verwendeten Sorgfalt, ein recht gutes Gedeihen zu versprechen. Auch haben mehrere Familien und einzelne Private, insbesondere Maler, in neuerer Zeit ihren Wohnsitz daselbst genommen.

Nur eine Viertelstunde von Erlenstegen südlich auf dem linken Ufer der Pegnitz, über welche hier ein Paar Brücken führen, liegt das Pfarrdorf

Mögeldorf, *ein alter, in früherer Zeit unstreitig ansehnlicherer Ort als jetzt. Da weder Erlenstegen noch Mögeldorf an weit ausgedehntem Feldbau und Ergiebigkeit des Bodens mit den Dörfern des Knoblauchlandes wetteifern können, so scheint auch hier wie dort die Ansiedelung verschiedener Herren, die Erbauung größerer Herrensitze, dem Dorfe selbst vorangegangen zu seyn; doch hat bei Mögeldorf wohl auch der unmittelbar vorbeifließende Fluß, der zu Errichtung einer Mühle einlud, die Nähe des Waldes und des Steinbruches große Einwirkung gehabt; Kohlenbrenner, Holzfäller und Steinmetzen mögen die erste Bevölkerung der Ortschaft gewesen seyn. Die sechs Herrensitze haben, wie alle solche Besitzungen, längst ihre Namen gewechselt; der weiland Imhofische oder Hallersche, jetzt Cnopfische, trägt noch ganz das Gepräge des Alterthums, und obgleich mitten im Dorf gelegen, ist er doch ummauert und wie eine kleine Burg verwahrt. Der am östlichen Ausgang des Dorfes befindliche, den früher Johann Schmauß, ein wohlbegüterter Nürnberger Bürger besaß, später (um 1770) die Familie Scheidlin, ist seit etwa fünfzehn Jahren im Besitz des Herrn Albert Cramer, der hier mit großem Erfolg eine Stearin-Lichter-Fabrik betreibt. Derjenige Herrensitz, dessen Gartenecke auf unserer Ansicht im Vordergrund steht, am westlichen Ende des Dorfes, hat die umfassendste Aussicht über den Wiesengrund, links bis Nürnberg, rechts bis Erlenstegen und gegenüber auf die vorüberziehende Straße, nebst Rechenberg, St. Jobst und Thumenberg.*

So anmuthig auch Mögeldorf gelegen ist, weßwegen es auch schon verschiedenen Landschaftern zum Gegenstand gedient hat, so hat es doch schon längst aufgehört, der eigentliche Zielpunkt für Ausflüge aus der Stadt zu seyn. Theils hat ihm Erlenstegen, theils der noch etwas weiter gelegene Hammer, theils endlich der nachbarliche Schmaußenbuck hierin Eintrag gethan. Da man diesen noch mit Leichtigkeit besuchen kann, wenn man auch zuvor in Erlenstegen gewesen ist, so wollen wir unsere Wanderung noch dahin fortsetzen.

Eine meist mit Nadelholz bewachsene, häufig jedoch auch durch das frischere Grün des Laubholzes belebte Höhe, heutzutage bekannt unter dem Namen

Schmausenbuck, *hat seit 1832 sich zu der in früherer Zeit gehabten Bedeutung wieder erhoben. Ursprünglich waren hier die Steinbrüche, aus denen das Material für die Gebäude des alten Nürnbergs genommen ist, und einzelne tiefer im Walde gelegene Stellen werden noch jetzt bearbeitet.*

Im Anfange des 18. Jahrhunderts erwarb die vordere Gegend dieses Waldes derselbe Johann Schmauß, der auch das Landhaus in Mögeldorf besaß und an den noch der von ihm ganz nach holländisch-französischem Styl der damaligen Zeit angelegte Schmaußengarten erinnert. Seitdem hieß die vordere Höhe von dem Provinzialausdruck Buck d. i. Anhöhe, auch Schmaußenbuck. Hier stand aber zunächst nichts als ein Vogelheerd, ohne irgend ein Comfort für den, welcher die schöne Wald- und Felsenparthie besuchen wollte. Da erwarb das Schmaußische Besitzthum der Kaufmann Albert Johann Cramer, Vater des Obengenannten, und suchte es mit Aufwand und Geschmack zu einem Lustort für das Nürnberger Publikum umzuwandeln. Es mußten Felsen gesprengt, Wege gebahnt, Plätze geebnet, Durchsichten gehauen werden, und es läßt sich nicht läugnen, daß wirklich die verschiedenartigsten Anforderungen befriedigt und ein in der That sehr anziehender Lustort hergestellt wurde. Der damalige Besitzer eröffnete ihn 1832 nur gegen Abonnement, so daß sich ein sehr exclusiver Besuch bildete, mit Ausnahme natürlich der Tage vom 1. Mai, Himmelfahrt und Pfingstmontag, an denen, altem Gebrauche zufolge, aus der ganzen Umgegend eine Wald-Fahrt statt findet. Am glänzendsten war die Saison des Schmausenbucks im Jahre 1833, als Se. Majestät der König mit seiner Gemahlin ihn zu besuchen geruhten. Damals war es an der Zeit, daß Herr Cäsar Max Heigel einen Wegweiser des Schmaußenbucks herausgab, und eigene Schmaußenbucklieder die Annehmlichkeiten des Ortes verherrlichen sollten. Allein von dieser künstlich erzwungenen Ausschließlichkeit ist der Schmaußenbuck längst wieder zurückgekommen und schon seit Jahren ohne alles Abonnement und ohne besondere Zeitbestimmung einem Jeden zugänglich. Es würde daher auch überflüssig seyn, sich mit der Aufzählung und Beschreibung der einzelnen Lokalitäten (Waldhalle, Runde, Einsiedelei, Kapelle u. s. w.) aufzuhalten, da ihre Existenz doch keineswegs dem Schmausenbuck seine Gäste verbürgt. Diese zieht vielmehr der schöne Anblick dahin, welchen man auf die im Westen liegende Stadt genießt, und die Gewißheit, aus dem Felsenkeller einen frischen und erquickenden Trunk zu erhalten. Daher bleibt dieser Punkt, auch wegen seiner ausgedehnten Räumlichkeit, welche nicht, wie anderwärts, die Gäste sich eng an aneinander zu schließen zwingt, sondern allen freie Bewegung verstattet, stets einer der besuchtesten, und es steht zu erwarten, daß, seitdem er aus der Cramer'schen Familie in andern Besitz (seit Ostern 1844) übergegangen ist, die bisherige Vorliebe der Nürnberger für die natürlichen Vorzüge dieses Ortes ungeändert bleiben werde.

Während die drei besprochenen Orte auf der Ostseite Nürnbergs in geringer Entfernung von einander liegen, ist die

Alte Veste, *ohngefähr anderthalb Stunden in gerader Richtung gegen Westen gelegen. Die Alte Veste, etwa eine halbe Stunde südlich von Fürth, eine Viertelstunde von Zirndorf, ist ein historisch merkwürdiger Punkt. Man überblickt hier Fürth und dann die sämmtlichen Ortschaften an der Rednitz bis nach Erlangen, hierauf die ganze Bergkette von Erlangen an, über der auch der St. Walpurgisberg bei Kirch-Ehrenbach hervorragt, bis zu dem Hohenstein und Rothenberg, worauf* *die sich östlich wendende Scene im Vordergrund die Ebene bis Nürnberg und hinter dieser Stadt den Schmaußenbuck und St. Moritzberg zeigt. Aussichten wie diese haben zwar nicht das Imposante ungeheurer Fernen, aber indem Alles faßlich und klar vor Augen liegt und man sich nicht beengt und beklommen, sondern behaglich und gemüthlich angesprochen fühlt, sind sie ohne alle Frage anmuthiger. Kam nun zu diesen Reizen der Natur, welche bald eine große Gesellschaft anzogen, der Umstand, daß alle Speisen und Getränke sehr gut und billig geliefert wurden, so konnte es nicht fehlen, daß man sich endlich auch zu dem Gedanken begeisterte, diesem klassischen Ort, zu Ehren Gustav Adolfs, ein Denkmal zu setzen. Der Plan hiezu war rasch gemacht, durch gemeinschaftliche Beiträge war bald eine hübsche Summe beisammen, und am 24. August 1832 wurde der Grundstein zu dem gerade in der Mitte der Veste stehenden Thurm gelegt, durch den eine gleichmäßig weite Aussicht auf alle Seiten hin — von denen aber die Süd- und West-Seite den beiden andern unbedingt nachstehen — möglich gemacht worden ist. Er ist nach der Angabe des genialen Karl Heideloff ganz im mittelalterlichen Styl gebaut, und eine Brücke führt unmittelbar über den Burggraben hinüber geradezu in den Burgraum. Die Aktionäre des Unternehmens haben freien Eintritt, anderen Personen wird er gegen eine Kleinigkeit gestattet. Als im September 1840 Se. Majestät der König das große Herbstmanöver halten ließ, welches sich von Stein bis Zirndorf erstreckte, befand sich Ihre Majestät die Königin nebst Prinzessin Adelgunde auf dem Thurm der Alten Veste, um von hier den Bewegungen der Truppen zu folgen.*

Es versteht sich wohl von selbst, daß seit der Eröffnung der Nürnberg-Fürther Eisenbahn im December 1835 der Besuch der Alten Veste noch zugenommen hat und daß ihre materiellen Vorzüge sich noch immer im besten Rufe erhalten. Freilich ist es Schade, daß, wenn man durch den Flug der Dampfkraft nach wenigen Minuten in Fürth angelangt ist, man von hier aus einen sehr unerfreulichen, zum Theil tief staubigen Weg von mehr als einer halben Stunde emporklimmen muß, bis man in die Schatten des Waldes aufgenommen wird. — Mit weisem Vorbedacht hat der Künstler auf unserm Bilde der

Rosenau *den Herzplatz angewiesen, denn was man auch von allen andern Orten rühmen und preisen möge, sie vereint alle andern Vorzüge, ausgenommen den der Aussicht, gegen den die Kürze des Wegs in die Wagschale gelegt wird. Sie ist, man möge selbst sehen ob mit Unrecht, der Lieblingsplatz Nürnbergs.*

Zwischen dem Spittler- und Neuen Thor, näher jedoch an dem ersteren, liegt seitab der Straße ein Teich, der eine ziemlich große Insel einschließt, jedoch so, daß er auf der Nordseite am schmalsten, westlich am breitesten ist.

In früheren Zeiten waren die Anhöhen, welche sich südlich, östlich und westlich nach dem Wasser senkten, fast nichts als Sand und Schutt, und ein anderer kleiner Weiher, der an der Straße nach Fürth lag, bot einen sehr unangenehmen Anblick dar. Die ganze Umgegend war nichts weniger als romantisch. Der Teich nebst Insel war Eigenthum des deutschen Ordens, und für Nürnberg hatte er nur das Interesse, daß auf der Insel gebleicht werden konnte, und daß alljährlich im Herbst, wenn gefischt wurde, eine der vielen Kirchweihen, um deren willen Nürnberg so bekannt ist, hier stattfand, die wegen des großen Rasenplatzes für die Kinder besonders angenehm war. Im Sommer fanden wohl auch Wasserfahrten statt, auch wurde der Teich im Winter zum Schlittschuhfahren benutzt; er war jedoch wegen Unglücksfälle, die hier häufiger als anderswo vorkamen, übel berüchtigt, und an sorgliche Pflege der Eisbahn war nicht zu denken. Das Wirthshaus war von der untergeordnetsten Art, und bot keinerlei Comfort dar.

Nachdem aber die deutschordischen Güter vom Staate eingezogen worden waren, brachte ein damaliger Stiftungsadministrator das ganze Anwesen der Deutsch-Herren-Bleiche käuflich an sich und begann sogleich die Urbarmachung des Sandbodens und den Anbau des an der Fürther Straße gelegenen Theiles, wo er bereits ein kleines Landhaus aufführte. Nach seinem frühzeitig erfolgten Tode verkauften es die Relikten an den Handels-Appellations-Gerichts-Assessor Wiß, der den eingeschlagenen Weg mit Einsicht und Beharrlichkeit verfolgte, die mancherlei ihm entgegentretenden Hindernisse siegreich überwand, und den von ihm in Rosenau umgetauften Bleicher zu einem wirklich reizenden Lustorte erhob. Durch die Erwerbung jenes bisher noch in fremdem Besitz gebliebenen Teiches arrondirte er das Ganze und beseitigte so viel als möglich jeden störenden Umstand; durch die sorgfältige Pflege des Bodens erhob er das Terrain der Rosenau zu einem eben so fruchtbaren als anmuthigen Besitzthum, und durch die Erbauung eines im orientalischen Styl gehaltenen Landhauses an der Fürther Straße, das mit seinen silberglänzenden Kuppeln und hellbemalten Wänden feenhaft zwischen dem Gebüsch emporragt, verlieh er der ganzen Umgegend einen eigenthümlichen Reiz. Zugleich aber überließ er die Insel mit dem von ihm neu erbauten und vergrößerten Gasthaus, das er einem Restaurateur in Pacht gab, dem Publikum, so zwar, daß nur ein mäßiges Abonnement den Zutritt einigermaßen beschränkt.

Seitdem ist die Rosenau eigentlich das A und O von Nürnberg; hier ist im Sommer, hier ist im Winter die Hauptreunion aller Vergnügungen. Im Sommer giebt es hier nicht blos einzelne Wasserfahrten, nein! sondern ganze Wasserwettfahrten mit Fackelschein und Illumination; im Winter laden auf sorgfältig gekehrtem und fleißig übergossenem Eise zierliche Stuhlschlitten die Damen ein, sich der rüstigen Hand ihrer Führer zu vertrauen; Feuerwerke und Luftballons, Tonmusiken und Blechinstrumente, Fischfang und Metzelsuppen, Alles nach Zeit und Witterung weislich ausgewählt, lockt die Gäste herein. Ein geräu-

miger Saal, der den ganzen obern Stock des ansehnlichen Gasthauses einnimmt, empfängt sie bei unfreundlicher Witterung; während bei günstigem Wetter die Gesellschaft sich entweder im Baumsaal, oder unter dem Zelte, oder unter dem Schatten der Platanen und Ulmen, oder endlich in der kühlen Halle vor dem Felsenkeller, zusammenfindet. Dabei wandelt man in den Gängen am Ufer, sieht die Schwäne mit stolzem Haupt durch die grüne Flut ziehen, horcht aus der Ferne den rauschenden Tönen der Musik, und erfreut sich der Begegnung holdseliger Frauen. Kommt endlich die tiefe Nacht herein, welcher Trost, nicht erst Stunden weit nach Hause wandern zu müssen! wie beruhigend ist es, schon in wenigen Minuten, auf wohlbekanntem und wohlgebahnten Pfade wieder in der Stadt zu seyn!

*

Man kann die Orte um Nürnberg in verschiedene Klassen eintheilen, in reine Bauerndörfer und in gemischte, in bäuerliche Weiler und in adelige. So gehören Erlenstegen und Mögeldorf unter die gemischten Dörfer, wo Herrensitze und Bauerngüter neben einander liegen; Großreut aber, das auf diesem Blatte den ersten Platz einnimmt, gehört unter die reinen, ja reinsten. Es giebt zwei Dörfer dieses Namens, so wie auch zwei Kleinreut, welche sich durch ihre Lage unterscheiden; unser Großreut hier, ein klassischer Ort, heißt Großreut hinter der Veste, während das andere, ebenfalls ein reines Bauerndorf, südwestlich von der Stadt, unweit Schweinau gelegen ist.

Großreut *liegt nur eine halbe Stunde nordwärts von Nürnberg, in dem sogenannten Knoblauchsland, mit welchem Namen man die fruchtbare Landschaft bezeichnet, welche sich etwa zwei Stunden in die Länge von der Baireuther Straße bis gegen die Rednitz hin erstreckt, so daß Großreuth als der östlichste, Poppenreut als der westlichste Punkt desselben erscheint. Der ursprüngliche Boden ist eben so wenig als der auf der Südseite der Stadt von natürlicher Ergiebigkeit, aber dem unermüdeten Fleiße seiner Bebauer ist es gelungen, ihn zu einer reichen Quelle des Wohlstandes zu machen, indem nicht nur Getreide und Tabak, sondern auch alle Gemüse in großer Güte und Fülle hier gebaut, und außer Nürnberg auch noch die umliegenden Orte, ja selbst Ansbach und Baireuth von hier aus versorgt werden.*

Wenn man den steten Verkehr dieser Dörfer mit der Stadt erwägt, muß man sich vielmehr über die Zähigkeit, mit der sie am Alten festhalten, über die Langsamkeit, mit der sie das Neue zulassen, verwundern. Nicht nur kommen die Landleute fleißig, die Weiber und Töchter fast täglich in die Stadt, in der Woche um ihre Produkte abzusetzen, an Sonntagen um die Kirche zu besuchen, sondern da Großreut seit etwa dreißig Jahren den Ruf hat, vorzüglichen Kaffee zu schenken, so hat das unscheinbare Wirthshaus, wie es auf unserm Bilde sich darstellt, oft nicht Raum genug für die Menge der Gäste, und an schönen Wochentagen, nicht blos an Sonntagen, wimmelt es eigentlich von Alt und Jung.

Von diesem auf der Nordseite Nürnbergs liegenden Ort wenden wir uns nun wieder nach dem Süden, und zwar zuerst nach

St. Peter. *Das Kirchlein zu St. Peter und Paul liegt auf der Regensburger Straße, etwa 3/4 Stunden von der Stadt, und ist nach dem letzten Willen Gabriel Tetzels 1440 gestiftet, jedoch wegen Einsprache des Bamberger Bischofs und des Lorenzer Pfarrers erst 1470 durch Jobst Tetzel wirklich gebaut worden. Es sollte an Sonn- und Feiertagen Vormittags Gottesdienst daselbst gehalten werden, was auch noch jetzt geschieht. In ältern Zeiten hatte es auch einen eigenen Kirchhof, auf dem man aber seit dem Ende des vorigen Jahrhunderts keine Leichen mehr beerdigt. Erst im Sommer 1843 hat man angefangen, einen neuen Kirchhof ganz in der Nähe ostwärts anzulegen. Wie alle solche Orte, hatte es einen Pfleger und einen daselbst wohnenden Hofmeister, der auch das Wirthschaftsrecht besaß. Es ist freilich schwer zu sagen, worin anders als in der guten Wirthschaft das Anziehende dieses Ortes liegt, dessen den Gästen bestimmter Garten sich schmal und lang an der Straße dahin zieht und den Staub aus erster Hand bekommt. Dennoch war noch vor ohngefähr achtzehn bis zwanzig Jahren das Wirthshaus an Sonntagen und einzelnen Wochentagen ein alles Ernstes sehr besuchter Ort, wo man sogar sich nicht schämen durfte, wenigstens an Wochentagen ein Tänzchen zu improvisiren. Auch hierin ist Alles anders geworden, von jenen Reihen geputzter Damen, die selbst an den Wochentagen die Tische entlang der Chaussee besetzt hielten, ist nichts mehr zu sehen, und alle Bemühungen des Wirthes helfen bei dem seit etwa siebzehn Jahren eingetretenen Umschwung des öffentlichen Lebens in Nürnberg um so weniger etwas, als durch die Eisenbahn seit 1835 die Richtung nach der Westseite der Stadt zum entschiedenen Nachtheil der Ostseite eingetreten ist.*

Der nahegelegene

Gleißhammer *ist ein schönes Landhaus, von einem Teiche rings umgeben. Ursprünglich war ein Hammerwerk daselbst, woher der Ort seinen Namen hat. Noch jetzt ist eine Spiegelschleife daselbst und außerdem einige andere bäuerliche Wohnungen. Gegenwärtig ist es Eigenthum des Consulenten von Königsthal. Vor dem eigentlichen Herrenhause auf der Insel ist ein dem Dorf entgegenstehendes langes Gebäude, von dem eine ziemlich lange Brücke über den Teich ins Dorf führt. Die nordwärts gewählte Stellung an dem Abfall des Teiches, von welcher die Ansicht auf unserm Bilde aufgenommen ist, führt weiter zurück zu einem bedeutend tiefer liegenden Teich, an welchem ebenfalls ein Fabrikgebäude liegt. Während des Sommers 1632 hatte Gustav Adolf sein Hauptquartier in diesem Orte, und man zeigte lange eine große Scheune, welche ihn beherbergt haben soll. In neuerer Zeit ist sie in ein Wirthshaus umgewandelt. Die Partie hinter dem*

Schloßteich gegen den Wald und gegen Zerzabelsdorf hin gehört zu den hübschesten der Nürnberger Umgegend.

Schlägt man vom Gleißhammer die gerade südliche Richtung über die Haide nach dem Walde ein, so kommt man in einer kleinen halben Stunde auf den

Dutzendteich, *dessen rothe Dächer wohl auch schon hier und da durch die Bäume hindurchblicken. Der Dutzendteich oder — wie ohne Zweifel richtiger ist — Tutscheteich ist der größte von allen Teichen, die vor und hinter ihm gelegen sind. Noch vor ohngefähr vierzig Jahren waren vom sogenannten Haller-Schloß an, bei welchem noch vor dreißig Jahren ein jetzt ebenfalls ganz trocken gelegter Teich war, bis an den großen Teich selbst sechs Teiche, und über ihm hinaus in fast steter Verbindung mit einander wenigstens zwölf, worunter einige von beträchtlicher Größe. Wenn man alle Teiche zusammenzählte, so kam eine weit größere Zahl als zwölf oder ein Dutzend heraus, und da im Nürnberger Dialekt anstatt Dutzend niemals gesagt wird Tutsche oder Tutschet, wie der Teich in alter Zeit geschrieben wurde und noch heute im Munde des Volkes genannt wird, so ist die von der gebildeten Welt angenommene Aussprache und Schreibart eigentlich nur ein Calembour. Nachdem der Teich in früherer Zeit das Eigenthum verschiedener Privaten gewesen war, erkaufte ihn 1498 die Stadt. Die daraus gezogenen Vortheile bestanden lediglich in dem alle zwei Jahre gehaltenen Fischfang, dessen Ergebniß zu den Zeiten der alten Reichsstadt fast ganz in Geschenke an alle und jede in der Stadt Aemtern und Diensten stehende Personen verwendet wurde. In neuerer Zeit ist der Teich verpachtet, doch bleibt der Fischfang, der immer an einem Montag im Oktober gehalten wird, noch jetzt eine ächte Volkslust, zumal einem alten Herkommen zufolge den Proletariern ein Nachfischen zu großer Ergötzlichkeit für sie selbst und für die Zuschauer gestattet ist.*

Die Wirthschaftsgebäude, in welchen sich ein recht artiger Saal mit Nebenzimmern befindet, gehören nebst den Anlagen einer Aktiengesellschaft, welche einen Pächter daselbst hat. Durch den Teich fließt der Fischbach, der gegenwärtig die bedeutenden Werke treibt, welche dem Mechanikus und Maschinenbauer Späth gehören. An der Stelle einer früher sehr unbedeutenden Gypsmühle hat dieser mit ungewöhnlichen mechanischen Kenntnissen ausgerüstete Mann eine großartige Maschinenwerkstätte errichtet, und ein Gebäude nach dem andern steigt wunderbar schnell empor.

Der Wald rings um den Teich her ist der gewöhnliche des Nürnberger Bodens, nur daß hier und da, wo der Boden saftiger und frischer ist, auch einiges Laubholz, besonders einzelne schöne Eichen emporragen. Wie St. Peter, war auch früher der Dutzendteich der Sammelplatz der schönen Welt, aber dieses Vorrecht ist ihm jetzt nur an schönen Wintertagen geblieben, indem im Sommer die Gesellschaft wenigstens für die Sonntage eine ganz andere Physiognomie angenommen hat. Hat man die Unannehmlichkeit des Weges mit seinen sandigen und staubigen Partieen überwunden, so kann es einem in dem frischen Park, der gegen die Sonne eine liebliche Kühlung gewährt, recht wohl gefallen; durch den in einiger Entfernung auf der Regensburger Straße angelegten Felsenkeller kann man auch in der Regel recht gutes Bier erhalten; und man bedauert nur, daß die mit Sonnenuntergang eintretende kühle und feuchte Abendluft, so wie der weite Weg schon bald wieder an die Heimkehr zu denken nöthigt. Im Sommer gebricht es auch nicht an Kähnen von mannigfaltiger Construktion, um sich auf der blauen Fläche herumtreiben zu lassen. Im Winter bietet die schöne und in der Regel ganz fest und sicher gefrorene Fläche die ohne allen Vergleich schönste Bahn zum Schlittschuhfahren dar, welche die Liebhaber dieses Vergnügens trotz der Nähe der Rosenau dennoch anzieht.

Das mittlere Bild des zweiten Blattes führt uns wieder dahin zurück, von wo wir ausgegangen sind. Der

Thumenberg, *der auf dem Hintergrunde der Ansicht von Erlenstegen sich gezeigt hat, ist hier von der Westseite, von dem Wege aus aufgenommen, der über die sogenannte Steinplatte sowohl hieher, als auch nach Erlenstegen führt. Um 40 Fuß noch höher als die Anhöhe, auf welcher die Nürnberger Burg steht, dürfte er sich allerdings eines weiteren Gesichtskreises rühmen, wenn nicht die höheren Berge im Osten eine doch unübersteigliche Schranke bildeten und gegen Westen hin die alte Kaisersburg den großen Vortheil besäße, durch keine einzige Höhe mehr gehindert zu seyn. Dagegen ist die Aussicht des Thumenberges besonders gegen Osten hin, wo sich ohnedies die anziehendste Partie der Nürnberger Landschaft befindet, ungemein anmuthig und mannigfaltig.*

Im Jahre 1836 wurde er von dem Nürnberger Handels-Appellationsgerichts-Assessor und Marktsvorsteher Georg Zacharias Platner gekauft und auf eine angemessene Weise restaurirt. Der berühmte Architekt und Conservator, Professor Karl Heideloff, führte an der Stelle des früheren Gebäudes ein geräumiges, schöneres, im gothischen Style auf, das außer dem Parterre drei Stockwerke hat und die ganze Gegend weit hin beherrscht. Wie das Aeußere mit der heiteren Pracht des Mittelalters verziert ist, so sind auch die Gemächer dem Reichthum und dem Geschmack des Besitzers entsprechend ausgeschmückt ,und Kenner erlauben sich, es andern Schlössern des Mittelalters zu vergleichen, die durch fürstliche Munficenz der Vergessenheit und dem Verfalle sind entrissen worden. Rings um das Schloß, bis herab an die Sulzbacher Straße und nordwärts bis gegen den Wald, ziehen sich ausgedehnte und mit Sorgfalt gepflegte Anlagen, die vermöge der Liberalität des Besitzers jedem Besuchenden offen stehen. Nicht leicht versäumt, wer Erlenstegen besucht, den Hinweg oder den Rückweg über den Thumenberg zu nehmen, und auch ohne die Reizmittel einer Wirthschaft oder Restauration ist dieser schöne Ort jederzeit allen Freunden der Natur theuer und lieb gewesen.

162 Pappenheim, Schloss, Stadtpfarrkirche und Schloss Die schon im Frühmittelalter umfangreiche Grundherrschaft »Pappinheim« wird erstmals im Jahr 802 urkundlich erwähnt, als Teile von ihr dem Kloster Sankt Gallen überlassen werden. Beurkundungen für Pappenheim durch Kaiser und Könige lassen hier Karolingisches Königsgut erkennen. 899 kam Pappenheim zum Ausstattungsgut des Hochstifts Eichstätt; seit 1035 tritt das Frauenkloster Sankt Walburga in Eichstätt als Grundherr auf. Die frühesten Bezeugungen der beiden getrennten Ortskerne — der bürgerlichen Siedlung zu Füßen des Burgberges und der Burg selbst stammen aus der Frühzeit des 13. Jahrhunderts. Besondere Bedeutung erlangte der Ort als Sitz der Reichserbmarschälle von Pappenheim. Im 10. Jahrhundert unter den Salier- und Stauferkaisern groß geworden, wurde dem Geschlecht 1193 die erbliche Marschallwürde verliehen. Als Reichserbmarschälle übten die Pappenheim seit dem 12. Jahrhundert über die Juden den Königsschutz aus. Die jüdische Gemeinde von Pappenheim, die vermutlich auf das 11. Jahrhundert zurückgeht, zählt zu den ältesten in Deutschland. 1628 rückten die Pappenheimer in den Reichsgrafenstand auf. 1806 kam die Herrschaft Pappenheim an Bayern.

Burg und Stadt liegen geschützt auf einer Hügelzunge, die von einer Schleife der Altmühl umflossen wird. Bis zur Einführung der Reformation war die Galluskirche die Pfarrkirche des Ortes; ihr Patrozinium erinnert an die Zeit, da das Kloster Sankt Gallen an der Grundherrschaft beteiligt war. Die Kirche geht auf eine karolingische, im Hoch- und Spätmittelalter wiederholt veränderte Anlage des 9. Jahrhunderts zurück. Sie liegt jenseits der Altmühl, außerhalb des Ortes. Die evangelisch-lutherische Stadtpfarrkirche ist ein spätgotischer Bau. 1372 stifteten die Herren von Pappenheim neben dem oberen Tor das Augustinerkloster, das bis 1550 bestanden hat. Seine Kirche diente seit 1700 als Gruftkirche des Geschlechts.

Im Mittelalter war die Burg der Sitz der Reichserbmarschälle von Pappenheim. Sie bestand aus der Hauptburg, deren ältester Teil, der Bergfried, aus dem 12. Jahrhundert stammt, und aus der durch Gräben abgesetzten Vorburg, deren Anlage auf das 14. Jahrhundert zurückgeht. Die beiden Häuser der Vorburg stammen aus dem 15., die beiden Rundtürme an der Nordseite aus dem späten 16. Jahrhundert. Im Dreißigjährigen Krieg zerstört, begann die Burg im 18. Jahrhundert zu zerfallen; im 19. Jahrhundert wurde sie Ruine. Die Grafen von Pappenheim residierten bis zum Beginn des 19. Jahrhunderts im Alten Schloß, das an der platzartig verbreiterten Herrengasse liegt und aus zwei dreigeschossigen Gebäuden besteht. Das höhere von ihnen mit den zwei Ecktürmen stammt aus dem Jahr 1593.

1819/20 wurde an der Nordseite des Marktes nach den Plänen Leo von Klenzes das Neue Schloß erbaut. Es war bis 1848 Sitz des gräflichen Herrschaftsgerichts.

Wir fügen zum Schlusse noch eine kurze Erklärung der merkwürdigern Punkte der drei Bilder hier an.

Im Vorgrunde rechts des ersten sehen wir die Sct. Gallenkirche mit ihrem alterthümlichen Satteldache in der Mitte des Kirchhofes, der mehrere hübsche Epitaphien enthält; links unmittelbar darauf folgt, wie die Freude dem Leid, das weitläufige standesherrliche Bräuhaus, die Quelle jenes braunen Nektars, der in dem neu minirten Felsenkeller unter dem Burgberge selbst in der Glut des Sommers seine Eiseskälte behält; weiter aufwärts folgt die Stadtmühle, und noch weiter hinauf das Kloster, von welchem sich die Parkanlagen bis zur Burg hinauf erstrecken.

Die Bilder I. und II. enthalten die Gebäude der Vorburg zur rechten und die Reste der Burg selbst zur linken Seite des Thurms, die doppelten Mauern mit den runden Thürmen, das Vorwerk mit dem Affenstein, und das erste zeigt uns insbesondere auch den schmalen steilen Steig, der besser noch hinauf als hinabführt.

Um die Burg und links von derselben herab laufen die Park-Anlagen weiter, und umfassen, im Thale von der Altmühl begrenzt, die ganze Stadt, bis sie sich nächst der Brücke an das neue standesherrliche Schloß anschließen, das uns das erste Bild mit dem rechten Flügel, das zweite aber mit der gegen den jenseits der Altmühl gelegenen Hofgarten gerichteten Façade zeigt.

Links von der Brücke steht die Post, ein schönes erst vor wenigen Jahren nach einem furchtbaren Brande neu aufgebautes Haus, darauf folgt die Stadtkirche, und auf dem Bilde Nr. III. weiter hinab das ältere Schloß, in dessen unterer Abtheilung die Domanial-Kanzlei, das Herrschafts-Gericht und das Rentamt sich befinden.

So wie der Raum rechts vom Schlosse bis zum Kloster gedrängt mit Gebäuden besetzt ist, so ist auch der Raum rechts und links vom Burgberge und hinter demselben dicht umbaut, und das Ganze mit einem hohen Kranze mächtiger waldbewachsener Berge eingefaßt.

Einen überraschenden Anblick gewährte es, als vor zwei Jahren zur Feier eines Besuches des allgeliebten Königs die Burg selbst durch Scheiterhaufen in den Burggräben, gleich den umliegenden Höhen in colossaler nächtlicher Beleuchtung erschien.

165 Schillingsfürst Die kleine Stadt Schillingsfürst ist aus dem Burgort Schillingsfürst und dem tiefer gelegenen Dorf Frankenheim entstanden. Schon im Jahr 1000 urkundlich erwähnt,

gelangte es am Anfang des 15. Jahrhunderts in den Besitz der Grafen von Hohenlohe. Noch heute befindet sich das Schloß im Besitz der Linie Hohenlohe-Schillingsfürst, die 1744 in den Reichsfürstenstand erhoben wurde. Das Schloß ist 1525 von den Bauern, Schloß und Ortschaft sind 1632 von den Kroaten zerstört worden. Der bestehende Schloßbau, der sich auf einem hohen, weithin sichtbaren Bergsporn erhebt, geht wohl auf Entwürfe des Darmstädtischen Oberbauinspektors de la Fosse zurück, deren Ausführung um 1740 zum größten Teil bereits erfolgt sein dürfte. Es handelt sich dabei um eine dreigeschossige Dreiflügelanlage mit Ehrenhof und kurzen eingeschossigen Flügelanbauten.

Richten wir unsere Blicke noch auf das liebliche Bild, das in trefflichem Stahlstich ausgeführt, Schloß Schillingsfürst und seine nächsten Umgebungen uns vor Augen legt. Von der Ostseite aus gewinnen wir die Ansicht auf die innere, gegen den Schloßhof gehende Richtung der drei Flügel des Schlosses mit der Brücke, über welche man von dem ehemaligen Vorhofe aus auf den Schloßhof gelangt. Dieser Vorhof, jetzt zu freundlichen Anlagen verwendet, vermittelt die Verbindung mit dem auf dem Bergrücken sich hinziehenden Orte Schillingsfürst.

Unter dem Schlosse zeigt sich das ehemalige Franziskanerkloster sammt der Kirche mit ihrem schlanken Thurme. Jetzt ist dieselbe eine katholische Pfarrkirche, in welcher sich die fürstliche Familiengruft befindet. Weiter abwärts liegt, umgeben von einem freundlichen Wiesengrunde das Pfarr- und Marktdorf Frankenheim mit einer evangelischen Kirche. Unsere Abbildung ist aus der Meisterhand Lebsche's hervorgegangen und die verjüngte Darstellung eines größeren Blattes, welches im Jahre 1851 aufgenommen, nun im Schlosse zu Schillingsfürst sich befindet.

166 Aschaffenburg, Stiftskirche Sankt Peter und Alexander An dem schon vorgeschichtlich besiedelten Platz entstand im 8. Jahrhundert im Bereich einer fränkischen Burg ein Benediktinerkloster. Dieses Kloster wurde um die Mitte des 10. Jahrhunderts in das Kollegiatstift Sankt Peter und Alexander umgewandelt. 974 wird die Kirche dieses Stifts erstmals urkundlich erwähnt. Kaiser Otto II. hat sie damals mit reichem Königsgut ausgestattet. Schon um diese Zeit kam das Stift an das Erzbistum Mainz, bei dem die Stadt bis 1803 verblieb. Seit dem 13. Jahrhundert wurde stets ein Domkapitular von Mainz zum Propst des Stifts gewählt, seit 1588 waren die Erzbischöfe von Mainz zugleich Pröpste des Stifts. Im Nahbereich der Stiftskirche entwickelte sich die bürgerliche Siedlung, die schon um 975 als »civitas« bezeichnet wird. Als Brückensiedlung und wichtige Zollstätte gelangte sie zu hoher Blüte.

Die Stiftskirche Sankt Peter und Alexander liegt auf der östlichen Spitze des über dem Mainufer gelegenen Höhenzuges. Ihre Nordansicht, die der Stich zeigt, hat sich nahezu unverändert erhalten: Nur der Giebel der Maria-Schnee-Kapelle, die vom Langhaus wie der Flügel eines westlichen Querschiffs absteht, zeigt nicht mehr das barocke Dach. 1870 hat man einen reich durchbrochenen, neugotischen Giebel vorgeblendet.

Schon im 9. und im 10. Jahrhundert waren Kirchen am Platz der heutigen errichtet worden. Um die Mitte des 12. Jahrhunderts entstand das dreischiffige, basilikale Langhaus der heutigen Kirche. Im 13. Jahrhundert errichtete man die Westfassade mit dem reichen Portal, das Querschiff, den Altarraum und den Kreuzgang. Bald darauf kam die niedrige Vorhalle an der Nord- und Westseite hinzu. Im 15. Jahrhundert baute man den Turm. 1516 wird die über der Vorhalle des Nordwestportals errichtete Maria-Schnee-Kapelle geweiht. Die auf dem Stich dargestellten barocken Walmdächer stammen aus der Zeit um 1720; der alte Giebel der Maria-Schnee-Kapelle war damals abgetragen worden. Die große Treppe an der Nordseite kam 1723 hinzu. 1802 wurde das Kollegiatstift aufgehoben; seit 1821 dient die ehemalige Stiftskirche als Pfarrkirche. Die Schäden des Zweiten Weltkrieges sind wieder behoben.

167 Bad Kissingen Die im Bereich von Bad Kissingen entspringenden Salzquellen spielen schon früh eine große Rolle. Die erste Erwähnung des Ortes stammt aus dem Jahr 801. 820 und 823 ist schon die Rede von Anteilen an den Salzquellen zu »Kizziche«, die an das Kloster Fulda geschenkt werden. Schon damals wird ein oberer von einem unteren Salzbrunnen unterschieden. Im 14. Jahrhundert kommen Burg und Stadt Kissingen an das Hochstift Würzburg. Der Ursprung der städtischen Siedlung fällt wohl noch in das 13. Jahrhundert. Die Würzburger Bischöfe ließen die Stadt befestigen, doch von den vierzehn Türmen der Stadtbefestigung hat sich nur einer, der »Feuerturm«, erhalten.

Seit dem 16. Jahrhundert wurden die Heilquellen des Ortes bekannt. 1544 wird die Stadt in einem bischöflichen Erlaß an die Wirte, für die Gäste jederzeit gute Speisen und Getränke bereit zu halten, erstmals als Kurort bezeichnet. Im 16. Jahrhundert nahmen die Bischöfe auch die Salzgewinnung auf.

Über den »Kissinger Sauerbrunnen« erschienen seit dem 16. Jahrhundert mehrere Druckschriften. Der alte »Sauerbrunnen« (jetzt Maxbrunnen) wurde zu Trinkkuren, der »Scharfe Brunnen« (Badebrunnen, jetzt Pandur) zu Badekuren verwendet. In den dreißiger Jahren des 18. Jahrhunderts wurde unter der Leitung von Balthasar Neumann zur Sicherung des Scharfen Brunnens eine Korrektion des Flußbetts vorgenommen. Diese Arbeiten führten zur Entdeckung des dritten Brunnens. Fürstbischof Friedrich Karl gab ihm 1738 den Namen

»Ragoczi« und ließ noch im selben Jahr gegenüber dem Sauerbrunnen von Balthasar Neumann ein Kurhaus bauen. Die tiefgreifenden Veränderungen dieses Kurhauses im 19. Jahrhundert haben es seines barocken Charakters beraubt. Nach dem Übergang des Hochstifts Würzburg und der Stadt Kissingen an Bayern nahm der Kurbetrieb erneut einen großen Aufschwung. 1815 erhielt der Sauerbrunnen eine neue Fassung und seinen jetzigen Namen Maxbrunnen. Auch die beiden anderen Quellen wurden in den folgenden Jahren neu gefaßt. König Ludwig I. ließ das nunmehrige Staatsbad ausbauen. Nach Friedrich von Gärtners Entwürfen entstanden Konversationshaus und Arkaden. Auch die neue Brücke, das Krugmagazin, der eiserne Pavillon, die protestantische Kirche und andere Bauten entstanden während seiner Zeit. Unter König Max II. kamen 1850 die Badeanstalt über dem Solsprudel, 1856 das Theater, 1858 und 1869 neue Badehäuser hinzu. Damals wurde der Ruf Bad Kissingens als Weltbad begründet. Der Stich zeigt links die noch bestehende ehemalige Stadtpfarrkirche, an der Brücke links das Haus Boxberger, dahinter die Friedhofskapelle, rechts das Haus Collard, und am rechten Rand das Westendhaus.

168 Bad Kissingen, Eiserner Pavillon Die Verwendung von Gußeisen für größere Konstruktionen erschien um die Mitte des vorigen Jahrhunderts als einer der großen Fortschritte der Zeit.
Der durch ganz Europa berühmte Brunnen- und Badeort Kissingen fand bereits im 13. und 14. Heft dieses Werkes seine Beschreibung.
Mittlerweile hat derselbe durch die Munificenz Seiner Majestät des Königs Ludwig I. von Bayern in Bezug auf den Brunnenplatz und die nächste Umgebung, wie auf die Bedeckung der beiden berühmtesten Heilquellen, Pandur und Ragoczy, eine Verschönerung erhalten, die an Großartigkeit der Ausführung, wie an Eleganz, kaum an irgend einem Badeort der Welt ihres Gleichen finden dürfte.
Wirken schon reizend und anlockend die längs der Promenade zu beiden Seiten des herrlichen Kursaales hinlaufenden Arkaden und Laubengänge, und machen so den Kurplatz mit zum angenehmsten Aufenthalt der Gäste, zum Sammelplatz, wo neben dem Bedürfniß heilsamer Naturkräfte auch jenes geistige Bedürfen nach geselliger Unterhaltung, nach Gedankenaustausch, seine volle Befriedigung in harmonischer Umgebung findet, die zu schmücken Natur und Kunst sich die Hand boten, so wirkt nun der jenen Arkaden ganz nahe, doch isolirt dastehende gußeiserne Pavillon in nächster Nähe der Brunnenpromenade imposant und bedeutungsvoll.
Früher lieferten in fast unscheinbarer Fassung die beiden Nachbarquellen ihre heilspendende Flut; jetzt gibt ihnen ihr kunstvoller Ueberbau nun auch die äußere Bedeutsamkeit, die schon von Weitem ankündigt, daß hier in einem Tempelhaus eigenthümlichen Styles die heiligen Quellen sprudeln.
Nachdem die Vorarbeiten zu diesem eben so stattlichen, als geschmackvoll-zierlichen Aufbau im Jahre 1841 begonnen worden, vollendete sich die Ausführung desselben bereits im Frühling 1842, und jene wiederkehrenden Gäste, denen Kissingen einestheils lieb, andertheils nothwendig ward, sahen sich im Beginn der Saison auf das Angenehmste überrascht.)*
Obschon die schwere Metallmasse einiger Tausend Centner Gußeisen, aus 1124 Guß-Stücken größerer Gattung bestehend, dieses Gebäude bildet, so erscheint dasselbe dem Blicke des Fernhernahenden doch als eine offene, luftige Halle mit zarten Gitterwerken, anmuthigen Gewölbebogen, zierlichen Rosetten aufragend. Den Baustyl möchten wir eine geniale Mischung des byzantinischen und maurischen nennen, vom ersteren entlieh der Architekt die Pilaster des Unterbaues, die Solidität, und den Rundbogen, vom letzteren die Zierlichkeit der Rosetten und Gitterkreuzungen.
Dieser eiserne Brunnen-Pavillon ist 75 Fuß lang und 34 Fuß breit und bildet mit den Arkaden ein von Osten nach Westen gerichtetes Langhaus, dessen schmale Fronten 5, die Längenfronten 11 säulengetragene Rundbogen von 20½ Fuß Weite bilden, die, außer den Eingängen, durch Gitterwerk mit einander verbunden sind. Die Höhe bis zu den Seitenwänden beträgt 20 Fuß 9 Zoll, bis zum First 23 Fuß 10 Zoll. Breite Gänge nehmen die Besuchenden auf, und von ihnen aus führen 4 Treppen hinab in das Erdgeschoß, dessen starke Mauern mit Pilastern geschmückt das Haus und die überspringenden Gänge auf starken Eisen-Gebälken tragen. In ganz einfacher, niedriger, runder Einfassung zweier Steinkränze zeigen sich die nahe beisammen ausquellenden Brunnen Pandur und Ragoczy, aus denen durch einfache und doch elegante Vorrichtung der Heiltrank in die Trinkbecher geschöpft wird. Die leicht und schlank emporragenden Eisenpfeiler tragen nun die gefällige Dachung, welche, unterbrochen von einem offenen Gitterrand, auf mächtigen Rundbogen ruht, und aus Eisenblech besteht. Ein Seitenflügel verbindet diesen Ueberbau mit den Arkaden.
Der eiserne Pavillon wurde inzwischen durch eine Quellenhalle ersetzt, die sich an die Wandelhalle anschließt. Die Quellenfassungen sind erhalten.

**) Den Plan entwarf Oberbaurath und Akademie-Direktor v. Gärtner, den Grundbau leitete Bau-Inspektor Kremer. Modelirung, Ausführung und Aufstellung der Gußstücke Oberwerkmeister Huber. Treppen und Gallerien wurden in Bodenwöhr, 8 Stunden von Regensburg, und der Oberbau in Bergen bei Traunstein gegossen.*

170 Bad Kissingen, Burgruine Botenlauben *Auf ziemlich steiler Anhöhe erhebt sich eine gute Viertelstunde unterhalb des Badeortes Kissingen eine malerische Burgruine, insgemein die Bodenlaube genannt.*

Sie war die Burg des Minnesängers Otto von Botenlauben, Grafen von Henneberg († 1245). Im Bauernkrieg stark verwüstet, wurde die Burg im Dreißigjährigen Krieg völlig zerstört; seither liegt sie in Ruinen.

Als stehen gebliebene Trümmer der Burg Botenlauben erblicken wir zwei stark beschädigte runde Thürme, durch die Mauer verbunden. Sie sind von starken gehauenen Quadersteinen aufgeführt. Der nach Kissingen zugekehrte Thurm soll die Burgkapelle enthalten haben; in ihr hatte der Pfarrer von Kissingen den Gottesdienst zu versehen, und empfing dafür einen Weinzehnten von den Rebengärten am Burgberg. Durch den andern Thurm soll der Haupteingang geführt haben. Außer den Thürmen stehen noch verschiedene ansehnliche Mauerreste. Von einem Brunnen zeigt sich keine Spur; auf der Westseite ist der Eingang in einen verfallenen Keller offen. Der ganze Raum, welchen die Gebäude mit dem Hof einnahmen, mißt 160 Schritte in die Länge, 38 in die Breite. Ruhebänke und Promenadenwege, nächst der reizenden Aussicht, machen die anziehenden Trümmer zu einem einladenden Aufenthaltsort der Kissinger Kurgäste, und dem sinnigen, ernsten Besucher flüstern Sage und Geschichte von der Zeiten Wandlung, von der Vergänglichkeit alles Irdischen — das ewige Lied.

Die beherrschenden beiden Gebäude des Stiches sind das Haus Collard und der frühere Konversationssaal. Dieser dient heute als »Kleiner Kursaal«, nachdem er umgestaltet und in die Gesamtanlage des Arkadenbaues einbezogen worden ist.

171 Kitzingen Die Stadt Kitzingen ist eine Brückensiedlung. Sie zählt zu den ältesten Orten am Main. Schon im 8. Jahrhundert wird ein Benediktinerinnenkloster erwähnt, neben dem sich schon früh eine bürgerliche Siedlung entwickelt hat. Das Benediktinerinnenkloster wurde im 16. Jahrhundert aufgehoben. Vom Würzburger Bischof gerufen, zogen 1660 Ursulinen ein. Fünf Jahre später wurde die alte Benediktinerinnenkirche abgebrochen; 1686 bis 1693 entstand die neue Kirche von Anton Petrini mit ihrer reichen, hochaufgeblendeten Barockfassade (auf dem Stich die größere Kirche rechts). 1817 wurde sie von der protestantischen Gemeinde als Pfarrkirche übernommen.

Jenseits der alten Hauptstraße entwickelte sich gegenüber dem Kloster die bürgerliche Siedlung. In ihr erwuchs von 1416 an die heutige katholische Pfarrkirche, eine dreischiffige Halle (auf dem Stich links). Wiederholt wechselte die Herrschaft über Kloster und Stadt. Im 13. Jahrhundert waren die Grafen von Hohenlohe Herren der Stadt, im 14. Jahrhundert teilten sich der Bischof von Würzburg und die Burggrafen von Nürnberg in diese Rechte. Im 15. Jahrhundert kam Kitzingen an den Kurfürsten von Brandenburg, dann bis 1629 an die Markgrafen von Kulmbach-Ansbach, anschließend an das Hochstift Würzburg.

Die steinerne Mainbrücke ist mittelalterlichen Ursprungs; ihre heutige Gestalt erhielt sie im 17. und 18. Jahrhundert.

Das auf dem Stich in Bildmitte dargestellte innere Brückentor mit dem waagrechten Zinnenkranz wurde 1864 abgebrochen. Der Marktturm rechts daneben stammt aus dem hohen Mittelalter. Der Turm am linken Bildrand ist der Falterturm, erbaut zwischen 1469 und 1496. Mit seiner schiefen Haube ist er das Wahrzeichen der Stadt. Er beherbergt das Deutsche Fastnachtsmuseum.

172 Mainberg 1305 kauften die Grafen von Henneberg von dem Edelherrn Walther von Barby Burg und Amt Mainberg und rundeten dadurch ihren Machtbereich am Main ab. Im Bauernkrieg 1525 wurde die Burg zerstört, 1527 wurde sie wieder aufgebaut. Mit Ausnahme des alten Bergfrieds stammt der bauliche Bestand im wesentlichen aus dieser Zeit. Von den Grafen von Henneberg gingen Schloß und Amt Mainberg 1542 an das Hochstift Würzburg über. Die Bischöfe schickten einen Oberamtmann nach Mainberg. Zu Anfang des 19. Jahrhunderts kam Mainberg an Bayern. Das Schloß verfiel, doch 1822 kaufte es der Fabrikant Wilhelm Sattler von Schweinfurt, der Entdecker des »Schweinfurter Grün«, stellte es wieder her und richtete eine Tapetenfabrik in ihm ein. In den letzten Jahrzehnten wechselte das Schloß mehrmals seine Besitzer.

173 Würzburg Die bischöfliche Veste Marienberg, die heute das Bild der Stadt beherrscht, liegt an einem schon in vorgeschichtlicher Zeit besiedelten Platz. 704 wird das »castellum Virteburch« als Sitz des fränkisch-thüringischen Herzogs erwähnt. Schon in der zweiten Hälfte des 7. Jahrhunderts hatte hier der Iroschotte Kilian missioniert, doch der Überlieferung nach wurde er um 688 mit seinen Begleitern Kolonat und Totnan erschlagen. Im Zuge der Neuordnung der Bistümer errichtete Bonifatius 741 auch in Würzburg einen Bischofssitz. Seinen angelsächsischen Landsmann Burkhard weihte er zum ersten Bischof. Die Karolinger statteten die Bischofskirche an ihrem Pfalzort Würzburg durch reiche Schenkungen aus. Am Fuße des Marienberges, abseits der Kathedralkirche, gründete Bischof

Burkhard das Andreaskloster, später Sankt Burkhard geheißen, dessen doppeltürmige Kirche heute als Pfarrkirche dient (auf dem Stich rechts unterhalb der Festung Marienberg). Noch unter Burkhard († 754) wurde neben der Grablege Kilians mit dem Bau der Erstanlage des Doms begonnen. Schon damals regte sich in seinem Nahbereich bürgerliches Leben. Im 10. und 11. Jahrhundert erhielten die Bischöfe mit der Gerichtsbarkeit die Herrschaft über die ehedem königliche Stadt. Schon 1030 hatte Kaiser Konrad II. dem Bischof für sie Tagesmarkt, Fährrecht, Münze und Zoll gewährt. Seit dem 11. Jahrhundert bestärken neue Kirchen und Klöster den geistlichen Charakter der Stadt. Um das Jahr 1000 entstanden die Stifte Neumünster und Haug; 1045 wurde der neue Kiliansdom geweiht. Weitere Klostergründungen folgten. Im Hochmittelalter war Würzburg oft Tagungsort von Reichstagen; oft weilten die deutschen Könige und Kaiser in der Stadt. Seit dem 13. Jahrhundert wird die Marienburg Symbol der landesfürstlichen Gewalt der Bischöfe. Auch hier entbrannte ein langes Ringen zwischen den Bischöfen und den um reichsstädtische Freiheit ringenden Bürgern, doch Würzburg blieb bischöflich.

Im 17. und 18. Jahrhundert formen die Bischöfe ihre Stadt. Der kraftvolle Bischof Julius Echter von Mespelbrunn (1573 bis 1617) erbaute das Juliusspital, erweiterte das kurz zuvor gegründete Gymnasium der Jesuiten zur Universität und ließ den Renaissancebau der Universitätskirche aufführen.

Er errichtete und erneuerte auch zahlreiche Kirchen in gotisierenden Renaissanceformen, dem sog. Juliusstil. Fürstbischof Johann Philipp von Schönborn (1642 bis 1673) restaurierte Stadt, Marienveste und Hochstift nach dem Dreißigjährigen Krieg. In der ersten Hälfte des 18. Jahrhunderts entstanden unter den Fürstbischöfen Johann Philipp Franz und Friedrich Carl von Schönborn die Prachtbauten Balthasar Neumanns, allen voran der Residenzbau. 1814 gelangte Würzburg an Bayern.

Auf dem Stich erscheint am linken Bildrand das Stift Haug, rechts daneben im Vordergrund das Juliusspital, im Hintergrund die ehemals fürstbischöfliche Residenz und in der Bildmitte der Kirchenkomplex Dom-Neumünster. Charakteristisch für den Zustand zur Biedermeierzeit sind der Schiffsanlege- und Warenumschlagsplatz unterhalb der alten Mainbrücke (auf dem Stich links neben der Brücke) und die Bastionen der im 17. Jahrhundert angelegten Befestigungen, die zu Ende des 19. Jahrhunderts abgebrochen wurden und auf deren Glacis sich seit 1804 eine Pappelallee um die Stadt zog.

Ein Luftangriff am 16. März 1945 hat die Stadt in Schutt und Asche gelegt. Eine große Aufbauleistung konnte der alten Mainmetropole zwar ihre geschichtlichen Bauten, nicht jedoch ihr vielgerühmtes altfränkisches Milieu zurückgeben.

174 WÜRZBURG, ALTE MAINBRÜCKE UND VESTE MARIENBERG Die Alte Mainbrücke und die hinter ihr emporragende Veste Marienberg bilden eine Baugruppe höchsten Ranges.

Schon im 12. Jahrhundert soll an dieser Stelle eine steinerne Brücke über den Main geführt haben. Am Bau der auf uns gekommenen Brücke wurde seit 1473 gearbeitet; Werkmeister war Hans von Königshofen. Bis 1488 setzte man die Pfeiler, die Einwölbung der einzelnen Joche zog sich bis 1543 hin. Zwei Jahrhunderte später, um 1730, wurden die Pfeiler der Brücke durch die Sandsteinfiguren der Brüder Johann Sebastian und Volkmar Becker und von Claude Curè belebt. Dargestellt sind legendäre und geschichtliche Personen, die sich um die Ausbreitung des christlichen Glaubens verdient gemacht haben. Heute sind diese Figuren durch Kopien ersetzt. Über dieser einzigartigen Szenerie am Fluß thront die Marienburg, von 1253 bis 1720 Residenz der Fürstbischöfe. Schon in keltischer Zeit war dieser beherrschende Platz über einer Furt des Mains befestigt; seit dem Anfang des 6. Jahrhunderts trug der Platz eine Bergfestung der Frankenherzöge. Die Marienkapelle im Innern des Burghofs ist der älteste Bauteil der heutigen Festung. Sie stammt aus der Frühzeit des 8. Jahrhunderts und zählt damit zu den ältesten Kirchen in Deutschland. Aus romanischer Zeit hat sich der runde Bergfried erhalten. Im Laufe der Zeit wandelte sich die Veste Marienberg allmählich zum Schloß und zur Festung, bewahrt aber auch ihren urtümlichen Charakter als Burg. Den Beschluß des Ausbaues der mächtigen Anlage bildete um 1728 die Errichtung des Maschikuliturms von Balthasar Neumann. Die 1720 begonnene Residenz in der Stadt enthob die Veste Marienberg ihrer alten Aufgabe. Sie wurde Kaserne und Arsenal; 1867 wurde ihre Festungseigenschaft aufgehoben. Im letzten Krieg erlitt sie Brandschäden, die jedoch im wesentlichen wieder behoben sind. Links im Hintergrund ist auf dem Stich die berühmte Wallfahrtskirche, das »Käppele«, angedeutet, von 1747 bis 1750 erbaut nach Plänen von Balthasar Neumann.

175 WÜRZBURG, BURKARDSKIRCHE Unterhalb der Marienburg, links des Mains, gründete der erste Bischof Burkhard († 754) des von Bonifatius 741/42 errichteten Bischofssitzes in Würzburg das Benediktinerkloster Sankt Andreas. Nach der Überführung der Gebeine des Gründers um 984 änderte sich dieser Name in Sankt Burkhard. Die im Schiff und in den unteren Geschossen der Türme erhaltene romanische Kirche wurde von 1133 an erbaut und 1142 geweiht. Die Oktogongeschosse der Türme wurden um 1245 aufgesetzt. Bald nach der Umwandlung des Klosters in ein Ritterstift im Jahr 1464 ersetzte man Chor und Querschiff der romanischen Kirche durch die heute noch bestehenden, weiträumigeren Bauteile. Der Chor erhielt

indes sein Gewölbe erst zwischen 1663 und 1665, die Querschiffe gar erst nach 1894. Um 1665 wurde auch der Westteil des Schiffs und der mit ihm verbundene Turm beseitigt. Noch heute führt eine Straße unter dem Altarraum der Kirche hindurch. Durch die Umgestaltung des südlichen Mainviertels seit 1945 wurde der Blick auf die Kirche frei. Auch das hohe Gebäude auf dem Stich links neben ihm hat sich erhalten. Es ist das ehemalige Zuchthaus, erbaut von Peter Speth 1809. Das eigenartige frühklassizistische Bauwerk vereint ägyptische und klassische Formen in einer sehr originellen Weise.

Seit der Auflösung des adeligen Ritterstiftes in Folge der Säkularisation ist die Burkhardskirche nunmehr Pfarrkirche für den fünften Distrikt oder das Mainviertel geworden. Diese Pfarrei zählt über 3300 Seelen, ihre jährlichen Einkünfte belaufen sich auf 1100 Gulden. Zwischen der Kirche und dem Stadtthore steht das vormalige Zuchthaus (V. 242) für schwere Verbrecher 1788 erbaut, 1809 durch ein großes fünf Stockwerke hohes Gebäude von imposantem Aeußeren erweitert, seit 1841 aber, in Folge der Versetzung seiner Bewohner nach Lichtenau, München und Amberg gegenwärtig leer stehend. Neben angebaut befindet sich eine Etuis- und Portefeuilles-Fabrik, 1829 von Privaten gegründet, welche ausser vielen freien Arbeitern bisher auch 36 Sträflinge mit Dreh- und Schleif-Arbeiten beschäftigte.

176 WÜRZBURG, FRAUENKAPELLE Nach der Vertreibung der Juden im Jahr 1349 verwendete man deren Ghetto als neuen Marktplatz, als »Grünen Markt«. Anstelle der niedergebrannten Synagoge wurde eine kleine Marienkapelle errichtet, die 1377 der heutigen dreischiffigen Hallenkirche weichen mußte; sie hieß aber weiterhin »Marienkapelle«. Der Chor der Kirche war 1382 vollendet, das Langhaus 1441, der Turm 1479. Die Putzflächen des Baukörpers werden durch die Architekturteile aus rotem Sandstein gegliedert. 1711 zerstörte ein Blitz den Turmhelm, 1713 wurde er wiederhergestellt und erhielt als Abschluß das getriebene, feuervergoldete Marienbild, das noch heute den Turmhelm krönt. Von 1856 bis 1858 wurde der barocke Turmabschluß von 1713, wie ihn das Bild zeigt, abgetragen und nach dem Muster der Eßlinger Frauenkirche der heutige, durchbrochene Turmhelm aufgesetzt. 1864 war die barocke Innenausstattung gegen eine neugotische ersetzt worden. Mit ihr sind 1945 auch die erhalten gebliebenen alten Kunstwerke verbrannt. 1961 war die Wiederherstellung des Kirchenbaus abgeschlossen.

177 WÜRZBURG, RATHAUS Das Alte Rathaus war ursprünglich Sitz des bischöflichen Schultheißen und Burggrafen. Graf Eckart Billung vereinte 1212 beide Würden in seiner Person. Nach ihm wird das Haus Graf-Eckarts-Bau oder »Grafen-Eckart« genannt. 1180 erstmals erwähnt, diente es seit 1318 als Rathaus. Die beiden Untergeschosse, auch des Turms, stammen aus dem 12. Jahrhundert. Im ersten Obergeschoß befindet sich ein großer zweischiffiger Raum des frühen 13. Jahrhunderts, nach dem Besuch des Kaisers Wenzel von 1397 Wenzelsaal genannt. 1453 wurde das Haus umgebaut: Das romanische Turmportal erhielt seinen spätgotischen Einbau und der Turm seine oberen Geschosse über dem Uhrenerker. Auch das Doppelfenster im ersten Obergeschoß des Turms stammt aus diesem Jahr. Der Renaissance-Erker des ersten Obergeschosses und die anschließenden Fenster kamen 1544 hinzu. 1593/94 erhöhte der Baumeister Wolf Behringer den Eckartsbau um seine zwei oberen Geschosse. Das — erneuerte — Südportal war 1695 umgestaltet worden. Der grüne Baum ist seit 1597 als Freskoschmuck der Fassade bezeugt; er weist auf den alten Hausnamen hin. Der »Rote Bau«, auf dem Stich links vom Grafen-Eckart, benannt nach dem roten Sandstein der Fassade, ist 1659/60 errichtet worden.

1945 ausgebrannt, wurde der Baukomplex in den folgenden Jahren wiederhergestellt.

In der dortigen Rathsschenke sassen vor Zeiten die Bürger traulich beim Weinkruge beisammen, bis die Wein- oder Schlafglocke zum Nachhausegehen mahnte. Dort wurde einst alljährlich zur Feier des St. Kilianstages eine mehrere Tage währende Tanzbelustigung gegeben, welcher auch die Hofjunker und jungen Domherren beiwohnten. Das hohe Domkapitel bewilligte für diesen Kilianstanz gewöhnlich zwei Eimer Wein oder acht Gulden; im Jahre 1577 beschloß es, daß in Zukunft jeder Domherr bei seiner Aufschwörung zwei Gulden zu diesem Tanze zahlen solle. Adel und Klerus erschienen hier in glänzendem Aufwande und Putze. Merkwürdig bleibt eine Rüge des Domkapitels vom Jahre 1574, daß der Abt von Ebrach daselbst in einer so modernen weltlichen Kleidung erschienen sey, daß schier keiner der anwesenden Junker ihm dieses Putzes halber zu vergleichen gewesen. Mit dem Anfange des Schwedenkrieges erlosch dieser Kilianstanz; deßgleichen ein ähnliches Vergnügen der Bürgerschaft, welches einst jährlich am St. Adauktustage, zum Andenken an einen vom römischen Kaiser Albrecht der Bürgerschaft verliehenen Gnadenbrief, im Grünbaume stattfand. Ebendaselbst veranstaltete der Stadtrath alljährlich im Monate August die Mahlzeit der Jakobssenglein (einer Art kleiner lecker zubereiteter Mainfischchen); am dritten Ostertage das sogenannte Osteressen, im Carneval das Fastnachtsmahl; bei jeder neuen Bürgermeisterwahl die Bürgermeistermahlzeit, und am Neujahrsabende wurde dort das alte Jahr vertrunken. Auf dem freien

Platze vor dem Grünbaume wurden vormals auch die Privilegien der Kilianimesse, der besuchtesten Würzburgs, durch einen auf einem Schimmel reitenden Regierungsbeamten abgelesen, worauf diesem die Rathsherrn in dem Rathkeller tapfer zutranken und, wie das Rathsprotokoll von 1654 besagt, ihm neben vieler böser Münz einen schönen Goldgulden verehrten. Mit der Säkularisation des Hochstiftes hörten alle diese alten Herkommen auf.

178 WÜRZBURG, JULIUSSPITAL Der große Würzburger Bischof Julius Echter von Mespelbrunn ließ von 1576 bis 1580 am Nordrand der Stadt als allgemeine Armen- und Krankenanstalt ein großes Spital errichten, das bis heute seinen Namen trägt. Dieses Spitalgebäude war wie das bestehende eine Anlage mit vier Flügeln, die sich um einen rechteckigen Innenhof gruppierten. 1699 brannte der Nordflügel ab; bis 1714 war er nach Plänen von Antonio Petrini neu gebaut. 1745 brannte der Mittelbau erneut ab, erhielt sich aber im Bestand. Balthasar Neumann leitete zwischen 1746 und 1749 die Wiederherstellung. Da 1790 nach den Plänen von Heinrich Alois Geigel der an der Juliuspromenade gelegene Südflügel in einfacher klassizistischer Form neu erbaut wurde, steht heute vom Spital des Gründers nichts mehr.

Die mächtigen Flügel an der Süd- und Nordseite, durch kurze Trakte miteinander verbunden, umschließen einen Hof. Der beherrschende Baukörper dieses großartigen barocken Hofs ist der auf dem Stich dargestellte Fürstenpavillon des Nordflügels. Drei Durchfahrten führen durch sein unteres Geschoß; breite Pilaster greifen die hohen Obergeschosse zusammen, ein Attikageschoß schließt sie ab. Dieser Mittelpavillon wurde so festlich gehalten, weil er anstelle der damals noch fehlenden Stadtresidenz für fürstliche Empfänge des Hochstiftes dienen sollte. Zwischen 1788 und 1789 wurde der Fürstensaal, dieser Aufgaben nunmehr entledigt, in eine Kirche umgewandelt. Aus dieser Zeit stammt das dem Dach aufgesetzte Türmchen.

Nach dem Brand von 1945 wurde der Nordflügel mit dem Fürstenbau so wiederhergestellt, wie ihn Balthasar Neumann 1749 vollendet hatte, so daß sich bis auf wenige Einzelheiten der heutige mit dem auf dem Stich wiedergegebenen Baubestand deckt.

Unter den herrlichen Anstalten, welche mit dem Juliusspitale verbunden sind, erwähnen wir zuerst der medizinischen und chirurgischen Klinik wegen der großen Vortheile, welche sie für die arme leidende Menschheit, sowie für die Wissenschaft hat. Nicht nur die aus der Theorie in die Praxis übertretenden Candidaten der Medizin sollen durch die medizinische Klinik mit der Natur in ihren verschiedenen krankhaften Verhältnissen bekannt gemacht werden, sondern auch schon promovirte Aerzte sollen dort noch eine fortwährende Anleitung des Naturstudiums erhalten. Die Einrichtung der medizinischen Klinik geschah durch Professor Menolph Wilhelm (geb. 1725), welcher vorher zu diesem Zwecke wissenschaftliche Reisen nach Paris und Wien unternommen hatte. Seine Nachfolger waren Christoph von Siebold, Thomann, von Hoven, Friedreich sen., Schönlein, und seit 1832 Hofrath und Professor Markus. Der Zugang der Kranken ist jährlich gegen 2000, welche sämmtlich in den Abtheilungen der innerlichen Kranken, der Geisteskranken, der Epileptischen, der Eranthematischen, der Syphilitischen etc., ja selbst der Altersschwachen zur medizinischen Klinik benützt werden.

Die chirurgische Klinik ward im Jahre 1791 durch den gefeierten Karl Kaspar von Siebold (geb. 1736), welcher im Jahre 1760 in die Dienste des Fürsten Adam Friedrich von Seinsheim trat, und später die Stelle eines Oberchirurgen im Juliusspitale, eines fürstlichen Leibarztes und Professors der Anatomie, Chirurgie und Hebammenkunde erhielt, eröffnet. Seine Nachfolger waren sein Sohn Barthel von Siebold, welcher ihm noch bei seinen Lebzeiten vom Jahre 1797 an assistirte, nach dessen Tode im Jahre 1814 Markard, welchen schon im Jahre 1816 der jetzige Vorstand Hofrath und Professor Textor ersetzte.

Längst bestand schon eine Sammlung chirurgischer Instrumente, welche jedoch nur zum Gebrauche der Lebenden bestimmt waren, während die beim Unterrichte zum Gebrauche an Leichen dienenden, als dem Zwecke der Anstalt fremd, beharrlich zurückgewiesen wurden. Die natürliche Folge mußte seyn, daß diese Sammlung dem jetzigen Stand der Wissenschaft und Kunst nicht mehr entsprechen konnte, und den Sammlungen anderer, selbst kleinerer Universitäten nachstand. Endlich ward auch diesem Mangel einer Sammlung von Instrumenten und Bandagen, welche Theils zum Vorzeigen und zu den Operationen an Leichen in dem Collegium über Operations- und Verbandlehre, theils zum Gebrauche an Lebenden benützt werden konnten, abgeholfen. In Folge des günstigen Resultates der Finanzverwaltung des Jahres 1831/32 ward der Vorschlag des akademischen Senats vom 3. Sept. 1833 zur Anlegung eines eigenen Instrumentariums vom hohen Staatsministerium genehmigt, und bis zum Jahre 1834 hiezu 1450 fl. verwendet. Unter den vorhandenen 258 Instrumenten und 239 Bandagen und Maschinen sind besonders vollständig die Augeninstrumente, jene zum Steinschnitt, zur Steinzermalmung, zu den Amputationen und Resektionen, unter welchen letzteren besonders der Osteotom von Dr. Bernhard Heine zu bemerken ist. Unter den Bandagen ist die Sammlung von Bruchbändern durch ihren Reichthum und ihre Mannigfaltigkeit ausgezeichnet.

Mit dem Juliusspitale in Verbindung steht die Entbindungsanstalt in Bezug auf die Heilung kranker Wöchnerinnen, auf Seelsorge, Anschaffung der Medikamente, Beerdigung oder Abgabe der Todten an die Anatomie.

Von dem zum Juliusspitale gehörigen botanischen Garten, der sich eben so sehr durch einen großen Reichthum in- und ausländischer Pflanzen, als auch durch zweckmäßige Einrichtung auszeichnet, werden wir in einem spätern Hefte sprechen.

179 Würzburg, Kürschnerhof *Der hohe Schwibbogen, durch welchen die Straße in den Kürschnerhof (also von der frühern Mehrzahl seiner Gewerbetreibenden Bewohner in den ältesten Zeiten aber Saalhof genannt) führt, gehört einem alten merkwürdigen Gebäude, dem vormaligen Bischofssaale an. Das Erdgeschoß dieses Palastes, zu welchem einst hohe Staffeln (gradus) führten, war für allerlei Kramläden eingerichtet, und erhielt daher den noch jetzt vulgären Namen Gräden. Alte, jetzt erloschene, Gedächtnißverse zierten einst die Wände dieser in Würzburgs Chronik bedeutsamen Stätte; in den Jahren 1343 und 1618 wurde sie von den Wellen des Mains bespült, und bis zum Jahre 1691 bewahrte sie zwei Palladien des fränkischen Heidenthums, die Idole des Mars und der Minerva (nach Andern Diana). Beide früher auf dem Bergschloße verehrte, von Kilian in den Main versenkte, und dort 1476 bei dem Neubau der Brücke wiedergefundene Götzenbilder waren aus Metall und innen hohl gearbeitet, so daß, wenn man durch eine am hintern Theile ihrer unförmlich großen Häupter befindliche Oeffnung hineinredete, die Stimme des Sprechenden den Umstehenden wie das rauhe Brüllen eines Ochsen erklang. Leider verschwanden dieselben spurlos bei der neueren Aufführung dieses Pallastes welcher bis zum Jahre 1804 der geistlichen und weltlichen Regierung des Hochstiftes und dem kaiserl. Landgerichte des Herzogthums Franken zur Pflegung der Berathungen und Aufnahme der Registraturen diente. Jetzt befinden sich in diesem stattlichen Gebäude (II. Distr. 570) das königl. Kreis- und Stadtgericht, die Kreis-, Forst- und Baubureaus und das königl. Salzamt.*

Besondere Bedeutung gewinnt der freie Platz vor diesem Gebäude im Kürschnerhofe für jeden im Staate lebenden denkenden Mann durch einen hier von Zeit zu Zeit stattfindenden Akt, der Tausende von Menschen wie zu einer hohen Feierlichkeit versammelt, und von dem wir noch im Interesse der Moralität wünschen müssen, daß er möglichst selten vorkomme. Hier ist es nämlich, wo den Opfern der peinlichen Gerechtigkeit unter dem ungeheuersten Zudrang von Menschen, leider größtentheils nur von Neugierde getrieben, auf ihrem Wege zum Hochgerichte das Urtheil öffentlich vorgelesen, und der Stab gebrochen wird. Auch werden hier jene Individuen, welche durch ihre Verbrechen sich der ferneren Theilnahme an der menschlichen Gesellschaft unwürdig gemacht haben, durch Ausstellung auf dem Pranger vor der Welt gebranntmarkt. Alles dieses geschieht neben einem Gebäude, das als Denkmal der Vorzeit in jedem der Geschichte seines Vaterlandes kundigen Franken heilige Erinnerungen hervorruft. Doch verlassen wir einen Akt, der einer Vernunftidee, ohne welche die Menschheit als geselliges nach einem hohen Ziele strebendes Ganze nicht bestehen kann, im Staate ihre Wirklichkeit verschafft, und sofern uns, so sehr er auch durch die Erinnerung an die Schranken der Menschheit, die er in uns hervorruft, mit Traurigkeit erfüllt, und gehen zu einer andern Verwendung über, die diesem Platze eine angenehmere Bedeutung gibt. Wir sehen nämlich hier jährlich dreimal einen sehr lebhaften Verkehr der Menschen, indem sie sich mit jenen materiellen Bedürfnissen versehen, die die zeitlichen Grundlagen der Staatsgesellschaften sind, wir meinen die Messen der Stadt, welche hier und zugleich auf der anstoßenden Domstraße abgehalten werden. Die erste derselben ist von Montage nach Okuli bis Mittwoch vor Palmarum, die zweite und besuchteste vom Tage nach Kiliani bis zum 27. Juli, und die dritte vom 2. bis 24. November. — Rücksichtlich seiner Gebäude ist nur die rechte Seite des Kürschnerhofes bemerkenswerth, indem die linke Seite meistens schmale und unansehnliche Häuser zeigt, welche, wie auf der Domstraße, den Spottnamen der Handtücher mit Recht erhalten. Doch wohnen hier ausser einigen Kürschnern, wie schon in früheren Zeiten, besonders jetzt, sehr geschickte Gold- und Silberarbeiter.

Außerhalb des Schwibbogens rechts ist ein Teil der prächtigen Rotsandstein-Fassade der ehemaligen Kollegiatstiftskirche Neumünster sichtbar. Sie wurde 1716 vollendet, 1719 die geschwungene Freitreppe vorgelagert. Die Fassade dieser Kirche zählt zu den schönsten in Franken. Schon 1894 war die noble Platzarchitektur des Kürschnerhofs durch ungute Baumaßnahmen stark beeinträchtigt worden. Die Bombenangriffe des letzten Krieges führten zu weiteren schweren Einbußen. Das Äußere der stark beschädigten Neumünsterkirche wurde zwar wiederhergestellt, doch ihre reiche Innenausstattung bleibt verloren.

180 Würzburg, Mainkran *Die Erbauung des Krahnes zu Würzburg, dessen Einrichtung früher als eine vorzügliche, am ganzen Mainstrome nicht zu findende Sehenswürdigkeit gerühmt wurde, fällt in das Jahr 1773, und war eine Folge des damals zwischen dem Kurthume Mainz und dem Hochstifte Würzburg zu Stande gekommenen Vertrages zur Belebung des Handelsverkehres auf dem Mainstrome. Zugleich mit demselben wurden auch die rückwärts stehenden geräumigen Wag- und Niederlage-Hallen (vor einigen Jahren durch ein zu ähnlichem Zwecke neu aufgeführtes ansehnliches Gebäude vergrößert) auferbaut. Auch wurde damals eine ständige Kommerzkommission zur Entscheidung der Irrungen, welche etwa in Bezug auf Spedition und Depot der Güter entständen, niedergesetzt. Der Mechanismus des Krahnes besteht aus zwei großen innerhalb eines stockwerkhohen steinernen Thurmes hängenden Rädern, welche durch Treten in Bewegung gesetzt werden. An dem rundherum beweglichen Kupferdache des Thurmes sind zwei große Schnäbel mit Flaschenzügen angebracht, mittels deren die Verladung in die Schiffe oder aus denselben geschieht, so daß dabei zugleich das Gewicht der Güter angezeigt wird. An der gegen den Strom gerichteten vordern Seite des Krahnes ist das in Stein gehauene bemalte und vergoldete Wappen des Erbauers, Fürstbischofs Adam Friedrich von Seinsheim, inmitten zweier Steinbilder der Frankonia und des Stromgottes, angebracht und das Chronostichon:*

ACCIpIo traDo qVoDLVbet eXpeDIo.

(Ich empfange, ich übergebe, ich versende was man will.)

Zur Zeit seiner Erbauung war der Krahn allerdings ausgezeichnet zu nennen, ist auch jetzt noch sehr brauchbar, um die Güter aus den Schiffen auf den höher gelegenen Platz vor dem Hauptzolle zu heben; er wird aber von den seit mehreren Jahren in den Rheinhäfen gebräuchlichen kleinen Eisenkrahnen, welche bei geringem Kraftaufwande viel größere Lasten heben, weit überboten.)*

Die Büreaus der k. Gränzzollinspektion und des k. Ober-Zoll- und Hall-Amtes, sowie das Komptoir eines besondern Güterbestätters, befinden sich in einem hinter dem Krahn auf einem gewölbten Plateau liegenden Gebäude, unter welchem zwei Thore zum Maine führen.

Seit dem Jahre 1838 besteht zwischen Köln und Würzburg eine direkte wöchentliche Fahrt. Die ansehnliche Schifferzunft der Stadt besitzt neun große Handelsschiffe von 25 bis 30 Tausend Zentnern und nebstdem viele mittlere Fahrzeuge von 10 bis 1200, dann kleinere Streich- und Himpelschelche von 200 bis 500 Zentnern-Tragfähigkeit. Dem Maindampfschifffahrts-Vereine stehen zur Zeit sieben schöne Boote als Eigenthum zu Gebote. Alljährlich landen etwa 100 große Handelsschiffe und eine große Anzahl kleinerer Fahrzeuge aller Art, für den Ortsverkehr bestimmt. Der Handel hat seit der theilweisen Befahrung des Ludwigskanales abgenommen und besteht in der Spedition von Kolonialwaaren, als Kaffee, Roh-Zucker, Reis, Gewürzen, rohen Tabaksblättern, Kärbeholz, Branntwein und dergleichen, und beläuft sich auf etwa 400,000 Zentner. Zu Thal ist der Verkehr weniger bedeutend und besteht hauptsächlich in Getreide, Reps, Wein, Bier und Mineralwasser.

Die nicht zollbaren inländischen Handelsgegenstände, welche nach dem Zentnergewichte verkauft werden, als Häute, Unschlitt, Mehl u. s. w., müssen in der Stadtwage hinter der Marien-Kapelle, gegen Entrichtung der Taxgebühren gewogen werden.

Der 1767 bis 1773 unter Fürstbischof Adam Friedrich von Seinsheim errichtete Kranen und das Kranentor sind noch in dem Zustand erhalten, in dem sie die Abbildung zeigt. Durch das Kranentor geht der Blick auf den erwähnten Schiffsanlege- und Warenumschlagsplatz (siehe Erläuterung zu Bild 173).

**) Ein solcher eiserner Krahn wird auch gegenwärtig hier, nächst dem steinernen, errichtet.*

Verzeichnis der Stahlstiche

der dreibändigen Ausgabe von 1843, 1846 und 1854 in der Reihenfolge, in der sie in diesen Bänden erschienen sind
(Die Stiche, deren Bezeichnung kursiv gesetzt ist, wurden in der zweibändigen Ausgabe aus der Zeit um 1875 wieder abgedruckt)

Band 1

Obb. 1 *Basilika St. Bonifacii in München*
Gez. u. gest. v. J. Poppel

Ndb. 2 Die Festung Ober- und Niederhaus und ein Theil der Ilzstadt
Ludwig Lange gez. — Stahlst. v. J. Poppel

Obb. 3 *Fürstenfeld*
Zeichnung & Stahlstich v. J. Poppel

Ufr. 4 Würzburg vom Steinberge aus
Ludwig Lange gez. — Stahlst. v. Carl Rauch

Obb. 5 Das K. Hof- u. Nationaltheater zu München
Zeichnung & Stahlstich v. J. Poppel

Obb. 6 *Bad Kreuth*
J. Poppel

Obb. 7 *Allerheiligen Hofkirche zu München*
Stahlstich v. Poppel

Obb. 8 Burghausen
Gez. u. gest. v. Poppel

Obb. 9 *Alt-Oetting*
Gez. u. gest. v. J. Poppel

Mfr. 10 Der Marktplatz in Nürnberg
Ludwig Lange gez. — Stahlst. v. Carl Rauch

Ofr. 11 *Streitberg*
Gez. u. gest. v. Poppel

Ofr. 12 *Muggendorf*
Gez. u. gest. v. J. Poppel

Obb. 13 *Die neue Pfarrkirche der Vorstadt Au zu München*
Zeichnung u. Stahlstich v. J. Poppel

Ofr. 14 Baireuth
Gez. u. gest. v. J. Poppel

Ofr. 15 *Sonnentempel in der Eremitage bei Bayreuth*
Gez. u. gest. v. J. Poppel

Ofr. 16 *Gössweinstein*
Zchng. u. Stahlstich v. Poppel

Obb. 17 Schongau
Gez. u. gest. v. J. Poppel

Ofr. 18 Die Ludwigsbrücke in Bamberg
Ludwig Lange gez. — Stahlst. v. J. Poppel

Obb. 19 *Landsberg*
Gez. u. gest. v. J. Poppel

Ndb. 20 *Hals bei Passau*
Gez. u. gest. v. J. Poppel

Obb. 21 *Andechs*
Gez. u. gest. v. J. Poppel

Obb. 22 Die Metropolitan- u. Stadt-Pfarrkirche zu unserer Lieben Frau in München
Ferd. Jodl del. — Louis Hoffmeister sc.

Obpf. 23 *Beilengries*
Gez. u. gest. v. J. Poppel

Obb. 24 Umgebungen Münchens I.
gez. u. gest. v. J. Poppel

Obb. 25 Umgebungen Münchens II.
gez. u. gest. v. J. Poppel

Mfr. 26 *Eichstaedt*
Gez. v. Heinr. Adam — gest. v. J. Poppel

Mfr. 27 *Hohenstein*
Gez. u. gest. v. J. Poppel

Ufr. 28 *Der Dom zu Aschaffenburg*
Gez. v. Ainmiller — gest. v. J. Poppel

Mfr. 29 Erlangen
Zchng. u. Stahlstich v. Poppel

Ndb. 30 Bad Kellberg bei Passau
Gest. v. J. Poppel

Obb. 31 Reichenhall
Gez. u. gest. v. J. Poppel

Obb. 32 Der Marktplatz in Wasserburg
Gez. u. gest. v. J. Poppel

Mfr. 33 *St. Sebaldskirche zu Nürnberg*
Gez. v. Gerhardt, gest. v. J. Poppel

Ndb. 34 *Deggendorf*
Gez. u. gest. v. J. Poppel

Ndb. 35 *Dom u. die bischöfliche Residenz in Passau*
Gez. v. Scheuchzer, gest. v. J. Poppel

Ofr. 36 *Pottenstein*
Gez. u. gest. v. J. Poppel

Obb. 37 *Berchtesgaden*
Gez. u. gest. v. J. Poppel

Obb. 38 *Hofkirche zum Heil. Michael zu München*
Gez. u. gest. v. J. Poppel

Ufr. 39 Kissingen
Gez. v. Ainmüller, gest. v. J. Poppel

Schw. 40 *Füssen*
Gez. v. Scheuchzer, gest. v. J. Poppel

Obpf. 41 *Dom zu Regensburg*
Gez. v. E. Gerhardt, gest. v. J. Poppel

Obpf. 42 *Im Dom zu Regensburg*
Gez. v. E. Gerhardt, gest. v. J. Poppel

Ofr. 43 *Schloß Altenburg bei Bamberg*
Gez. v. C. Theodori — Stahlstich v. Joh. Poppel

Ofr. 44 St. Jacobskirche in Bamberg
Gez. v. A. Klein — gest. v. J. Poppel

Obpf. 45 *Dom zu Regensburg (Innenansicht)*
Ed. Gerhardt gez. — Joh. Poppel gest.

Obb. 46 *Nymphenburg*
J. Poppel

Mfr. 47 *Johannis-Kirche — Katholische Kirche zu Ansbach*
Gez. u. gest. v. Joh. Poppel

Obb. 48 Falkenstein
Gez. v. Kirchner — gest. v. J. Poppel

Ofr. 49 *Quackenschloß und Riesenburg*
Gez. u. gest. v. J. Poppel

Obpf. 50 *Walhalla*
Gez. u. gest. von Joh. Poppel

Ndb. 51 *Straubing*
Gez. v. Ed. Gerhardt — gest. v. J. Poppel

Ndb. 52 *Gefängnis der Agn. Bernauerin — Agn. Bernauerin-Capelle*
Gez. v. Jagendeubel — gez. v. Gerhardt
gest. v. J. Poppel

Ndb. 53 *Marktplatz in Straubing*
Gez. v. Ed. Gerhardt — gest. v. J. Poppel

Ofr. 54 *Dom zu Bamberg*
Gez. v. Ed. Gerhardt — gest. v. J. Poppel

Ofr. 55 *Aufsess*
Gest. v. Joh. Poppel

Mfr. 56 *Pappenheim*
Gez. v. Lebschi — gest. v. J. Poppel

Mfr. 57 Schloß zu Pappenheim
Gez. v. Lebschi — gest. v. J. Poppel

Mfr. 58 Stadt-Pfarrkirche u. Gräfliches Schloß in der Herrn-Straße zu Pappenheim
Gez. v. Lebschè — gest. v. J. Poppel

Obb. 59 *Hofkirche zum Heil. Michael zu München*
Gez. v. L. Lange — gest. v. J. Poppel

Obpf. 60 *Schloß Prunn*
Gez. v. Dyck — gest. v. Joh. Poppel

Schw. 61 Augsburgs Umgebungen I. Blatt
Gez. u. gest. v. J. Poppel

Band 2

Schw. 1 *Dom in Augsburg*
Gez. v. Ed. Gerhardt — gest. v. Poppel

Schw. 2 *Ulrichs-Kirche in Augsburg*
Gez. v. Ed. Gerhardt — gest. v. Poppel

Schw. 3 Augsburgs Thore
Gez. u. gest. v. J. Poppel

Schw. 4 Augsburgs Umgebungen II. Blatt
Gez. u. gest. v. J. Poppel

Schw. 5 *Friedberg*
Gez. v. Ed. Gerhardt — gest. v. J. Poppel

Mfr. 6 Gnadenberg bei Altdorf — Püllenreuth bei Nürnberg
Gez. u. gest. v. J. Poppel

Obpf. 7 *Regensburg vom Calvarienberg*
—

Obpf. 8 *Dollinger-Saal in Regensburg*
Gez. v. Ed. Gerhardt — gest. v. J. Poppel

Obpf. 9 *Baptisterium am Dom zu Regensburg*
Gez. v. E. Gerhardt — gest. v. M. Kolb

Obpf. 10 *Winzer bei Regensburg — Prüfling bei Regensburg*
Gez. v. Ed. Gerhardt — gest. v. Joh. Poppel

Obpf. 11 *Karthause — Dreifaltigkeitskapelle auf dem Calvarienberg bei Regensburg*
Gez. v. Ed. Gerhardt — gest. v. Joh. Poppel

Ofr. 12 *Kloster Michelsberg und das Hospital zu Bamberg*
Gez. v. Ed. Gerhardt — gest. v. Joh. Poppel

Ofr. 13 *Obere Pfarrkirche in Bamberg*
Gez. v. Ed. Gerhardt, gest. v. J. Poppel

Ofr. 14 *Rathhaus zu Bamberg*
Gez. v. Ed. Gerhardt, gest. v. J. Poppel

Ofr. 15 Umgebungen Bambergs
Gest. v. J. Poppel

Mfr. 16 *Ellingen*
Gez. v. Lebschè — gest. v. Poppel

Mfr. 17 Fossa Carolina — Marmorsteinbruch Solenhofen
Gez. v. Lebschè — gest. v. Poppel

Ofr. 18 *Vierzehnheiligen u. Banz*
Gez. v. C. Theodori — gest. v. Joh. Poppel

Ufr. 19 Eiserner Pavillon zu Kissingen
Gez. u. gest. v. J. Poppel

Ufr. 20 *Der eiserne Pavillon in Kissingen*
Gez. v. Ainmüller — gest. v. J. Poppel

Ufr. 21 *Mainberg*
Gez. v. Ed. Gerhardt — gest. v. Joh. Poppel

Ufr. 22 *Kitzingen*
Gez. v. Ed. Gerhardt — gest. v. J. Poppel

Mfr. 23 Umgebungen von Nürnberg I
Gez. u. gest. v. J. Poppel

Mfr. 24 Umgebungen von Nürnberg II
Gez. u. gest. v. J. Poppel

Mfr. 25 *Rathhaus-Saal zu Nürnberg*
Stahlstich v. J. Poppel

Ufr. 26 Burgruine Botenlauben bei Kissingen
Gez. u. gest. v. J. Poppel

Obpf. 27 *Donaustauf*
Gez. v. Aug. Brandmayer — gest. v. Joh. Poppel

Ofr. 28 *Schloß Giech und Wallfahrtskapelle Gügel*
Gez. v. C. Theodori — Stahlstich v. Joh. Poppel

Obb. 29 *Basilika St. Bonifacius zu München*
Louis Hofmeister

Obb. 30 Starnberg
Gez. v. C. Lebschè — gest. v. Joh. Poppel, München 1844

Obb. 31 Erinnerung an Starnberg
J. Poppel

Obb. 32 Erinnerung an Starnberg
J. Poppel

Mfr. 33 Die Landauer Kapelle zu Nürnberg — die untere Burgkapelle zu Nürnberg
Gez. v. Wilder — gest. v. J. Poppel

Ufr. 34 *Die Burkhardtskirche zu Würzburg*
Gez. u. gest. v. J. Poppel zu München

Obb. 35 Schwaneck
Rohbock

Ufr. 36 *Kürschners-Hof zu Würzburg*
Gez. u. gest. v. J. Poppel, 1844

Schw. 37 *Der Rathhaussaal zu Augsburg*
Gez. v. G. Seeberger — gest. v. Joh. Poppel

Ufr. 38 Frauenkapelle zu Würzburg
Gez. u. gest. v. J. Poppel, München, 1844

Ufr. 39 *Rathhaus zu Würzburg*
Gez. u. gest. v. Joh. Poppel, München

Ndb. 40 *Sossau-Reibersdorf; Umgebungen Straubings I*
Gez. v. Jagendeubel — gest. v. J. Poppel

Ndb. 41 *Bogen-Oberaltaich; Umgebungen Straubings II*
Gez. v. Jagendeubel — gest. v. J. Poppel

Mfr. 42 *Theresienplatz zu Nürnberg*
Gez. v. Wilder — gest. v. J. Poppel

Mfr. 43 *Die Euchariuskapelle zu St. Aegidien in Nürnberg*
Gez. v. Wilder — gest. v. J. Poppel, München, 1844

Obb. 44 *Wasserburg am Inn*
Gem. v. Scheuchzer — gest. v. Poppel

Ufr. 45 *Julius-Hospital zu Würzburg*
Gez. u. gest. v. J. Poppel

Ufr. 46 Krahnen — Krahnenthor zu Würzburg
Gez. u. gest. v. Joh. Poppel, München

Obpf. 47 *Reichenbach*
Gez. v. Würthle — gest. v. J. Poppel, München

Ndb. 48 *Total-Ansicht von Passau v. Nord-Ost*
Gez. u. gest. v. Joh. Poppel, München

Ndb. 49 *Pulverthurm zu Passau*
Gez. v. Seeberger — gest. v. J. Poppel

Ndb. 50 *Domplatz zu Passau*
Gez. v. Seeberger — gest. v. J. Poppel, München

Ndb. 51 Ehemalige Synagoge zu Passau
Conr. Wießner gez. — J. Poppel gest.

Ndb. 52 Alte Synagoge zu Passau
Gez. v. Seeberger — gest. v. J. Poppel, München

Ofr. 53 Schloß Banz
C. Theodori pinx. — J. Poppel sculps.

Obb. 54 *Thronsaal im K. Festsaalbau zu München*
Gez. v. Seeberger — gest. v. J. Poppel, München

Ndb. 55 *Hohenwarth*
Gez. v. Würthle — gest. v. J. Poppel, München

Obpf. 56 *Walderbach*
Gez. v. Würthle — gest. v. J. Poppel, München

Ufr. 57 *Festung und Brücke zu Würzburg*
N. d. N. gez. u. gest. v. J. Poppel, Mchn., 1844

Obpf. 58 *Runding*
Gez. v. Würthle — gest. v. J. Poppel

Obpf. 59 Bodenwöhr
Gez. v. Würthle — gest. v. J. Poppel, München

BAND 3

Ndb. 1 *Kötzting*
Gez. v. Würthle — gest. v. J. Poppel, München

Ndb. 2 *Ortenburg*
Gez. v. Seeberger — gest. v. J. Poppel

Ofr. 3 *Lichtenfels*
Gez. v. Ed. Gerhardt — gest. v. Kolb

Obb. 4 *Ettal*
Gez. u. gest. v. J. Poppel

Mfr. 5 *Hof im Kraftischen Haus zu Nürnberg — Hof im Tucherischen Haus zu Nürnberg*
Gez. v. Wilder — gest. v. Poppel

Obb. 6 *Die Feldherrnhalle und die Theatinerkirche zu München*
Gez. v. Seeberger — gest. v. J. Poppel, München

Ofr. 7 Pommersfelden
Gez. v. C. A. Lebschè — gest. v. J. Poppel

Ofr. 8 *Pommersfelden*
Gez. v. C. A. Lebschè — gest. v. J. Poppel

Ofr. 9 Schlüsselau an der Ebrach
Gez. v. Lebschè — gest. v. J. Riegel

Obpf. 10 *Steffling im Bayer. Walde*
Gez. v. Würthle — gest. v. J. Poppel

Mfr. 11 Der Friedhof St. Johannis zu Nürnberg
Gez. v. Wilder — gest. v. J. Poppel

Obb. 12 Aibling
Gez. v. Lebschè — gest. v. J. Riegel

Ndb. 13 *Fürstenstein*
Gez. v. Seeberger — gest. v. J. Poppel

Obb. 14 *Kirche zu Pipping bei München*
Gez. v. E. Gerhardt — gest. v. J. M. Kolb

Obb. 15 *Ruine Werdenfels*
Gez. u. gest. v. Würthle

Obb. 16 *Universität zu München*
Gez. v. Seeberger — Gest. v. J. Poppel, München

Obb. 17 Vestibule des Universitäts-Gebäudes in München
Gez. v. Seeberger — gest. v. J. Poppel

Ofr. 18 *Schesslitz*
Gez. v. Lebschè — gest. v. Riegel

Obb. 19 *Partnach- u. Loisachthal*
Gez. v. Würthle — gest. v. J. Riegel

Obb. 20 *Staubbrücke u. Wasserfall bei Jettenberg bei Reichenhall*
Würthle del. — Poppel sc.

Ofr. 21 *Lissberg, zweiter Burghof*
Gez. v. C. A. Lebschè — gest. v. Riegel

Ndb. 22 *Schloß Traussnitz bei Landshut*
Gez. v. F. Würthle — gest. v. M. Kurz

Ndb. 23 *Traussnitz bei Landshut, Schloßhof*
Gez. v. Würthle — gest. v. J. Riegel

Ndb. 24 *Umgebungen von Landshut*
—

Obb. 25 *Tegernsee*
Gez. v. Würthle — gest. v. J. Riegel

Obb. 26 Tegernsee-Egern
Gez. v. Scheuchzer — gest. v. J. Riegel

Obb. 27 Bahnhof in München
Gez. v. E. Gottgetreu — gest. v. J. Riegel

Obb. 28 Eisenbahnhalle in München
Gez. v. Rud. Gottgetreu — gest. v. J. Riegel

Ofr. 29 *Höchstadt an der Aisch*
Gez. v. Lebschè — gest. v. J. M. Kolb

Obb. 30 Marzoll bei Reichenhall — Ruine Karlstein bei Reichenhall
Gez. u. gest. v. F. Würthle

Obb. 31 *Schliersee*
Gez. v. Würthle — gest. v. J. Poppel

Obb. 32 *Weinberg-Capelle zu Schliersee*
Gez. v. W. Gail — gest. v. J. Poppel

Obb. 33 Ruine Waldeck (Grundriß)
—

Obb. 34 *Wittelsbacher Pallast zu München*
Gez. v. Lebschè — gest. v. J. Riegel

Ndb. 35 *Theater und Bernlochers Gasthaus in Landshut*
Gez. v. F. Würthle — gest. v. J. Poppel

Obpf. 36 Der Haidplatz in Regensburg
Gez. v. Kransperger — Stahlst. v. Emil Höfer

Mfr. 37 *Schillingsfürst*
Gez. v. Lebschè — gest. v. J. Poppel

Obb. 38 *Frauenchiemsee*
Gez. v. W. Scheuchzer — gest. v. J. Riegel

Obb. 39 *Herrenchiemsee*
Gez. v. W. Scheuchzer — gest. v. J. Riegel

Obb. 40 Rathaus zu München
Gez. u. gest. v. Riegel

Obb. 41 Der große Saal im Rathaus zu München
Gez. v. G. Seeberger — gest. v. J. Riegel

Obb. 42 *Ruhmeshalle bei München*
Gez. u. gest. v. J. Riegel

Obb. 43 *Bavaria — Riesenstandbild vor der Ruhmeshalle zu München*
Erfunden u. modelliert v. Ludw. v. Schwanthaler — gest. d. Carl Mayer's Kunstanstalt in Nürnberg

Schw. 44 *Harburg*
Gez. v. E. Gerhardt — gest. v. J. M. Kolb

Obb. 45 *Der Weber an der Wand bei Oberaudorf*
Gez. v. W. Scheuchzer — gest. v. J. Poppel

Obb. 46 Das Kaisergebürge vom Weber an der Wand aus
Gez. v. W. Scheuchzer — gest. v. J. Poppel

Ndb. 47 *Die Engelburg im Bayerischen Wald*
Gez. v. Seeberger — gest. v. J. Poppel, München

Ndb. 48 *Fürsteneck bei Hutthurm — Freudensee bei Hauzenberg im Bayerischen Wald*
Gez. v. Seeberger — gest. v. Poppel

Schw. 49 *Mindelburg und Mindelheim*
Gez. v. C. A. Lebschè — gest. v. J. Poppel

Ofr. 50 *Burg Zwernitz in Oberfranken*
Gez. v. C. A. Lebschè — gest. v. J. Poppel

Obb. 51 Adelholzen
Gez. v. Würthle — gest. v. J. Riegel

Mfr. 52 *Schloß in Erlangen*
Gest. v. J. Poppel

Mfr. 53 *Tunnel bei Erlangen*
Gez. v. C. A. Lebschè — gest. v. Kolb

Mfr. 54 Kanal-Monument bei Erlangen
—

Ndb. 55 *Benedictiner-Abtei Metten bei Deggendorf v. Westen*
—

Mfr. 56 Die Burg zu Nürnberg
Gez. u. gest. v. J. Riegel

Ofr. 57 *Burg Rabenstein*
C. A. Lebschè del. — J. Poppel sc.

Mfr. 58 Kanalhafen bei Nürnberg
Gest. v. J. Riegel, 1845

Mfr. 59 Der große Krahnen am Kanalhafen zu Nürnberg
—

Mfr. 60 Dooser Brück-Kanal
—

Verzeichnis der Stahlstiche

der zweibändigen Ausgabe aus der Zeit um 1875, die in dem dreibändigen Werk von 1843, 1846 und 1854 nicht enthalten sind

Band 1:

1 München von Süden
Gez. u. gest. v. A. Meermann

2 Das Isarthor zu München
Gez. v. C. A. Lebsche — gest. v. J. G. Riegel

3 Frauenkirche zu München
Gez. u. gest. v. Jobst Riegel

4 Frauenkirche in München
Gez. v. Seeberger — gest. v. Frz. Hablitschek

5 Glyptothek in München
—

6 Ludwigsstraße in München nach Norden
Gez. v. C. A. Lebschè — gest. v. A. Meermann

7 Königsbau in München
Gez. v. C. A. Lebschè — gest. v. Hablitschek

8 Allerheiligenhofkirche zu München
Gez. v. Schönfeld — gest. v. Poppel

9 Ludwigskirche zu München
Gez. v. G. Seeberger — gest. v. J. Poppel

10 Maria Hilfs-Kirche in der Au
Gez. u. gest. v. Jobst Riegel

11 Der neue Flügel der K. Residenz in München
L. Hoffmeister del. & sc.

12 Siegesthor zu München
—

13 Protestantische Kirche zu München
Gez. u. gest. v. J. Poppel

14 Neue Pinakothek in München
Gez. v. F. Petzl — gest. v. J. Riegel

15 Maximilian I. (errichtet von König Ludwig I. von Bayern)
Photographie von Reulbàch — gest. v. H. Bruch

16 Ludwig I. König von Bayern (errichtet aus Dankbarkeit von der Stadt München)
H. Bruch fec.

17 Die Propyläen in München
Gez. v. C. A. Lebschè — gest. v. J. Riegel

18 Kunstausstellungs-Gebäude in München
Gez. v. Lebschè — gest. von J. Riegel

19 K. Bayer. National-Museum
J. Riegel fec.

20 Monument König Maximilian II
C. Steinicken sc.

21 K. Regierungsgebäude
J. Riegel fec.

22 Glaspallast zu München
E. Krug del. —

23 Das neue Rathaus
J. Riegel fec.

24 K. Polytechnikum in München
J. Riegel sc.

25 Das Neue K. Akademie-Gebäude in München
Stahlstich v. J. Günkel

26 Freising von Norden
—

27 Dom zu Freising
Gez. v. Petzl — gest. v. J. Poppel

28 Starnberg
Gez. u. gest. v. C. Steinicken

29 Seefeld
Gez. v. W. Scheuchzer — gest. v. J. Riegel

30 Der Kochelsee mit Schlehdorf
Gez. v. W. Scheuchzer — gest. v. J. Riegel

31 Isar-Brücke bei Großhessellohe
Gez. v. C. A. Lebschè — gest. v. J. Riegel

32 Kaltenbrunn am Tegernsee — Dorf Gmund am Tegernsee
Poppel del. u. sc.

33 Königsalpe bei Kreuth — Achensee mit dem Gasthof der Scholastika
Poppel del. u. sc.

34 Rosenheim von Osten
Gez. u. gest. v. F. Würthle

35 Hohenaschau
Gez. v. W. Scheuchzer — gest. v. J. Poppel

36 Unter-Wessen
Gez. v. W. Scheuchzer — gest. v. J. Riegel

37 Reut im Winkel
Gez. v. W. Scheuchzer — gest. v. J. Poppel

38 Traunstein
Gez. u. gest. v. F. Würthle

39 Kloster St. Zeno bei Reichenhall — Kirche St. Zeno bei Reichenhall
Gez. v. F. Rothbart — gest. v. J. Riegel

40 Hintersee bei Ramsau
Gez. v. F. Würthle — gest. v. J. Riegel

41 Der Königssee
Gez. v. F. Würthle — gest. v. F. Hablitschek

42 Vom Königssee gegen den Untersberg — der Obersee (Königssee) mit den Teufelshörnern
Gez. v. W. Scheuchzer — gest. v. J. Poppel

43 Landshut
Würthle del. — Kurz sc.

44 Nabburg, Pfarrkirche
B. Grueber gez. — Ch. Steinicken gest.

45 Eschenbach
Gez. u. gest. v. Alex. Marx

46 Amberg von Nordwest
Gez. B. Grueber — Stahlst. v. C. Steinicken

47 Kloster Kastl
Gez. v. B. Grueber — Stahlst. v. C. Steinicken

48 Marktplatz in Neumarkt
Gez. v. B. Grueber — Stahlst. v. C. Steinicken

49 Hilpoltstein
Gez. u. gest. v. Alex. Marx

Band 2:

50 Ruine Wildenfels
Nach d. Natur gez. u. gest. v. Alex. Marx

51 Bamberg (Süd-Ost-Ansicht)
Gez. v. C. A. Lebschè — gest. v. A. Meermann

52 Die Ludwigsstraße in Hof
Stahlstich v. C. Steinicken

53 Schloßhof in Thurnau
Gest. v. J. Riegel

54 Schloß Banz von Westen
Gez. v. Theodori — gest. v. J. Poppel

55 Der Dom zu Bamberg
Ludwig Lange gez. — Stahlstich v. Carl Rauch

56 Cenotaph im Dom zu Bamberg
Gez. v. F. Gerhardt — gest. v. J. Poppel

57 Unterirdische Kapelle im Dom zu Bamberg
Gez. v. Ed. Gerhardt — gest. v. Joh. Poppel

58 St. Martins Pfarrkirche Forchheim
Gez. v. C. A. Lebschè — gest. v. Kolb

59 Das Quackenschloß
Friedr. Geissler del. & sculp.

60 Die Riesenburg
Friedr. Geissler del. & sculp.

61 Rabeneck
Friedr. Geissler del. & sculp.

62 Graefenberg
Gest. v. Alex. Marx

63 Betzenstein
Gez. u. gest. v. Alex. Marx

64 Marienkapelle zu Würzburg
Gez. u. gest. v. Poppel, München

65 Gegend in Nürnberg (Insel Schütt)
Gez. u. gest. v. Alex. Marx

66 Der Brunnen im Rathhaus (Nürnberg)
Gez. v. Christ. Wilder u. gest. v. Friedr. Geissler

67 Walcher Thor in Nürnberg
Gez. u. gest. v. Joh. Gg. Riegel

68 Der Brunnen bei St. Lorenzen (Nürnberg)
Gez. v. Joh. Falkner u. gest. v. Friedr. Geissler

69 Der Brunnen auf dem Maxplatz (Nürnberg)
Gez. v. Phil. Walther, gest. v. F. Geissler

70 Der Brunnen am Gänsemarkt (Nürnberg)
Gez. v. Joh. Falkner — gest. v. Friedr. Geissler

71 Henkersteg und die Carlsbrücke in Nürnberg
Gez. u. gest. v. Alex. Marx

72 Schloß zu Lauf
Nach d. Natur gez. u. gest. v. Alex. Marx

73 Artelshofen
Gez. v. Koch — gest. v. J. Poppel, München

74 Kloster Engelthal
Gez. u. gest. v. Alex. Marx

75 Ansbach
Gez. v. Koch — gest. v. J. Poppel, München

76 Domkirche zu Eichstaedt
Gest. v. J. Poppel

77 Rothenburg a. d. Tauber
Gez. v. Lebschè — gest. v. Steinicken

78 Das gräfl. Schönborn'sche Schloß Wiesentheid
Gem. v. Kaiser, gez. v. Lebschè, gest. v. J. Poppel, München

79 Würzburg
Gez. u. gest. v. J. Poppel, München

80 Residenz in Würzburg
—

81 Aschaffenburg
Gez. v. C. A. Lebschè — gest. v. J. Riegel

82 Kissingen
Stahlstich v. C. Steinicken

83 Gasthaus auf dem Grünten — der Grünten im Allgäu
Gez. v. W. Scheuchzer — gest. v. J. Riegel

84 Hintersteinthal
Gez. v. W. Scheuchzer — gest. v. J. Poppel

85 Freibergsee bei Obersttorf
Gez. v. Ferd. Rothbart — gest. v. J. Riegel

86 Totalansicht von Lindau
L. Lange del. — Joh. Poppel sculp.

87 Tunnel bei Oberstaufen — Aussicht vom Tunnel bei Oberstaufen
Gez. v. W. Scheuchzer — gest. v. J. Poppel

88 Der Alpsee mit Bühl (Bichl) bei Immenstadt
W. Scheuchzer del. — Frz. Hablitschek sc. Nbg.

89 Immenstadt
Gez. v. W. Scheuchzer — gest. v. J. Poppel

90 Schöllang bei Sonthofen — Fluhenstein bei Sonthofen
Gez. v. W. Scheuchzer — gest. v. J. Riegel

91 Sonthofen im Allgäu
Gez. v. W. Scheuchzer — gest. v. J. Riegel

92 Walser Schanze bei Oberstorf — Bad Tieffenbach im Allgäu
Gez. v. W. Scheuchzer — gest. v. J. Riegel

93 Das obere Illerthal im Allgäu
Gez. v. W. Scheuchzer — gest. v. J. Riegel

94 Spielmannsau im Allgäu
Gez. v. F. Rothbart — gest. v. J. Riegel

95 Weiler Gerstruben mit der Höffats-Spitze
Gez. v. F. Rothbart — gest. v. Georg Heisinger

96 Hohenschwangau
Gez. v. W. Scheuchzer — gest. v. J. Poppel

97 Kempten
Gez. v. W. Scheuchzer — gest. v. J. Poppel

98 Niedersonthofer-See — Eisenbahnbrücke bei Waltnhofen
Gez. v. W. Scheuchzer — gest. v. J. Poppel

99 Eisenbahnbrücke bei Kempten gegen das Gebirge — Eisenbahnbrücke bei Kempten gegen die Stadt
Gez. v. W. Scheuchzer — gest. v. J. Poppel

100 Irrsee (bei Kaufbeuern)
Gez. v. W. Scheuchzer — gest. v. J. Poppel

NOTIZEN ÜBER DIE KÜNSTLER

nach den Lexika von Nagler und Thieme-Becker

In die Arbeit der Herstellung der Druckvorlagen für die Stahlstiche, der auf das feinste bearbeiteten Stahlplatten, teilten sich in der Regel zwei Künstler: Der eine fertigte nach der Natur eine Vorzeichnung an und der andere übertrug diese Vorzeichnung seitenverkehrt in die Stahlplatte. Der Stahlstecher Johann Poppel, der für dieses Werk eine große Zahl von Stichen gefertigt hat, führte die Stiche vielfach nach eigenen Vorzeichnungen aus.

ADAM, HEINRICH, Landschaftsmaler und Radierer, geboren 1787 in Nördlingen, gestorben 1862 in München. Ursprünglich zum Konditor bestimmt, wandte er sich 1808 in München der bildenden Kunst zu, zuerst der Radierung, später auch der Landschaftsmalerei. In München arbeitete er für das große Werk des Geheimrats von Wiebeking (Theoretisch-praktische Wasserbaukunst) einige Platten aus und nahm selbst einige Brücken nach der Natur auf. 1811, 1813 und 1819 bereiste er Italien. 1822 radierte er auf Bestellung des Universitätsbuchhändlers Philipp Krüll in Landshut die Ansichten der Stadt und ihrer Umgebung. Später führten ihn Reisen zu Aufnahmen von Städteansichten durch ganz Bayern.

AINMI(Ü)LLER, MAX EMANUEL, Architektur- und Glasmaler, geboren 1807 in München, dort gestorben 1870. Er studierte auf der Akademie in München und zeichnete sich als Schüler von Friedrich Gärtner im Fach der Architektur, der Perspektive und des Ornaments aus, wurde dann als Zeichner in die königliche Porzellanmanufaktur aufgenommen und wandte sich dort der Glasmalerei zu. 1844 wurde er Vorstand der neuerrichteten Kgl. Glasmalereianstalt, aus der unter seiner Leitung die Fenster für die Dome zu Köln und Speyer und für zahlreiche andere Bauwerke hervorgingen. Als Architekturmaler beschäftigte sich der Künstler besonders mit der Darstellung der Innenräume gotischer Kirchen.

DYCK, HERMANN, Maler, Zeichner und Radierer, geboren 1812 in Würzburg, gestorben 1874 in München. Nach einem Aufenthalt in der Pfalz kam er 1835 nach München und wandte sich dort der Malerei zu. Seine Bilder erinnern vielfach an Carl Spitzweg, mit dem er sehr befreundet war. Der Künstler hatte maßgeblichen Anteil am Aufbau der Münchner Kunstgewerbeschule, deren Leitung er 1868 übernahm.

GERHARDT, EDUARD, Maler und Graphiker, geboren 1813 in Erfurt, gestorben 1888 in München. Er lernte als Lithograph, ging 1832 nach Köln, um sich für seine architektonischen Aufgaben vorzubereiten, wobei er Dome-, Münster- und Städteansichten auf Stein zeichnete. 1837 zog er nach München und wandte sich dort der Malerei zu. Seine Lithographien behandeln meist Ansichten deutscher Städte.

GAIL, WILHELM, Maler und Graphiker, geboren 1804 in München, dort gestorben 1890, studierte Architektur und Malerei und arbeitete seit 1822 unter der Leitung seines Schwagers Peter Heß. Architekturstudienreisen führten ihn nach Italien, später nach Paris, in die Normandie und nach Spanien. Er veröffentlichte mehrere Folgen lithographischer Blätter, wie »Erinnerungen an Florenz, Rom und Neapel«, »Erinnerungen aus Spanien« und lieferte zahlreiche Zeichnungen zu C. Frommels Stahlstichwerken »Pittoreskes Italien« und »Europas Eden«. Daneben malte er gelegentlich auch heimatliche Motive.

GOTTGETREU, RUDOLF WILHELM, Architekt, Vorzeichner für den Stahlstich und Architekturhistoriker, geboren 1821 in Swinemünde, gestorben in München 1890, studierte zuerst in Berlin, war später Schüler Voits an der Münchner Akademie und 1852 Professor an der Technischen Hochschule in München. 1856/58 erbaute er in München das Hotel »Vier Jahreszeiten«; 1873/77 die evangelische Markuskirche. Neben seiner Tätigkeit als Architekt widmete er sich baugeschichtlichen Studien und gab u. a. auch eine Publikation über die Hauptdenkmäler des Südlichen Friedhofs in München heraus.

HÖFER, EMIL, Stecher, tätig etwa zwischen 1830 und 1850. Man kennt von ihm zahlreiche, teilweise handkolorierte Stahlstiche mit Ansichten südwestdeutscher Städte.

HOF(F)MEISTER, LOUIS, Kupfer- und Stahlstecher. Er war Schüler von C. L. Frommel in Karlsruhe und seit etwa 1832 in München tätig, fertigte hauptsächlich Stahlstiche, unter anderem verschiedene Ansichten von München und Wien nach eigenen Vorlagen und solchen zeitgenössischer Künstler.

JAGENDEUBEL, JOSEPH, Landschafts- und Dekorationsmaler, geboren 1792 in Salzburg, gestorben 1857 in München, Schüler der Münchner Akademie. Zwei seiner Tuschzeichnungen, Landschaften mit Architekturstaffage, befinden sich im Münchner Stadtmuseum.

JODL, FERDINAND, Architekt und Architekturmaler, geboren 1805 in München, dort gestorben 1882. Er besuchte die Münchner Akademie und wurde 1824 nach ihrer Absolvierung Bauführer bei den von Leo v. Klenze errichteten Bauten. 1836 bis 1840 assistierte er dem mit der Restauration von Hohenschwangau betrauten Domenico Quaglio, der ihn künstlerisch stark beeinflußt hat. Die Architekturbilder des Künstlers verraten deutlich diesen Einfluß. Sie zeichnen sich aus durch Farbkraft und durch Kenntnis der Perspektive. In der Folgezeit unternahm er Reisen nach Frankreich und den Niederlanden und wurde 1843 zum Hofbauinspektor und 1855 zum Baurat in München ernannt. Der Künstler malte nebenbei verschiedene Bilder in Öl und betätigte sich auch schriftstellerisch.

KIRCHNER, ALBERT EMIL, Architektur- und Landschaftsmaler, Graphiker und Illustrator, geboren 1813 in Leipzig als Sohn eines Schreiners, gestorben 1885 in München. Er studierte in Leipzig, Dresden und München, bereiste mehrmals Tirol und Oberitalien und hielt sich mehrere Sommer in Heidelberg auf. In Kirchners Bildern, korrekt gezeichnet und von kräftigem Kolorit, verbindet sich realistische Beobachtung mit gefühlvoller Romantik.

KLEIN, JOHANN ADAM, Maler und Kupferstecher, geboren 1792 in Nürnberg, gestorben 1875, lernte in der städtischen Zeichenschule bei Zwinger, dann bei Gabler. Ab 1811 besuchte er die Akademie in Wien. 1815 nach Nürnberg zurückgekehrt, wandte er sich auch der Ölmalerei zu. Studienreisen führten ihn nochmals nach Wien, in die Schweiz und nach Italien. Seit 1822 wurde er endgültig in Nürnberg seßhaft und schuf viele Gemälde und Radierungen, vor allem Tierdarstellungen und Genrebilder. Architekturen hat der Künstler nur ganz vereinzelt zum Gegenstand seiner Arbeiten gewählt.

KOLB, JOSEPH MAXIMILIAN, Kupfer- und Stahlstecher in München, zweite Hälfte des 19. Jahrhunderts, war tätig in J. Poppels Atelier.

KRANS(Z)PERGER, JOSEPH, Historienmaler, geboren 1814 in Regensburg, gestorben 1844 in Athen, seit 1825 Schüler von Peter Cornelius an der Münchner Akademie, malte einen Bilderzyklus für die Ludwigskirche in München und ein Altarblatt für den Regensburger Dom. 1840 wurde er zur Ausschmückung der königlichen Residenz nach Athen berufen; dieses Werk konnte er jedoch nicht mehr vollenden.

KURZ, GEORG MICHAEL, Radierer, geboren 1815 in Hersbruck bei Nürnberg, gestorben 1883 in München, war als Landschaftsmaler Autodidakt. Er lieferte für mehrere Verleger Stahlstiche, die zum Teil koloriert wurden. Seit 1845 war er als Mitarbeiter von J. Poppel in München (»Galerie europäischer Städte«) tätig, später wurde er sein Geschäftsteilhaber. Seine letzte Arbeit sind 28 Stahlstiche nach Rottmanns Fresken in den Münchner Hofgartenarkaden.

LANGE, LUDWIG, Architekt, Landschafts- und Architekturmaler und Schriftsteller, geboren 1808 in Darmstadt, gestorben 1868 in München, Schüler von Lerch und Moller in Darmstadt. Er war Mitarbeiter an dem großen, von seinem Bruder Gustav Georg herausgegebenen Werk »Originalansichten der historisch merkwürdigsten Städte in Deutschland, ihrer Dome, Kirchen und sonstigen Baudenkmale« (erschienen in Darmstadt von 1832 bis 1855 in sechs Bänden mit ca. 1500 Stahlstichen von E. Rauch, J. Poppel u. a.). In München war der Künstler Schüler von Karl Rottmann, den er nach Griechenland begleitete. 1838 kehrte er über Italien, wo er die byzantinischen und romanischen Bauten studierte, nach München zurück. 1847 wurde Ludwig Lange Professor an der Bauschule der Münchner Akademie. Seine Werke vereinigen die Talente des wissenschaftlich gebildeten Architekten mit denen des Malers.

LEBSCHÉE, KARL AUGUST, Architektur- und Landschaftsmaler und Graphiker, geboren 1800 in Schmiegel bei Posen, gestorben 1877 in München. Er entstammte einer elsässischen Familie. 1807 kam er nach München, von 1814 an besuchte er die Münchner Akademie und widmete sich dann der Landschaftsmalerei. Später war er als Radierer und Kupferstecher tätig und veröffentlichte mehrere lithographische Folgen mit Landschaftsstudien. Sein besonderes Interesse galt der Darstellung von Motiven, an die sich historische Traditionen knüpfen. Im Auftrag des Historischen Vereins für Oberbayern fertigte der Künstler kolorierte Bleistiftzeichnungen von den Fresken altbayerischer Städte, Märkte und Burgen von Hans Donauer im Antiquarium der Münchner Residenz; im Auftrag der Stadt München fertigte er zwischen 1852 und 1867 eine Reihe von Blättern mit Ansichten abgebrochener Alt-Münchener Baudenkmäler.

POPPEL, JOHANN GABRIEL FRIEDRICH, Stahl- und Kupferstecher, Architekturzeichner und Landschaftsmaler, geboren 1807 in Hammer bei Nürnberg, gestorben 1882 in Ammerland (Starnberger See), Schüler von F. Geißler und der Nürnberger Kunstschule. Anfänglich wollte er sich ausschließlich der Malerei widmen, später entschied er sich jedoch mehr für den Kupfer- und Stahlstich und erlernte 1829 bei C. L. Frommel in Karlsruhe die Technik des Stahlstechens. Er arbeitete vorübergehend in England, dann in Nürnberg; seit 1838 war er in München ansässig. Er schuf zahlreiche in Stahl gestochene Ansichten historisch merkwürdiger Städte Deutschlands, ihrer wichtigsten Dome, Kirchen und sonstigen Baudenkmäler alter und neuerer Zeit.

RAUCH, KARL, Architekturzeichner und -stecher, geboren 1804 in Darmstadt, Schüler seines Bruders Ernst und von Georg Moller in Darmstadt. Er zeichnete und stach viele Tafeln zu Langes »Originalansichten der vornehmsten Städte Deutschlands« und zu Georg Mollers

»Denkmäler der deutschen Baukunst«. Seine architektonischen Zeichnungen und Stiche tragen das Gepräge der höchsten Strenge und Bestimmtheit, welche diese Kunst erfordert.

RIEGEL, JOBST, Maler und Landschaftsradierer, geboren 1821 in Nürnberg, gestorben 1878 in München. Ursprünglich zum Handwerk seines Vaters, zum Büttner und Weinküfer, bestimmt, wandte er sich der bildenden Kunst zu und kam nach dem Studium an der Kunstschule in das Atelier des Kupferstechers J. Poppel. Dort lieferte er für mehrere Verleger zahlreiche Stahlstiche von Landschafts- und Städteansichten. Nebenbei betätigte sich der Künstler als Landschaftsmaler, wodurch er die Aufmerksamkeit König Ludwigs II. erregte, der ihn später vielfach mit Aufträgen betraute.

ROHBOCK, LUDWIG, Stahlstecher und Zeichner. Er wurde in Nürnberg geboren und war dort tätig.

SCHEUCHZER, WILHELM, Landschaftsmaler, geboren 1803 in Hausen am Albis bei Zürich, gestorben 1866 in München. Als Schüler von Heinrich Maurer in Zürich entdeckte er seine Neigung zur Landschaftsmalerei. Er arbeitete vorübergehend in Karlsruhe und übersiedelte 1830 nach München, wo er vielfach von Mitgliedern des Königshauses beschäftigt wurde. Seine Bilder zeigen meist Ansichten aus der Schweiz, aus Oberbayern, des Salzkammergutes und aus Tirol.

SEEBERGER, GUSTAV, Architekturmaler, geboren 1812 in Marktredwitz in Oberfranken, gestorben 1888 in München. Nach dem Besuch der Kunstschule in Nürnberg kam er 1840 nach München, betätigte sich anfänglich als Landschafts-, später als Architekturmaler und wurde Lehrer, später Professor für Perspektive an der Akademie. Seine Vorliebe galt der getreuen Wiedergabe von älteren Baudenkmälern, wozu er sich Anregungen auf Reisen in Schwaben, Altbayern und teilweise von jenseits der Alpen holte.

THEODORI, CARL, Landschaftsmaler, Radierer und Lithograph, geboren 1788 in Landshut, gestorben 1857 in München. Nach dem Universitätsstudium trat er als Sekretär in die Dienste des Herzogs Wilhelm von Birkenfeld in Banz und später des Herzogs Maximilian von Bayern in München. Der Künstler widmete seine Mußestunden vor allem der Landschaftsmalerei, in der er es zu einer bedeutenden Stufe brachte.

WIESSNER, CONRAD, Maler, Zeichner, Radierer, Stahlstecher und Steinzeichner, geboren 1796 in Nürnberg, gestorben 1865 in Wallhaben in der Rheinpfalz. Nach einer Lehre bei A. Gabler in Nürnberg und dem Studium an der dortigen Malerakademie und an den Akademien in München und Wien unternahm er Reisen in die Steiermark, nach Tirol und die Schweiz. Nach Nürnberg zurückgekehrt, fertigte er landschaftliche Zeichnungen, Kupfer- und Stahlstiche. Seit 1828 war er als Lehrer an verschiedenen Lehrinstituten in Nürnberg und Birkenfeld tätig. 1862 trat der Künstler in den Ruhestand, schuf aber weiterhin Radierungen, Stahlstiche und Aquarelle.

WILDER, GEORG CHRISTIAN, Zeichner und Radierer, geboren 1797 in Nürnberg, dort gestorben 1855. Als Schüler von G. Ph. Zwinger, A. Gabler und A. C. Reindel erlernte er die Kunst des Zeichnens und Kupferstechens. Er arbeitete von 1819 bis 1832 in Wien, bereiste zu Studienzwecken die Donauländer, Norddeutschland, Sachsen, Thüringen und Hannover und ließ sich dann in Nürnberg nieder. Die meisten seiner Arbeiten sind Motiven der Stadt Nürnberg und ihrer Umgebung gewidmet.

WÜRTHLE, FRIEDRICH, Landschaftsmaler, Radierer und Stahlstecher, geboren 1820 in Konstanz. Nach dem Studium bei C. L. Frommel in Karlsruhe kam er zur weiteren Ausbildung 1840 nach München, arbeitete dort für den Buchhandel, fertigte Landschaftsbilder und Radierungen und war seit 1860 in Salzburg als Landschaftsphotograph tätig.

Neuausgaben der wichtigsten bayerischen Landesbeschreibungen

a) Die Fresken bayerischer Städte, Märkte und Burgen im Antiquarium der Münchner Residenz (16. Jahrhundert)
Hans Bleibrunner, Das alte Niederbayern,
Die zentralen Orte des bayerischen Unterlandes nach den Fresken von Hans Donauer und den bairischen Landtafeln von Philipp Apian; zweite Auflage, Burghof-Verlag Landshut 1969
Hans Bleibrunner, Das alte Oberbayern (Ergänzungsband zum vorigen); Burghof-Verlag Landshut 1962

b) Die bairischen Landtafeln von Philipp Apian (16. Jahrhundert)
Philipp Apian, 24 Bairische Landtafeln von 1568,
Faksimile-Druck in neunfarbigem Offsetdruck, mit einem Begleitheft, bearbeitet von Alois Fauser und Gertrud Stetter; Süddeutscher Verlag München 1966

c) Die Landesbeschreibungen des 17. Jahrhunderts
Matthäus Merian, Topographia Bavariae, Frankfurt am Main 1644; Faksimile-Ausgabe des Bärnreiter-Verlages, Kassel und Basel 1962
Anton Wilhelm Ertl, Kurbayerischer Atlas, Ansichten und Beschreibungen altbayerischer Städte aus dem Jahr 1687, mit einem Überblick über die älteren Werke bayerischer Landesbeschreibung neu bearbeitet von Hans Bleibrunner; Verlag für Ostbairische Heimatforschung, Passau 1968

d) Die bayerische Landesbeschreibung von Michael Wening (18. Jahrhundert)
Gertrud Stetter, Michael Wening, Leben und Wirken des bayerischen Kupferstechers und Topographen; Süddeutscher Verlag München 1964

Literatur zur gesamtbayerischen Orts- und Kunsttopographie

Die Kunstdenkmale des Königreiches Bayern bzw. Die Kunstdenkmäler Bayerns, Regierungsbezirk Oberbayern 1895 ff., Oberpfalz und Regensburg 1905 ff., Unterfranken und Aschaffenburg 1911 ff., Niederbayern 1912 ff., Mittelfranken 1924 ff., Schwaben 1938 ff., Oberfranken 1959 ff.

Karl Baedeker, Reisehandbücher
Südbayern, 42. Auflage Freiburg und München 1958
Nordbayern, Ostbayern, 4. Auflage Freiburg und München 1962

Reclams Kunstführer, Baudenkmäler, Band I Bayern, bearbeitet von Alexander von Reitzenstein und Herbert Brunner, Stuttgart 1957

Handbuch der historischen Stätten Deutschlands, 7. Band, Bayern, herausgegeben von Karl Bosl, Kröners Taschenausgaben Band 277, Stuttgart 1961

Deutsche Kunstdenkmäler, ein Bildhandbuch, herausgegeben von Reinhardt Hootz
Bayern nördlich der Donau, Deutscher Kunstverlag München/Berlin 1960
Bayern südlich der Donau, Deutscher Kunstverlag München/Berlin 1962

Herbert Schindler, Große bayerische Kunstgeschichte,
Band I Frühzeit und Mittelalter
Band II Neuzeit bis an die Schwelle des 20. Jahrhunderts
Süddeutscher Verlag München 1963

Die Reproduktion der Stahlstiche erfolgte in der Größe der Originale nach der Ausgabe des dreibändigen Werkes von 1843, 1846 und 1854, die sich im Eigentum der Dombibliothek Freising befindet. Verlag und Herausgeber danken dem Leiter dieser Bibliothek, Herrn Dr. Sigmund Benker, für die leihweise Überlassung der Bücher.
Der Herausgeber dankt Gerda Gräfin Armansperg, geborene von Chlingensperg, in München-Bogenhausen, und Herrn Diplomingenieur Walther von Chlingensperg in Rheinkamp-Baerl für die Angaben über Maximilian Benno Peter von Chlingensperg aus der Chronik der Familie von Chlingensperg, Herrn Oberregierungsarchivrat Dr. Erich Stahleder und Herrn Diplomingenieur Volker Liedke für die Durchsicht des Manuskripts, Herrn Diplomingenieur Fritz Markmiller für die Durchsicht der Fahnen und Frau Brigitte Kraus für die Erstellung der Übersichten und des Künstlerverzeichnisses.